国际投资仲裁中
事实上遵循先例的研究

GUOJI TOUZI ZHONGCAI ZHONG
SHISHI SHANG ZUNXUN XIANLI DE YANJIU

沈奕灵◎著

中国政法大学出版社

2024·北京

图书在版编目（ＣＩＰ）数据

国际投资仲裁中事实上遵循先例的研究 / 沈奕灵著. --北京 ： 中国政法大学出版社，2024. 10. -- ISBN 978-7-5764-1847-7

Ⅰ. D996.4

中国国家版本馆 CIP 数据核字第 2024SW3131 号

出 版 者	中国政法大学出版社	
地　　址	北京市海淀区西土城路 25 号	
邮寄地址	北京 100088 信箱 8034 分箱　邮编 100088	
网　　址	http://www.cuplpress.com (网络实名：中国政法大学出版社)	
电　　话	010-58908285(总编室) 58908433 （编辑部） 58908334(邮购部)	
承　　印	保定市中画美凯印刷有限公司	
开　　本	720mm×960mm　1/16	
印　　张	17.25	
字　　数	275 千字	
版　　次	2024 年 10 月第 1 版	
印　　次	2024 年 10 月第 1 次印刷	
定　　价	78.00 元	

　　四秩芳华，似锦繁花。幸蒙改革开放的春风，上海政法学院与时代同进步，与法治同发展。如今，这所佘山北麓的高等政法学府正以稳健铿锵的步伐在新时代新征程上砥砺奋进。建校 40 年来，学校始终坚持"立足政法、服务上海、面向全国、放眼世界"的办学理念，秉承"刻苦求实、开拓创新"的校训精神，走"以需育特、以特促强"的创新发展之路，努力培养德法兼修、全面发展，具有宽厚基础、实践能力、创新思维和全球视野的高素质复合型应用型人才。四十载初心如磐，奋楫笃行，上海政法学院在中国特色社会主义法治建设的征程中书写了浓墨重彩的一笔。

　　上政之四十载，是蓬勃发展之四十载。全体上政人同心同德，上下协力，实现了办学规模、办学层次和办学水平的飞跃。步入新时代，实现新突破，上政始终以敢于争先的勇气奋力向前，学校不仅是全国为数不多获批教育部、司法部法律硕士（涉外律师）培养项目和法律硕士（国际仲裁）培养项目的高校之一；法学学科亦在"2022 软科中国最好学科排名"中跻身全国前列（前 9%）；监狱学、社区矫正专业更是在"2023 软科中国大学专业排名"中获评 A+，位居全国第一。

　　上政之四十载，是立德树人之四十载。四十年春风化雨、桃李芬芳。莘莘学子在上政校园勤学苦读，修身博识，尽显青春风采。走出上政校门，他们用出色的表现展示上政形象，和千千万万普通劳动者一起，绘就了社会主义现代化国家建设新征程上的绚丽风景。须臾之间，日积月累，学校的办学成效赢得了上政学子的认同。根据 2023 软科中国大学生满意度调查结果，在本科生关注前 20 的项目上，上政 9 次上榜，位居全国同类高校首位。

　　上政之四十载，是胸怀家国之四十载。学校始终坚持以服务国家和社会需要为己任，锐意进取，勇担使命。我们不会忘记，2013 年 9 月 13 日，习近平主席在上海合作组织比什凯克峰会上宣布，"中方将在上海政法学院设立中国-上海合作组织国际司法交流合作培训基地，愿意利用这一平台为其他成员国培训司法人才。"十余年间，学校依托中国-上合基地，推动上合组织国家司法、执法和人文交流，为服务国家安全和外交战略、维护地区和平稳定作出上政贡献，为推进国家治理体系和治理能力现代化提供上政智慧。

历经四十载开拓奋进，学校学科门类从单一性向多元化发展，形成了以法学为主干，多学科协调发展之学科体系，学科布局日益完善，学科交叉日趋合理。历史坚定信仰，岁月见证初心。建校四十周年系列丛书的出版，不仅是上政教师展现其学术风采、阐述其学术思想的集体亮相，更是彰显上政四十年发展历程的学术标识。

著名教育家梅贻琦先生曾言，"所谓大学者，有大师之谓也，非谓有大楼之谓也。"在过去的四十年里，一代代上政人勤学不辍、笃行不息，传递教书育人、著书立说的接力棒。讲台上，他们是传道授业解惑的师者；书桌前，他们是理论研究创新的学者。《礼记·大学》曰："古之欲明明德于天下者，先治其国"。本系列丛书充分体现了上政学人想国家之所想的高度责任心与使命感，体现了上政学人把自己植根于国家、把事业做到人民心中、把论文写在祖国大地上的学术品格。激扬文字间，不同的观点和理论如繁星、似皓月，各自独立，又相互辉映，形成了一幅波澜壮阔的学术画卷。

吾辈之源，无悠长之水；校园之草，亦仅绿数十载。然四十载青葱岁月光阴荏苒。其间，上政人品尝过成功的甘甜，也品味过挫折的苦涩。展望未来，如何把握历史机遇，实现新的跨越，将上海政法学院建成具有鲜明政法特色的一流应用型大学，为国家的法治建设和繁荣富强作出新的贡献，是所有上政人努力的目标和方向。

四十年，上政人竖起了一方里程碑。未来的事业，依然任重道远。今天，借建校四十周年之际，将著书立说作为上政一个阶段之学术结晶，是为了激励上政学人在学术追求上续写新的篇章，亦是为了激励全体上政人为学校的发展事业共创新的辉煌。

党委书记　葛卫华教授

校　　长　刘晓红教授

2024 年 1 月 16 日

序 言 / PREFACE

　　国际投资仲裁在实践中频繁地援引过去的裁决，产生了事实上遵循先例的效果，这是本书研究国际投资仲裁的主要线索。过去某些裁决具有说服力，可能对后续案件的解决产生一定影响，甚至形成解决某一问题的指导意见，在一定程度上影响了国际投资法规则的发展。作者分析了当前国际法规则对该做法的限制，也注意到投资仲裁实务中这种选择的不得已和积极影响，在此基础上仔细探讨了由此产生的一系列问题。如今，国际投资仲裁肩负着使命和困境也走到了改革的分岔路口，期待投资者-国家争端解决机制改革能建立一个更为全面、综合的国际投资争端解决体系。

　　本书基于作者在华东政法大学完成的博士论文修改而成，创作历程充满了探索与挑战，从最初的构思到最终的成书，经历了无数次的讨论与修改。这个过程也是见证了作者笨拙、缓慢但总算略有进步的成长之路，跌跌撞撞但似乎也勉强走上了自己寻找的研究方向。学术道路充满了艰辛困苦，但这一路上能够与优秀的前辈和同志相识、相知、相伴，已是一件非常快乐的事情了。

　　本书的完成离不开老师、家人、朋友、同学等众多人的支持与帮助。在此，作者向所有为本书作出贡献的人表示衷心的感谢。同时，作者也希望读者在阅读本书的过程中能够有所收获，并能够提出宝贵的意见和建议。

沈奕灵

2024 年 7 月

目　录 CONTENTS

导　言

　　国际投资仲裁在实践中频繁地援引过去的裁决，产生了事实上遵循先例的效果，这是本书针对投资者-国家争端解决机制（以下简称 ISDS）改革中关于国际投资仲裁裁决不一致而研究的线索。过去某些裁决具有说服力，可能对后续案件的解决产生一定影响，甚至形成解决某一问题的指导规则。这事实上体现的是裁决的先例价值。但是，由于没有统一规则和解释机构，也使得这种遵循过去案件的方式非常自由、随意，最终也可能发生裁决结果的不一致。本书以事实遵循先例为研究基础，探究事实上遵循先例的成因和潜在问题，试图寻找一些提高裁决先例价值的方法和途径，从而缓解投资仲裁裁决的不一致性问题。结合 ISDS 改革的大背景，一方面佐证了完善裁决的先例价值有助于裁决的科学合理性，另一方面也看到了未来投资争端解决机制的新方向。本书除导言和结语外共六章，笔者试图对本次研究的相关概念进行说明与界定，接着分析了事实上遵循先例的现状及其构成要素，在此基础上对仲裁员造法行为进行合法性论证，然后通过案例分析检验了裁决先例价值对促进裁决一致的实际效果，其中专门分析了上海合作组织（以下简称上合组织）国家所涉国际投资仲裁案件，试图找出其中的特点和规律，验证和利用这种事实上遵循先例的特点，进一步推动上合组织区域投资发展，最后在分析 ISDS 改革方案和进程以及系统性改革对法律一致性的保障之后，提出对中国 ISDS 改革的建议。

　　第一章对先例的概念进行了界定。先例在不同法律制度和体系中的内涵和外延都十分复杂。笔者首先介绍了国内法体系和国际法体系内某个具体制度下先例的不同含义及其相关规则，在此基础上区分了本书中的"先例"与过去案件。而国际投资仲裁中过去的裁决，仅包括国际投资仲裁庭所作的裁决、决定和命令。之后，进一步阐述了在投资仲裁中裁决的先例价值所体现的三个内容——可预测性、准确性、合法性。

第二章明确了国际投资仲裁中援引先例的现状是形成了事实上的遵循先例，并对其构成要素从先决条件和影响因素两方面进行了分析。事实上遵循先例的先决条件分别为作出裁决、裁决的公开以及援引既定裁决。影响因素则较为复杂，包括与过去裁决的相关程度、适用法律规则的特殊性质、具有说服力的权威和援引数量，这些都将影响遵循先例的具体程度。其中，具有说服力的权威是比较重要的影响因素，受到现实因素、合理性因素、专业性因素和社会性因素的共同作用。最后，通过对事实上遵循先例的实证分析，分析了仲裁庭遵循、适用和提及先例三种援引类型，也谈到了仲裁庭不涉及先例的特殊情况。

第三章主要论证了仲裁员援引过去裁决的合法性。国际投资仲裁中已经形成了事实上的遵循先例，但正统的国际法并不允许仲裁庭的裁决成为国际法的渊源。基于这种分歧，探讨仲裁庭对这种做法的辩护，以及学者对该做法理论基础的看法。特别审查了国家在双边和多边条约中高度不确定的原则与仲裁庭必须查明和适用足以具体解决实际争端的主要法律规则之间的紧张关系。然后，讨论了仲裁员造法的合法性和特殊意义。最后提出，独立仲裁庭中复杂、非正式的对话超越了源于投资条约和国际习惯法的规则，不可避免地塑造了国际投资法律并限制了未来的仲裁庭和条约谈判者。

第四章对涉及投资保护标准的案件进行具体分析，虽然仲裁庭之间对同一问题仍然有许多细节上的不同意见，但总体发现遵循过去案件有利于裁决的一致性。以投资概念为例，仲裁案件中的争议被分为主观投资概念与客观投资概念的认定，最终大多数案件选择了"萨利尼测试"（Salini Test），尽管该标准的细节仍有一些分歧；对最惠国原则进行分析，可以发现案件群被分为在实体问题和程序问题中的具体适用情况，在实体问题的适用案例具有一致性，而程序问题的适用则有一些分歧，大多数案件认为不能适用于管辖权问题，但也存在一两个特殊而孤立的案件；通过对关于充分保护与安全要求的案例研究，讨论了该要求与习惯国际法之间三种不同的关系，以及与公平公正原则之间的相互影响，仲裁庭之间的观点有一定的一致性，如果是个别方面，例如投资的法律环境是否也受到保护，存在不同的看法，也不会导致严重的前后不一致。

第五章专门梳理、归纳分析了上合组织国家所涉国际投资仲裁案件，具体分为两类：上合组织国家各自所涉国际投资仲裁案件和上合组织国家之间发生的国际投资仲裁案件。通过对国别、案件数量、具体案情、提起仲裁的法律基础、适用的仲裁规制、选择的仲裁机构等要素的整理，能够更详细、细致地去了解上合组织国家所涉案件的特点及其背后的原因，推动上合组织区域投资发展。再加上有关国家安全、腐败问题、经济制裁案件的具体分析，一方面体现了前文所述的事实上遵循先例，另一方面希望通过分析有一定先例价值的案件，对未来的投资者或东道国有一定的启示意义。

第六章一方面会探究如何通过发挥先例价值来解决裁决的不一致性问题，另一方面则要在 ISDS 改革的背景下，通过对不同改革方案的比较分析，深入思考系统改革的方向和对法律一致性的影响，以及中国在这场改革中应准备的措施。首先，通过对一系列阿根廷案件的比较，明确裁决"不合理的不一致"将是解决问题的第一步，而在不具备法律约束力的先例制度下，最大程度发挥裁决的先例价值是推动一致性的有利因素。其次，重点强调提升裁决的质量是保障先例价值的关键，因为裁决的好坏将直接影响仲裁员是否选择遵循。裁决的好坏影响了其说服力，而说服力则重点受到裁决内容、裁决程序和仲裁员的影响。因而从这几方面着手，具体说明如何保障先例价值的发挥。最后，结合 ISDS 改革，从宏观的系统性改革谈论对法律一致性的保证，并提出对中国的建议。

一、问题的提出

多年来，国际投资仲裁机制的合法性危机一直是尚未解决的重大难题，主要包括国际投资仲裁裁决的不一致性、偏袒投资者利益而忽视东道国公共利益以及仲裁监督机制不足等问题，其中仲裁裁决的不一致性又是合法性危机中的突出问题。一方面，学者、专家、仲裁参与者等多方人士早已对上述问题进行了全方位的深入讨论，同时 ISDS 改革也一直持续着，但整体改革进程缓慢，目前来看可能将选择多边公约程序改革。另一方面，实践中投资仲裁裁决对过去案件的援引显著地增加，这些常常被援引的案件逐渐形成具有一定代表性的经典案例，影响着未来仲裁员的判断和推理，形成了事实上的遵循先例，在某些程度上产生了一致性的效果，这似乎又与前文的"裁决不一致"相矛盾。

在此背景下，本书旨在解决以下问题：在国际投资仲裁机制下，哪些要素影响了事实上遵循先例的形成？仲裁员事实上遵循先例的行为是否构成了造法？该行为是否合法？事实上遵循先例与投资仲裁裁决的一致/不一致究竟应当如何理解？如何正确认识事实上遵循先例与先例制度之间的关系？如何利用裁决的先例价值解决不一致性问题？在 ISDS 改革的背景下，应当如何处理一致性问题？围绕这些问题，本书既注重从事实层面考察与分析仲裁庭在实践中事实上遵循先例的现状，也注意理论层面判断事实上遵循先例的意义和价值。本书为国际法学专业下国际投资仲裁领域的主题研究，以仲裁员援引过去案件形成事实上遵循先例为研究对象，旨在阐明实践中事实上遵循先例的具体现状和构成要素，探讨事实上遵循先例的合法性以及进一步思考仲裁员造法的争议，通过分析事实上遵循先例对国际投资保护标准的影响来推测其对投资仲裁裁决一致性的作用。最后，在此基础上，针对如何利用裁决的先例价值来缓解不一致性的问题，一方面从提升裁决质量来保障先例价值的角度作具体说明，另一方面从 ISDS 改革的宏观角度分析，通过比较不同的改革方案，再次佐证了先例价值的作用，以及对未来 ISDS 发展的预期。

二、研究价值及意义

本书研究的是投资者与东道国之间的投资仲裁。自国际投资仲裁体系构建以来，其争端涉及主权国家的利益、国际投资协定过于分散和模糊、投资仲裁庭的临时性等特性，导致了该制度的合法性危机。国家对国际投资仲裁机制的不满和欧盟投资法院的构建，不断地冲击着该机制的国际地位。其中，国际投资仲裁裁决的不一致性一直是合法性危机中的批评焦点，当前的 ISDS 改革也把该问题作为一项重大议题进行审议。因此，有必要重点对投资仲裁裁决的不一致性问题进行更全面、深入的研究。

有学者提出了在原投资仲裁体系上构建上诉机制的方案，在没有统一国际投资公约且争端涉及公共利益保护的情况下，通过一个上诉机构来纠正投资仲裁裁决中的法律错误，同时对法律解释问题进行一定的协调，从而有助于争端的和平解决。当然，也有很多人反对上诉机构的构建，国际投资争端解决中心（International Center for Settlement of Investment Disputes，以下简称 ICSID）秘书处曾在 2004 年修订规则时提出建立上诉机构，最终因反对方占多数，该提议被否决。因为上诉机构的构建同样也面临众多难题，例如，国际投资仲裁中适用的法律是不确定的，因而不能够像有一套统一适用规则的世界贸易组织（以下简称 WTO）机制一样操作。此外，虽然二者没有直接关系，但被视为 WTO 明珠的上诉机构在当下也受到了许多冲击，WTO 似乎也面临着改革的问题。欧盟直接放弃投资仲裁机制转而重建多边投资法庭框架，是较为激进和冒险的全新方案。该体系不仅设置了上诉机制，提高了透明程度，而且明文规定了东道国的规制权，同时对法官设定了较高的遴选机制和行为准则，从而严格监督审判团队的中立性、争端解决机制整体上的公平与效率。但是，该方案也仅仅是通过欧盟的努力来推行，参与该协定的国家并不多。

反观当前的国际投资仲裁机制，虽然同样有诸多问题，但至少目前是一个多方达成同意并且持续在运作的解决机制，与其打破一个现有的有效机制而追求一个困难重重、前途未知，可能依然是存在诸多不可调和矛盾的新机制，不如完善和改良当下的国际投资仲裁机制。事实上，通过对投资仲裁裁决的具体分析，其不一致性并不是极其严峻的，仲裁庭的事实上遵循先例在一定程度上形成了以案例为基础的对某一类问题的一致性解决方案。因此，着重分析事实上遵循先例的构成要素，正确对待仲裁员造法的行为，对有效解决仲裁裁决不一致性有重要作用和意义。

与此同时，选择上合组织国家所涉国际投资仲裁案件进行分析，不仅能够深入了解当前上合组织内投资者-国家争端解决现状，而且能够重点把握上合组织国家所涉案件的重要法律问题，从而持续关注、追踪上合组织国家共同面临的困难，在过去案件中寻找关键思路，努力提供应对方案，尝试解决问题。通过经贸投资有关法律制度的完善，深化上合组织国家之间往来与合作，进一步加强全方位的安全保障。

三、文献综述

一方面，国际法中不存在传统意义上的遵循先例原则。1945 年的《国际法院规约》（Statute of the International Court of Justice，ICJ Statute）第 38 条早

已规定，司法判例（judicial decision）不是国际法渊源，其仅作为国际法的辅助性渊源。但另一方面，也有许多国际性争端解决机构在实践中非常明显也明确地表现出对过去案件的尊重。司法判决虽然不是正式的国际法渊源，国际法院也常常在判决中援引过去案件作为重要的推理辅助。在国际贸易法领域，WTO 及其前身《关税与贸易总协定》的争端解决机构在处理贸易争端的过程中一直重视过去专家组和上诉机构报告的作用。在国际体育仲裁领域，国际体育仲裁法院对过去案件有很高程度的遵循。在国际投资仲裁领域，由于争端解决机构相对分散，早年投资仲裁案例数量相对有限，律师和仲裁庭都仅限于国际条约和规则本身进行讨论。然而，随着时间推移和案件数量的增加，越来越多的投资仲裁裁决都在大量地援引过去的案件。即使国际条约和各仲裁规则对先例问题付之阙如，过去案件在仲裁实践中的地位和作用也引起了学界和实务界的广泛讨论，人们认为在国际投资仲裁机制中存在事实上的遵循先例。当前，ISDS 改革在逐步推进，国际投资仲裁的合法性危机问题再次成为焦点，特别将解决裁决不一致性问题作为主要的攻克目标。本书将以国际投资仲裁机制为范围，对仲裁裁决不一致性和先例问题的研究现状进行梳理，以期对尚未引起广泛关注的领域进行研究。

（一）国外的研究现状

总的来说，国外文献的数量较多，其研究范围和方向也比较广泛。整体情况是从研究投资仲裁机制的特性及其问题，到从问题出发提出不同的解决方法，最终以某一个解决方案为重点展开深入研究。

早期文献聚焦于投资仲裁机制的整体分析，主要讨论该机制本身的特性和问题，因而仅在文章的其中一部分谈论到遵循先例原则（doctrine of precedent），例如 Fabien Gélinas 在 2005 年讨论了投资仲裁庭的临时性质，因而提出不能适用严格的先例规则，但通过对"先例"概念的广泛理解，适用"软"先例的说服方式是可取的。[1]类似地，2005 年美国学者 Susan D. Franck 提出了"国际投资仲裁体系的合法性危机"这一问题。Franck 全面总结了"国际投资仲裁体系合法性危机"的缘起及表现，从条约演进和仲裁案件结果不一

---

[1] See Fabien Gélinas, Investment Tribunals and the Commercial Arbitration Model: Mixed Procedures and Creeping Institutionalization, in Markus W. Gehring, Marie-Claire Cordonier Segger (eds.), Sustainable Development in World Trade Law, Kluwer Law International, 2005.

致等角度分析了"合法性危机"的内在根源。然而，该文更多从改革现有国际投资仲裁机制的角度入手，缺乏对于裁决书之间的详细比较与分析。[1]

　　针对以投资仲裁裁决不一致问题为重点的合法性危机讨论，研究者们提出了许多研究视角和改革方案，例如 2004 年 ICSID 秘书处提出了构建上诉机构的方案，尽管该提议被否决。许多学者讨论了是否需要构建一个上诉体系以及该如何构建。2008 年，Peter Muchlinski，Federico Ortino 和 Christoph Schreuer 三位学者在文章中详细地讨论了投资仲裁体系是否需要一个上诉体系，尝试提出了两种选择方案，并对未来发展提出了一些设想。[2]类似地，Anders G. Nilsson 在 2013 年直接讨论了投资裁决的不一致问题需要上诉法庭。[3]上诉机制的构建从宏观设计到微观细节都有很多需要探讨、研究的地方，关于这些问题的争论，直到今天也一直在继续。事实上，各国对 ISDS 中上诉制度的构建存在截然不同的方案。

　　也有很多研究者关注到实践中过去案件的特别作用，因而重点探讨了先例问题。2006 年 Tai-Heng Cheng 在文章中重点讨论了国际投资仲裁机制中虽然不具有约束力的先例制度，但存在一种非正式但强有力的体系影响仲裁员去重视过去的裁决来保持国际投资法的稳定，同时也提出三点要求来支持上述这种情况。[4]2007 年，Gabrielle Kaufmann-Kohler 则讨论了仲裁先例的问题，详细地对先例的作用、实践中仲裁员的具体行为以及原因做出了具体分析，最终提出了仲裁判理（arbitral jurisprudence）的概念。[5]同年，Jeffery P. Commission 分析了自 1972 年以来的 207 项裁决，以定性、定量的研究方式展现了投资仲裁中事实上的先例效果。[6]2008 年开始，越来越多的文章开始

---

　　〔1〕　See Susan D. Franck, The Legitimacy Crisis in Investment Treaty Arbitration: Privatizing Public International Law Through Inconsistent Decisions, Fordham Law Review, Volume 73, 2005.

　　〔2〕　See Peter Muchlinski, Federico Ortino, Christoph Schreuer, An Appellate System in International Investment Arbitration?, The Oxford Handbook of International Investment Law, 2008.

　　〔3〕　See Anders G. Nilsson, Oscar Englesson, Inconsistent Awards in Investment Treaty Arbitration: Is an Appeals Court Needed?, Journal of International Arbitration, Volume 30, 2013.

　　〔4〕　See Tai-Heng Cheng, Precedent and Control in Investment Treaty Arbitration, Fordham International Law Journal, Volume 30, 2006.

　　〔5〕　See Gabrielle Kaufmann-Kohler, Arbitral Precedent: Dream, Necessity or Excuse?: The 2006 Freshfields Lecture, Arbitration International, Volume 23, 2007.

　　〔6〕　See Jeffery P. Commission, Precedent in Investment Treaty Arbitration-A Citation Analysis of a Developing Jurisprudence, Journal of International Arbitration, Volume 24, 2007.

着重讨论 ICISD 仲裁中的先例问题，分析过去案件和先例对仲裁推理发挥的作用。2008 年，Ole Kristian Fauchald 则更为细致地分析了此前十年 ICSID 仲裁庭所处理的 100 个案件的推理，重点研究仲裁庭是如何构建可预测的、稳定的 ISDS，同时也涉及了仲裁庭对碎片化国际投资法的贡献与协同发展。[1]

与过去相比，先例问题研究变得越来越细致和深入，从初步涉及、是否存在到角色、作用、使用原因、负面影响等。2010 年，ICSID Review 专门出版了一期关于投资仲裁先例问题的文章。Zachary Douglas [2]、Judith Gill Q. C. [3]、J. Romesh Weeramantry [4] 三人均讨论了过去案件在国际投资仲裁中发挥的实际作用。三篇文章都认可了 ICSID 仲裁中过去案件对仲裁庭产生了极大的影响，仲裁庭在裁决中也常常给予了较高的尊重。不可否认过去案件具有重要意义和作用，辅助仲裁庭在裁决中的推理，但是投资仲裁机制中不存在具有约束力的先例制度，援引过去案件也是仲裁庭自由选择的结果，想要进一步加强过去案件的作用，则需要新的规则和制度。

中后期的研究过程中，研究者们基本认可过去案件的事实先例作用后，开始系统地考虑先例制度的利弊问题。2010 年 Akshay Kolse-Patil 在文章中详细地梳理了先例问题，从先例概念到反对先例的理由，重点讨论仲裁裁决是否构成一种新的判理，最后分析了可能构成一系列判例法的案件。[5] Mark C. Weidemaier 则做了更进一步的研究，为仲裁先例将可能（或者不可能）产生的条件进行理论基础分析，从仲裁制度的角度出发分析了先例产生的原因。[6] 人们在讨论投资仲裁中的先例问题时，也常常会涉及国际法院。2011 年 Gilbert Guillaume 大法官重点讨论了一个问题，即同一个争端解决机构的案

---

〔1〕 See Ole Kristian Fauchald, The Legal Reasoning of ICSID Tribunals-An Empirical Analysis, European Journal of International Law, Volume 19, 2008.

〔2〕 See Zachary Douglas, Can a Doctrine of Precedent Be Justified in Investment Treaty Arbitration?, ICSID Review-Foreign Investment Law Journal, Volume 25, 2010.

〔3〕 See Judith Gill Q. C. , Is There a Special Role for Precedent in Investment Arbitration?, ICSID Review-Foreign Investment Law Journal, Volume 25, 2010.

〔4〕 See J. Romesh Weeramantry, The Future Role of Past Awards in Investment Arbitration, ICSID Review-Foreign Investment Law Journal, Volume 25, 2010.

〔5〕 See Akshay Kolse-Patil, Precedents in Investor State Arbitration, The Indian Journal of International Economic Law, Volume 3 (1), 2010.

〔6〕 See Mark C. Weidemaier, Toward A Theory of Precedent in Arbitration, William & Mary Law Review, Volume 51, 2010.

件之间是否存在相关性，文章最后的结论是在国际争端解决机构中法律先例既不能被崇尚也不能被忽视。[1]有趣的是，2013 年 Devrim Deniz Celik 从反面的角度讨论了仲裁先例的重要性，投资仲裁先例的缺失导致无法澄清投资保护标准。[2]Irene M. Ten Cate 在文章中讨论了国际投资仲裁是否需要追求一致性是非常值得关注的，她认为过分追求一致性将会失去准确性，因此反对任何先例规范而仅仅是做到尊重过去的裁决即可。可以说 Cate 是极少数以如此强烈的态度反对追求投资仲裁裁决的一致性的人。[3]后期研究开始讨论如何规范事实上的先例效果。2018 年 Patrick M. Norton 基于不存在先例制度却产生事实上遵循先例的效果，着重讨论了仲裁员"造法"的正当性问题。[4]2019 年 Richard C. Chen 更进一步在文中提出了如何在投资仲裁中使用先例，通过先例来达到仲裁庭之间的有效对话。[5]

　　从涉及的领域看，国外现有研究主要集中在讨论投资仲裁裁决不一致的原因以及先例效力实现的可能。以分析仲裁庭作出的具体裁决为研究角度的文献比较少，大部分研究将重点放在是否应当赋予投资仲裁裁决的先例效力，以及实现这种效果的具体建议。当然，也有一些学者已经注意并从裁决书本身入手，具体讨论了现行国际投资仲裁中仲裁庭对过去案件的援引现象，例如前述 Jeffery P. Commission 和 Ole Kristian Fauchald 等。但这类研究主要是广泛地对仲裁庭援引次数进行分析，并没有对某一特定的解释议题中的援引行为进行分类讨论，也缺乏对投资仲裁领域内事实上遵循先例的整体特点与发展规律的探究。从研究的方法看，现有研究文献不仅数量较多，而且角度多样。针对投资裁决不一致的问题，既有涉及投资仲裁机制的整体改革，从而提出上诉机制构建的宏观建议；也有针对仲裁庭事实上遵循先例的现象，有

　　[1]　See Gilbert Guillaume, The Use of Precedent by International Judges and Arbitrators, Journal of International Dispute Settlement, Volume 2, 2011.

　　[2]　See Devrim Deniz Celik, Absence of Precedent in Investment Arbitration: A Missed Opportunity to Clarify Standards of Protection, King's Student Law Review, Volume 4, 2013.

　　[3]　See Irene M. Ten Cate, The Costs of Consistency: Precedent in Investment Treaty Arbitration, Columbia Journal of Transnational Law, Volume 51, 2013.

　　[4]　See Patrick M. Norton, The Role of Precedent in the Development of International Investment Law, ICSID Review-Foreign Investment Law Journal, Volume 33, 2018.

　　[5]　See Richard C. Chen, Precedent and Dialogue in Investment Treaty Arbitration, Harvard International Law Journal, Volume 60, 2019.

学者涉及了类先例机制的可能性研究，例如"稳定判理"（jurisprudence constante）的提出。前者探讨了许多宏观制度性的利弊分析，能够深入分析裁决不一致的根源，但考虑了多方向的改革内容，因此不能针对某一具体内容进行详细分析；后者有关类先例机制的研究，受制于篇幅的限制，缺少大量仲裁裁决进行实证分析。

（二）国内的研究现状

相比较国际学者的研究，国内对裁决不一致性以及先例问题的研究不多，讨论的角度也较为广泛，但比较分散，也缺乏对某一个方向比较深入而细致的探讨，同时并没有结合大量的具体案例分析对国际投资仲裁案件进行整体梳理。尤其是针对上合组织国家所涉国际投资仲裁的研究，几乎是没有的。虽然有很多文章谈到了"一带一路"国际投资争端解决机制的构建和设想，但将目光聚焦于上合组织，资料还是很少的。不过，总的来说，国内、国外的研究思路相近，所有的研究开始于国际投资仲裁机制自身特性带来的问题，考虑到国际投资法、国际条约等因素的影响，围绕国际投资仲裁的合法性危机，尤其是裁决不一致问题，提出解决方法。

早期的研究从不同的角度思考了国际投资仲裁中存在的问题并提出了解决方法，包括上诉机制、法庭之友制度、国际条约改革。在 2007 年的时候，衣淑玲教授就在其文章中讨论了国际投资仲裁中上诉机制构建的问题，她认为上诉机制有助于国际投资仲裁中私人利益与公共利益之间的平衡，主要讨论了上诉机制的设置，因而并未谈到投资仲裁机制的合法性危机抑或是裁决不一致问题。[1]刘笋教授以国际条约作为解决问题的切入点讨论国际投资仲裁机制自身的缺陷和问题，[2]还有刘京莲教授从法庭之友的角度来进行研究。[3]直到 2008 年，魏艳茹教授最早在文章中提出了国际投资仲裁因缺乏公正性和连续性而带来的合法性危机，并对美国、加拿大的改革方案进行分析，提出中国的应对之策。[4]刘笋教授也同样关注到了该问题，对相关对策进行

---

[1]　参见衣淑玲：《国际投资仲裁上诉机制探析》，载《甘肃社会科学》2007 年第 6 期。

[2]　参见刘笋：《论国际投资仲裁对国家主权的挑战——兼评美国的应对之策及其启示》，载《法商研究》2008 年第 3 期。

[3]　参见刘京莲：《法庭之友参与国际投资仲裁体制研究》，载《太平洋学报》2008 年第 5 期。

[4]　参见魏艳茹：《论国际投资仲裁的合法性危机及中国的对策》，载《河南社会科学》2008 年第 4 期。

了广泛的讨论，之后针对投资仲裁裁决的不一致性问题进行了较为详细的分析，认为不仅应当改革当前投资条约的实体法规则，还应当在投资条约中构建合适的程序性规则。[1]

可以说，从 2009 年开始，大量的文献开始具体研究国际投资仲裁的合法性危机及其解决方案，而这集中讨论的方案就是上诉机制的构建。有学者谢宝朝认为上诉机制并不是解决合法性危机的唯一方法，现时建立上诉机制是没有必要且不可行的，目前可以通过增加透明度、合并程序、法庭之友等多种制度来完善国际投资仲裁机制。[2]刘笋教授也对上诉机制进行了深入探讨，认为这种改革虽然存在许多理论争议并有政治与法律障碍，但改革已进入实践阶段并由美国积极倡导，势必对国际投资仲裁机制产生重大影响。[3]石现明教授认为上诉机制有其存在的必要性和合理性，有助于缓解因裁决不一致导致的国际投资仲裁合法性危机。[4]关于上诉机制的构建，学者们的研究和争议也一直持续到现在，始终没有结果。当 TTIP 谈判、中美双边投资条约谈判时，学者们又再一次讨论是否可以在投资条约中设计上诉机制。[5]

除了上诉机制，学者们还探讨了很多解决方案。刘京莲教授从仲裁员独立性的角度谈论了国际投资仲裁机制的正当性问题，认为仲裁员是保证国际投资仲裁裁决公正、程序顺利进行的核心。[6]郭玉军教授则认为经过制度上的改良，如增加透明度、法庭之友、遵循先例、细化投资条约核心内容等，国际投资仲裁机制的正当性问题可以得到矫正。[7]随着国际投资仲裁机制改革的发展，开始出现美国与欧盟两种不同的改革模式。王燕认为，这不仅是

---

[1]　参见刘笋：《国际投资仲裁引发的若干危机及应对之策述评》，载《法学研究》2008 年第 6 期；刘笋：《国际投资仲裁裁决的不一致性问题及其解决》，载《法商研究》2009 年第 6 期。

[2]　参见谢宝朝：《投资仲裁上诉机制不是正当性危机的唯一解药》，载《世界贸易组织动态与研究》2009 年第 4 期。

[3]　参见刘笋：《建立国际投资仲裁的上诉机制问题析评》，载《现代法学》2009 年第 5 期。

[4]　参见石现明：《国际投资仲裁内部上诉机制述评》，载《云南大学学报（法学版）》2011 年第 2 期。

[5]　参见王鹏、郭剑萍：《论国际投资仲裁上诉机制的设计——以 TTIP 谈判为例》，载《国际经贸探索》2015 年第 5 期；肖军：《建立国际投资仲裁上诉机制的可行性研究——从中美双边投资条约谈判说起》，载《法商研究》2015 年第 2 期。

[6]　参见刘京莲：《国际投资仲裁正当性危机之仲裁员独立性研究》，载《河北法学》2011 年第 9 期。

[7]　参见郭玉军：《论国际投资条约仲裁的正当性缺失及其矫正》，载《法学家》2011 年第 3 期。

改革认识的路径不同，还是两者对国际投资仲裁制度主导权的争夺。[1]欧盟提出投资法庭来替代国际投资仲裁机制，许多研究开始转向投资法庭以及投资法庭内的上诉机制。魏艳茹教授专门分析了越南—欧盟自贸区上诉机制的问题，认为该机制促进投资争端解决的公正、效率，一定程度上缓解了争议解决不一致的问题，中国与欧盟谈判投资条约时应当就该机制做充分考虑。[2]学者邓婷婷认为，与现有国际投资仲裁机制相比，投资法庭制度能够加强裁判的合法性和公正性，确保裁判的一致性。[3]改革方向大致分为两类，一是上诉机制，二是投资法庭。针对这两种方案的争议和讨论，这些研究也一直持续并陆续发展着。王少棠学者认为，欧盟的改革追求一致性和明确性，在一定程度上能够缓解投资仲裁裁决的不一致，但仍具有正当性问题的隐患，需要在实践中进一步的观察。[4]王军杰教授讨论了 ICSID 撤销机制的局限性，认为应当赋予上诉机构事实与法律双重审查权，促进裁决的一致性。[5]王彦志针对上述两种方向以及一直以来的改进措施，综合分析讨论了这种多元改革模式，认为中国应该以短期、中期、长期的三个步骤渐进地完善与改革现有制度。[6]

针对国际投资仲裁以裁决不一致为主要问题的合法性危机，国内研究一直紧紧跟随着最新动态发展和国际研究潮流，涉及的解决措施十分广泛，从国际投资条约的改革修订、合并仲裁、增加透明度、法庭之友制度、加强仲裁员独立性、先例制度到上诉机制构建和投资法庭设置，均有一定的研究。但同时也存在一定明显的不足，涉及方面过于广泛而缺少深入研究，研究理论的同时缺少结合大量实践案例的分析。目前看来，学者们主要研究的是投

〔1〕 参见王燕：《国际投资仲裁机制改革的美欧制度之争》，载《环球法律评论》2017 年第 2 期。

〔2〕 参见魏艳茹：《越南—欧盟自贸区投资上诉机制研究》，载《广西大学学报（哲学社会科学版）》2017 年第 3 期。

〔3〕 参见邓婷婷：《中欧双边投资条约中的投资者-国家争端解决机制——以欧盟投资法庭制度为视角》，载《政治与法律》2017 年第 4 期。

〔4〕 参见王少棠：《正当性危机的解除？——欧盟投资争端解决机制改革再议》，载《法商研究》2018 年第 2 期。

〔5〕 参见王军杰：《ICSID 上诉机制建构的法理基础及制度选择》，载《社会科学辑刊》2018 年第 5 期。

〔6〕 参见王彦志：《国际投资争端解决机制改革的多元模式与中国选择》，载《中南大学学报（社会科学版）》2019 年第 4 期。

资条约改革、上诉机制和投资法庭，针对事实上遵循先例现状和先例问题的研究十分少有，提出与先例、稳定性判理作为解决方案的相关研究很少。例如，陈正健教授详细分析了国际投资仲裁机制中产生事实上遵循先例的原因、缺陷，提出仲裁机构使用先例时应对其进行详细分析、评估和管理。〔1〕值得注意的是，丁夏的专著以仲裁判理为基础，十分详细地探讨了构建国际投资仲裁裁判法理的条件，并有针对性地从实体和程序两个方面进行具体的案例分析，最终建设性地提出了三项意见措施。〔2〕另外，浙江大学硕士研究生唐卓然和西南政法大学硕士研究生凌波在其硕士论文中从历史发展、作用、构建先例制度的必要性和可能性等方面对国际投资仲裁中的先例问题进行了分析与探讨。

　　关于上合组织的研究，国内学术界已经取得了丰硕的成果，多数研究围绕安全及制度建设问题展开，如肖斌指出多边安全合作是上合组织持久发展的制度动力。〔3〕对于未来上合组织的安全合作，曾向红和李孝天认为，"上合应'放低身段'并'改变行为'，满足成员国在涉恐等安全事务上的合理利益需求，促使它们更多地由适当性逻辑而非后果性逻辑主导反恐等行为"。〔4〕针对上合组织扩员之后如何深化安全合作的问题，陈小鼎和王翠梅认为，应重点对接成员国的共同安全需求，形成完善有效的区域安全公共产品供给机制。〔5〕也有学者重点讨论了组织内部的协调与互动，如李亮讨论了上合组织创建成员国间冲突调解机制的必要性、可行性及相关路径；〔6〕朱杰进和邹金水则重点关注了俄罗斯在组织内的行为选择，研究发现，在上合组织中，针对中国倡议，俄罗斯支持与否，取决于美国在中亚地区的威胁程度和中国所提制度倡议的网络效应。〔7〕杨恕和李亮详细讨论了上合组织吸纳印度后的

---

〔1〕　参见陈正健：《国际投资仲裁中的先例使用》，载《国际经济法学刊》2014年第1期。

〔2〕　参见丁夏：《国际投资仲裁中的裁判法理研究》，中国政法大学出版社2016年版。

〔3〕　参见肖斌：《多边安全合作是上合组织持久发展的制度动力》，载《世界知识》2019年第13期。

〔4〕　参见曾向红、李孝天：《上海合作组织的安全合作及发展前景——以反恐合作为中心的考察》，载《外交评论（外交学院学报）》2018年第1期。

〔5〕　参见陈小鼎、王翠梅：《扩员后上合组织深化安全合作的路径选择》，载《世界经济与政治》2019年第3期。

〔6〕　参见李亮：《上海合作组织建立成员国间冲突调解机制初探》，载《俄罗斯研究》2020年第3期。

〔7〕　参见朱杰进、邹金水：《对"中国倡议"的不同反应——俄罗斯在上合组织中的国际制度行为选择》，载《俄罗斯研究》2020年第3期。

挑战与机遇。[1]

部分学者研究了上合组织的经贸合作问题。肖斌从禀赋效应的角度讨论了上合组织发展数字经济的前景及进一步推动数字经济合作的着力点。[2]韩璐提出，上合组织与"一带一路"互相提供发展新机遇，可发挥各自优势，共同打造政治互信、持久和平、互利共赢、文化包容的命运共同体。[3]郭晓琼和蔡真定量分析了中国对上合组织的投资效率问题，结果显示，中国对上合组织国家的投资大部分是有效率的，效率不高的国家主要是俄罗斯。[4]郭延景和肖海峰采用实证研究的方法检验了中国与上合组织成员国农产品贸易波动的影响因素。[5]林益楷和张正刚重点讨论了各成员国能源合作的前景。[6]张庆萍和朱晶通过分析中国与上合组织成员国间农业贸易与投资合作的现状、障碍与潜力，认为中国应当充分利用"一带一路"建设的契机，加强与该地区国家的农业合作。张晓倩和龚新蜀运用扩展贸易引力模型，分析了上合国家贸易便利化水平对中国农产品出口到这些国家所产生的影响。[7]

专门从法律角度研究上合组织的文献资料不多，主要涉及投资便利化和投资争端解决机制问题，还有涉及国际法与国际关系之间的交叉研究。林一专门分析了独立构建上合组织内构建多边投资争端解决机制的必要性和可行性，提出上合组织 ISDS 机制建构应遵循"上海精神"与变动成本最小化原则，以投资仲裁为主导，通过优化仲裁员选任机制、建立可供选择的常设上诉机构以及吸收并完善透明度规则，促进上合命运共同体共同繁荣。[8]王淑

---

〔1〕 参见杨恕、李亮：《寻求合作共赢：上合组织吸纳印度的挑战与机遇》，载《外交评论（外交学院学报）》2018 年第 1 期。

〔2〕 参见肖斌：《上海合作组织数字经济合作前景——基于成员国禀赋效应的分析》，载《俄罗斯东欧中亚研究》2020 年第 4 期。

〔3〕 参见韩璐：《上海合作组织与"一带一路"的协同发展》，载《国际问题研究》2019 年第 2 期。

〔4〕 参见郭晓琼、蔡真：《中国对上海合作组织国家投资效率研究——基于 DEA-面板 Tobit 的实证分析》，载《俄罗斯东欧中亚研究》2019 年第 3 期。

〔5〕 参见杨延景、肖海峰：《"一带一路"背景下中国与上合组织成员国农产品贸易波动影响因素分析》，载《新疆大学学报（哲学·人文社会科学版）》2021 年第 1 期。

〔6〕 参见林益楷、张正刚：《上合组织成员国深化能源领域合作前景分析及措施建议》，载《欧亚经济》2018 年第 4 期。

〔7〕 参见张晓倩、龚新蜀：《上合组织贸易便利化对中国农产品出口影响研究——基于面板数据的实证分析》，载《国际经贸探索》2015 年第 1 期。

〔8〕 参见林一：《论上合组织内多边投资争端解决机制的独立建构》，载《商事仲裁与调解》2020 年第 4 期。

敏和张乐两位学者详细地分析了上合组织投资便利化的内涵、当前存在的问题以及解决的对策。[1]蔡从燕教授则通过对上合组织和亚洲基础设施投资银行的"地缘法律"分析来解释国际关系格局变迁与中国国际组织法的新实践。[2]

四、选题理由与研究方法

之所以选择国际投资仲裁作为研究中心，主要在于该机制是矛盾和统一的集合。国际投资仲裁机制面对的是私人投资者与主权国家之间的纠纷，而其临时性的仲裁庭则需要解释大量碎片化、模糊化的国际投资条约。处于私法与公法之间冲突的漩涡之中，自设立开始国际投资仲裁就存在诸多争议和问题。在发展过程中，国际投资仲裁也在批评中不断改革和完善制度。有些国家不满现有机制，选择积极主动的方式进行改革，例如设立投资法庭的欧盟和退出《关于解决国家和他国国民之间投资争端公约》（Convention on the Settlement of Investment Disputes between States and Nationals of Other States，以下简称 ICSID 公约）的南美国家。不可否认的是，伴随着批评和争议，原有的国际投资仲裁仍然占据着解决投资者–国家争端解决的核心地位。在今天 ISDS 缓慢而艰难的改革中，十分有必要再回头看看这些裁决中实际操作和效果给我们带来的启示。因此，事实上遵循先例的问题就这样成了研究对象。

研究选题和写作中主要运用了比较分析、价值分析和案例分析等研究方法。本书研究通过对不同法律体系下先例的概念和实践操作进行比较研究，以此分析国际投资仲裁中援引过去案件的特点和运用方法，再进一步讨论是否存在仲裁先例的问题。价值分析是用以论证某一法律原则、规则或制度的正当性与合理性，或衡量某一法律现象或制度的正义标准，注重对应然范畴的考察。本书研究中涉及援引过去案件的合法性探讨，其中对仲裁员造法与追求投资仲裁裁决一致性进行价值分析。本书涉及大量的实践和仲裁裁决，试以案例分析方法进行研究，注重对实然范畴的考察。本书将国际投资仲裁

---

〔1〕　参见王淑敏、张乐：《上海合作组织投资便利化的法律问题》，载《国际商务研究》2023 年第 1 期。

〔2〕　参见蔡从燕：《国际关系格局变迁与中国国际组织法的新实践——上海合作组织和亚洲基础设施投资银行的"地缘法律"分析》，载《中国法律评论》2021 年第 3 期。

中事实上遵循先例对投资保护标准一致性的影响作为分析对象，对相关案件的仲裁裁决进行归类与总结。在分析案例时，主要利用联合国贸易和发展会议（UNCTAD）有关投资的数据库[1]、IA Reporter 数据库[2]和 ISLG 数据库[3]进行检索和查询，特别是有些未公开信息的裁决，需要通过 IA Reporter 数据库的报道，来找到一些重要内容。

五、创新与不足

本书主要创新在于从仲裁庭在裁决中援引过去案件这样一个实际运用并发挥重要作用的小角度为切入口，结合了大量具体实践案例，分类分析了国际投资仲裁裁决，试图通过裁决先例价值的研究对解决裁决不一致问题提出一些建议。本书的不足之处较多：限于自身水平和认识，始终没有很好地厘清国际法中有关先例的概念；分类讨论具体案例时，因资料和研究能力过多局限于 ICSID 案件，没能了解其他国际投资仲裁案件的实际情况，没有很仔细地将以条约为基础的仲裁、以合同为基础的仲裁、以国内法为基础的仲裁进行具体分类讨论，过于笼统地下了结论；在梳理归纳上合组织国家所涉国际投资仲裁案件时，没有完整地将所有案件的内容进行查询，对案件数据的理解不够完全和成熟，仅靠有关投资仲裁案件的要素，使得最终的观点不够严谨；针对上合组织区域内投资发展提出的建议，考虑不够全面，局限于投资法的思考范围；构建上合组织内多边国际投资争端解决机制的设想，过于简单和理想，并没有很详细地对比现有多边国际投资争端解决机制的具体差异；总结归纳裁决的观点和内容过于冗杂，不够精炼，略显杂乱；最后，对解决裁决不一致问题所提出的建议分析得不够深入。

---

〔1〕 联合国贸易和发展会议（UNCTAD），载 https://unctad. org/statistics，最后访问时间：2023 年 9 月 20 日。

〔2〕 Investment Arbitration Reporter，载 https://www. iareporter. com/arbitration-cases/，最后访问时间：2023 年 9 月 20 日。

〔3〕 Investor-State LawGuide，载 https://app-investorstatelawguide-com. proxygt-law. wrlc. org/Dashboard，最后访问时间：2023 年 9 月 20 日。

先例的概述

　　由于国际投资仲裁没有统一的法律体系或是法律原则，而国际投资仲裁又汇聚了来自不同法律体系的法学家，对国际投资仲裁中的"先例（precedent）"下定义是十分困难的。事实上，投资仲裁中涉及先例的解释常常受到"遵循先例原则（stare decisis）"和"判理（jurisprudence）"等既有概念的影响而变得模糊。这些概念的内涵实际上暗示了处于不同法律体系中的具体先例规则。在具体讨论之前，有必要对一些关键术语和先例在不同法律体系下的概念做出解释，了解先例在不同背景下具有特殊的含义，从而更好地理解国际投资仲裁裁决的先例价值。虽然术语上有些矛盾，但是"先例（precedent）"一词的具体使用存在两种不同的含义：第一种含义是在遵循先例原则（stare decisis）之下的具有约束力的已决案件（binding precedent）；第二种含义是过去的案件。需要说明的是，本书中出现的"先例"是指不具有约束力但有一定影响力的过去案件；"裁决"是指国际投资仲裁庭所作出的既定裁决（award）、决定（decision）和命令（order），不包括其他国际法院、欧洲人权法院等国际机构所作出的裁判。

第一节　国内法律体系中先例的概念

　　先例的概念因其存在制度、语境的不同存在巨大的差异，因此，对先例的解释必须在特定法律制度中进行讨论。通过研究国内法律制度中普通法系和大陆法系对先例问题的实践，分析不同国际机构对先例的态度，以及探讨不同国际仲裁机制之间对先例的不同评价，更全面地了解先例的概念。

一、先例的定义

"Precedent" 可以翻译为汉语中的 "先例" 或是 "判例"。按照《布莱克法律词典》的解释，precedent 的含义是 "法院在司法活动中通过确认和适用新规则而造法" 或者 "可作为涉及相似事实或争议问题的后来案件之裁判基础的已决案件"。[1]在司法判例制度语境中，precedent 具有作为法律适用或司法裁判之例的含义，即判例。与此相关的一个概念是 case，case 的基本含义是 "一个诉讼、官司或法律争议"[2]，因此对应的翻译为 "案件" 或是 "案例"。需要注意的是，判例首先是案例，而且是已经作出判决的案件，但案件并不一定都是判例，只有当案件经由 "报告" 汇编时才能成为判例。此外，判例也不同于判例法（case law）。判例法是蕴含在一个个具体案件判决中的法律，而判例则是为后续裁判提供准据的判决先例。判例的法律效力在于它不仅对本案有既判力，而且对以后的同类案件有拘束力。这正是判例与一般案例的区别。

二、普通法系中的遵循先例原则

遵循先例原则（stare decisis）或有约束力的先例（binding precedent）源于普通法系，定义为 "要求法院在诉讼中再次出现相同的问题时遵循先前的司法裁决"。[3]最初的拉丁短语是由两部分组成的，即 "stare decisis non quieta movere"，其概念是指一个以不扰乱已经确定事物为目的的决定具有已决的强制性先例价值，因此这一定义是对既判力（res judicata）的交叉引用。[4]此外，普通法系还承认 "宣告的先例"（declaratory precedents）和 "具有说服力的先例"（persuasive precedent），前者是指对已存在的法律规则的应用，而后者指法院可以遵循或拒绝的决定，但该决定有权得到尊重和仔细考虑。很多学者将二者区分为法律上的遵循先例（de jure precedent）和事实上的遵循先例（de facto precedent）。因此，为了指出不同的遵循先例过程，必须对 "先例" 这个词加上一个修饰性形容词来加以区分。

---

〔1〕 See Bryan A. Garner, Black's Law Dictionary, West, 2009, p. 1295.
〔2〕 See Bryan A. Garner, Black's Law Dictionary, West, 2009, p. 243.
〔3〕 See Bryan A. Garner, Black's Law Dictionary, West, 2009, p. 1537.
〔4〕 See Bryan A. Garner, Black's Law Dictionary, West, 2009, p. 1157.

"遵循先例原则"体现了法院的政策和作为判例依据的司法判决的权威性。普通法下的法院遵守这一原则,因此,一旦确定一项适用于某一组事实的法律原则,法院将坚持这一原则的适用,并将其适用于今后所有在事实基本上相同的案件。并不是每一个意见或判决都被认为是有约束力的,为了使一项意见或判决成为具有约束力的先例,必须满足两个条件:第一,必须是由一个适当组成的法院提出的意见;第二,这种意见的形成必须对某一特定案件的裁决是必要的,换句话说,它不应该是一个强制性的决定。〔1〕然而,"遵循先例原则"并不严格,当那些具有约束力的先例被判定明显错误时,法院可以拒绝遵循自己以前的决定。〔2〕即使在普通法体系中,同一级别法院的判决在司法层级中也不相互约束,而只是作为有说服力的先例。〔3〕总而言之,法院遵循较早的案件推理,也可能背离这些案件的决定。对先前案件的尊重程度和脱离先前裁决的自由程度可能因不同司法管辖区而异,甚至在一个司法管辖区内也会因法院和所涉问题而异。

三、大陆法系中的判理概念

"遵循先例原则"的概念在大陆法系中并不存在。大多数大陆法系国家将判例法(case law)列为次要的法律渊源。〔4〕然而,"先例"的概念在大陆法体系中是存在的,只是不具有像在普通法系中的约束力。学者 Pierre Dupery 认为,虽然法国法律不承认先例规则(the rule of precedent),但法院判决的重要性取决于司法管辖的级别。一般来说,法院在审理案件时倾向于采取一致的做法,以避免出现分歧。然而,也没有什么能阻止下级法院作出与上级法院作出的决定相抵触的决定。〔5〕然而,法院的决定被认为是法律(the law)

---

〔1〕 See Jeffery P. Commission, Precedent in Investment Treaty Arbitration – A Citation Analysis of a Developing Jurisprudence, Journal of International Arbitration, Volume 24, 2007, p. 134.

〔2〕 See Christopher J. Peters, Foolish Consistency: On Equality, Integrity, and Justice in Stare Decisis, The Yale Law Journal, Volume 105, 1996, p. 2031, p. 2034.

〔3〕 一个有说服力的先例是一个不具约束力但有权得到尊重和仔细考虑的裁决。

〔4〕 See Fon Vincy, Parisi Francesco, Judicial Precedents in Civil Law Systems: A Dynamic Analysis, International Review of Law and Economics, Volume 26, 2006, pp. 519-520.

〔5〕 See Pierre Dupery, Do Arbitral Awards Constitute Precedents? Should Commercial Arbitration be Distinguished in this Regard from Arbitration Based on Investment Treaties?, in Emmanuel Gaillard et al. eds., Towards a Uniform International Arbitration Law, IAI series No. 3, 2005, p. 251, pp. 255-256.

而在后续不同的案件中被遵循也不是很少见的事情，因为法院在考虑了所有可能的解决办法后得出结论，认为先前的决定是最好的解决办法，那么最好是重复这种办法。

在大陆法系国家，至少在法国法律中，与"遵循先例原则"最为相似的是判理（jurisprudence）。值得注意的是，不能直接将普通法系中的"遵循先例原则"等同于大陆法系中的"判理"。"判理"一词不仅指判例法，还指法院为实现对法律的统一解释而采用的过程，因此，"判理"只包括有权将其解决办法强加于下级法院的法院所作的决定。由此可见，法国法律或者更广泛地说是大陆法系中的"判理"，暗含了法院的等级制度。然而，普通法系的"遵循先例原则"与大陆法系的"判理"在概念上的最大区别在于前者在本质上是适用法院创造的规则，而后者在本质上是对既存法律抽象规则解释的结果。此外，无论是否是相同的当事方参与后续的诉讼，"遵循先例原则"和"判理"都适用于所有之后的案件，这是区分于既判力（res judicata）的主要特点。"遵循先例原则"只服务于公共目的，即法律的统一性（uniformity）、可预测性（predictability）和确定性（certainty），这样共同体内的行为者可以知道如何行事。

第二节　国际法律体系中先例的争议

根据第一节的论述，在不同法律背景下，先例的概念及其使用规则即存在显著的不同，又有一些相同的地方，但共通的一点是不管案件是否具有约束力，都承认了案件的说服力。具有说服力的既定裁决对后续案件的解决产生了一定的影响，甚至形成解决某一问题的指导规则，这就是本书所研究的事实上遵循先例。

有两个相互联系并值得深入探讨的问题：第一，因国际投资仲裁裁决的不一致性而带来的合法性危机，是否可以利用事实上遵循先例来解决不一致性问题；第二，国际投资仲裁庭在实践中已经大量援引过去裁决，一般的观点认为国际投资仲裁已经形成了事实上的遵循先例（de facto precedent），那么构成和影响这种事实上遵循先例的因素是什么，如何对投资保护标准产生影响等问题是有待讨论的。通过研究裁决的先例价值可以尽量避免那些特定背景下先例概念和制度的影响和限制，而直接分析国际投资仲裁机制本身的特点和需求，具有针对性地寻找问题的解决对策。

一、国际法院对先例的态度

国际公法是以欧洲大陆的罗马法为基础的，而不是以英国普通法传统为基础的。[1]因此，可以理解国际法中没有遵循先例原则或有约束力的先例制度。《国际法院规约》第38条的规定，即司法判例（judicial decision）是确定国际法的一个辅助手段，该规定也是避免使用"先例"或是"判理"的概念。再者，《国际法院规约》第59条明确规定，除当事各方之间和就该特定案件外，法院的判例没有任何约束力。有学者认为，这种表达方式常常被解读为排除了正式的遵循先例原则。[2]然而，Mohamed Shahabuddeen法官认为，虽然国际法中没有具有约束力的先例规则，但这并不意味着没有先例。事实上，法院会从以前的判例中寻求指导，法院使用其过去判决的方式与普通法法院处理其过去判决的方式大致相同。[3]因此，虽然国际法中没有具有约束力的先例规则，但国际法院确实参照以前的判例作为指导。

有必要谈论一下国际法院几次提起的判理恒定（jurisprudence constante）概念，该概念也被学者应用于投资仲裁中。"判理恒定"是指国际法院（在ICJ案件中）或某一国家内的许多法院（就国内法而言）一贯以特定方式决定某一法律要点，它表示一种习惯性的倾向，仅仅是一种惯例而已，因此它更接近一种确定的趋势，而不是"遵循先例原则"或"判理"。国际法院通过"判理恒定"的概念来援引自己过去的决定，显然比在仲裁中使用具有更强的权威。这一概念在投资仲裁领域是否有实际帮助也有待观察。总的来说，"判理恒定"这个概念似乎太模糊，不能得出有意义的结论。

二、WTO 对先例的态度

关于WTO争端解决报告的法律效果，学界早有定论：一经争端解决机构

---

〔1〕 See Akshay Kolse-Patil, Precedents in Investor State Arbitration, The Indian Journal of International Economic Law, Volume 3, 2010, p. 42.

〔2〕 See Gabrielle Kaufmann–Kohler, Arbitral Precedent: Dream, Necessity or Excuse?: The 2006 Freshfields Lecture, Arbitration International, Volume 23, 2007, p. 361.

〔3〕 See Mohamed Shahabuddeen, Precedent in the World Court, Cambridge University Press, 1996, pp. 97-107.

（DSB）通过，WTO 专家组和上诉机构的报告仅对争端方产生拘束力，不构成有法律拘束力的先例。WTO 上诉机构在 US- Stainless Steel（Mexico）案件中解释了先例在 WTO 体系中的作用，争端解决实践表明，WTO 成员重视专家组和上诉机构报告中提供的推理。在争端解决程序中，各方经常引用已通过的小组和上诉机构的报告来支持法律论点，并在随后的争端中得到小组和上诉机构的依赖。此外，在制定或修改有关国际贸易事项的法律和国家规定时，WTO 成员会考虑已通过的专家组和上诉机构报告中所述协议的法律解释。因此，通过的专家组和上诉机构报告中所体现的法律解释成为 WTO 争端解决机制的重要组成部分。如《关于争端解决规则与程序的谅解》（Understanding on Rules and Procedures Governing the Settlement of Disputes，以下简称 DSU）第 3.2 条所设想的那样，确保争端解决制度的安全和可预测性意味着，在没有令人信服的理由的情况下，一个裁决机构将在以后的案件中以同样的方式解决同样的法律问题。[1]

Jackson 教授认为，虽然 WTO 案件中没有“遵循先例原则”，但肯定存在非常强大的先例效应。在专家组或上诉机构不需要遵循先例原则的情况下，除非由很多案件都解决了一个特定的问题，并且该解决方案已经被所有成员接受，那么如同维也纳公约所定义的“协议下的实践”产生了强有力的先例性影响。[2]虽然在国际法中国际法院的判例没有正式的有约束力的权威，但通过对“先例”更广泛的理解，即不要求对过去决定进行有约束力的遵守，这就不会严重损害过去决定产生的真实且有效的影响。[3]因此，虽然国际法的原则没有规定有约束力的先例，但实际上常设法庭，例如国际法院、WTO 专家组和上诉机构遵循的是一种形式有些松散的事实上的先例规则。

三、国际仲裁庭对先例的态度

虽然仲裁不存在法律意义上的先例原则，但根据研究数据表明，在某些

---

〔1〕 See Appellate Body Report, United States-Final Anti-Dumping Measures on Stainless Steel from Mexico, April 30, 2008, WT/DS344/AB/R, at para. 160.

〔2〕 See John H. Jackson, Sovereignty, The WTO and Changing Fundamentals of International Law, Cambridge University Press, 2006, p. 177.

〔3〕 See John H. Jackson, Sovereignty, The WTO and Changing Fundamentals of International Law, Cambridge University Press, 2006, p. 256.

类型的仲裁中确实存在事实上的遵循先例。下文比较分析了不同类型的仲裁案件，发现是否援引过去裁决在很大程度上受到问题本身和争端机制所追求目标的影响。

国际商事仲裁并不存在遵循先例的情况。由于商事仲裁的保密性，几乎所有的仲裁裁决内容都不公开，根本无法参照所谓的过去案件。有学者进行过调查，在其搜索的裁决中，并没有显示明确的援引案件。[1]即使在容易查询数据的《联合国国际货物销售合同公约》（United Nations Convention on Contracts for the International Sale of Goods，以下简称 CISG）案件中，500 个案件只有 100 个有足够多的内容可以进行调查，而在这个 100 个案件中只有 6 个引用了过去的裁决。[2]再者，商事仲裁的仲裁员享有广泛的适用法律的自由，这种自由允许其制定规则，考虑到每一案件的特殊性，或由案件驱动的将适用法律跨国化的倾向，这与先例的理念本身存在直接矛盾。

与国际商事仲裁完全相反的是，国际体育仲裁领域内被认为存在事实上的遵循先例。调查显示，早期国际体育仲裁法庭（Court of Arbitration for Sport，以下简称 CAS）较少引用过去的案件，但从 2003 年以后的案件可以发现，几乎所有的裁决都包含了一个或多个过去的案件。[3]2004 年的裁决表明，CAS 的法律体系中不存在具有约束力的先例，也没有遵循先例原则。然而，CAS 专家组显然会在证据许可的情况下，就法律事宜作出与前一专家组裁决相同的结论。无论这被认为是礼让问题，还是试图建立一个连贯的法律体系，都无关紧要。[4]《世界反兴奋剂条例》（World Anti-Doping Code）将这一仲裁实践纳入法典。2003 年版《世界反兴奋剂条例》中有关 2.1.1 条的释义明确指出，体育仲裁法院在 Quigley 案中对严格责任规则的理由作了充分的说明，然后引用了该裁决一段很长的内容。[5]2009 年版则删除了很多

---

[1]　See Jeffery P. Commission, Precedent in Investment Treaty Arbitration—A Citation Analysis of a Developing Jurisprudence, Journal of International Arbitration, Volume 24, 2007, p.362.

[2]　See Jeffery P. Commission, Precedent in Investment Treaty Arbitration—A Citation Analysis of a Developing Jurisprudence, Journal of International Arbitration, Volume 24, 2007, p.362.

[3]　See Jeffery P. Commission, Precedent in Investment Treaty Arbitration—A Citation Analysis of a Developing Jurisprudence, Journal of International Arbitration, Volume 24, 2007, p.365.

[4]　IAAF v. USA Track & Field and Jerome Young, CAS 2004/A/628, Award, June 28, 2004, at para.19.

[5]　Comment to Art.2.1.1 of 2003 World Anti-Doping Code.

Quigley 案件裁决的具体内容，改为"体育仲裁法院的决定持续地维护严格责任原则"。[1]2015 年版变得更加精炼，直接指出体育仲裁法院的许多决定都谈及了严格责任，体育仲裁法院将持续地维护该原则。[2]

国际投资仲裁的设立是为了给外国投资者提供一个挑战东道国行为的中立机制。最受欢迎的投资仲裁机构是作为世界银行（World Bank）一部分的国际投资争端解决中心（ICSID）。ICSID 公约为争端机制的程序提供了一个框架，加入该公约的国家同意承认裁决是"具有约束力和终局性的，除公约本身规定的有限条件外，不受其他审查"[3]。争端各方必须同意 ICSID 的管辖权，通常情况是，双边投资条约（Bilateral Investment Treaty，BIT）的缔约国同意来自另一国的投资者对本国申请仲裁，索求赔偿；相应地，外国投资者也应当同意通过仲裁提出请求，这样才能启动争端机制。[4]

ICSID 公约生效于 1966 年，第一次争端于 1972 年 1 月 13 日提交仲裁[5]，但投资者与国家之间的仲裁直到世纪之交才真正爆发。[6]数据可以更直观地说明这种增长："1995 年，ICSID 有 4 个仲裁案件在等待解决，而 2012 年夏天，这样的案件大约有 150 个。"[7]随着案件数目急剧增加，引用过去裁决的做法也大量增加。2007 年对 ICSID 实践中援引裁决的一项研究表明，截至 1994 年，ICSID 每项裁决引用的案件数约为 2 个；1994 年至 2002 年间，平均援引数在 2 至 4 之间；在 2002 年到 2006 年之间，这数字约为 10。[8]在进行这项

---

〔1〕 Comment to Art. 2. 1. 1 of 2009 World Anti-Doping Code.

〔2〕 Comment to Art. 2. 1. 1 of 2015 World Anti-Doping Code.

〔3〕 Rudolf Dolzer, Christoph Schreuer, Principles of International Investment Law, Oxford University Press, 2012, p. 239.

〔4〕 See Rudolf Dolzer, Christoph Schreuer, Principles of International Investment Law, Oxford University Press, 2012, p. 238, p. 258.

〔5〕 See Rudolf Dolzer, Christoph Schreuer, Principles of International Investment Law, Oxford University Press, 2012, p. 239.

〔6〕 See Susan D. Franck, Empirically Evaluating Claims about Investment Treaty Arbitration, North Carolina Law Review, Volume 86, 2007, p. 46.

〔7〕 Rudolf Dolzer, Christoph Schreuer, Principles of International Investment Law, Oxford University Press, 2012, p. 239.

〔8〕 See Jeffery P. Commission, Precedent in Investment Treaty Arbitration-A Citation Analysis of a Developing Jurisprudence, Journal of International Arbitration, Volume 24, 2007, pp. 149-150.

研究时，ICSID 共有 151 项公开的裁决。[1]今天这个数字接近 650。[2]随着现有裁决数目继续增加，仲裁庭可以利用更多的裁决和已有问题的解释。因此，自 2007 年的研究以来，对过去裁决的援引如果不是增加得更多的话，至少也很可能保持稳定。

第三节　国际投资仲裁中先例的理解

在国际仲裁内比较不同制度下仲裁庭对过去裁决的援引，国际投资仲裁中频繁援引过去裁决的行为是值得思考的。与其他国际裁判机构一样，国际投资仲裁也不存具有法律约束力的先例，仅仅只是事实上的遵循先例。根据上文不同机构对先例和过去案件的态度，需要明确的是，即使没有法律约束力，某些案件的确对未来科学合理地裁决具有较大的影响，对法律问题的解释有归纳和总结的效果。为了避免解释"先例"概念，将这种事实上遵循先例的效果归因为裁决所具备的先例价值。当法律和规则没有制定先例时，实践赋予了某些裁决类似于先例的价值。

一、不存在法律意义上的先例

要理解投资仲裁中的事实上遵循先例，首先要强调在国际投资仲裁中援引过去裁决是没有正式依据的。投资条约中的实质性条约和 ICSID 公约中的程序规则都没有规定"遵循先例原则"。[3]有学者认为，ICSID 公约第 53 条中规定"裁决对当事各方具有约束力"，至少在严格意义上的具有约束力先例来说，这将排除任何先例原则。[4]此外，ICSID 公约没有将过去的仲裁裁决列举为有效的权威来源之一。即便如此，有一种观点认为，仲裁庭可以适当

---

〔1〕　See Jeffery P. Commission, Precedent in Investment Treaty Arbitration-A Citation Analysis of a Developing Jurisprudence, Journal of International Arbitration, Volume 24, 2007, p. 132.

〔2〕　See International Centre for Settlement of Investment Disputes, Cases, Advanced Search, 载 https://icsid. worldbank. org/en/Pages/cases/AdvancedSearch. aspx，最后访问时间：2020 年 6 月 17 日。

〔3〕　See Gabrielle Kaufmann-Kohler, Arbitral Precedent: Dream, Necessity or Excuse?: The 2006 Freshfields Lecture, Arbitration International, Volume 23, 2007, pp. 368-369.

〔4〕　See Christoph H. Schreuer, The ICSID Convention: A Commentary, Cambridge University Press, 2009, pp. 1101-1102.

地将过去裁决视为相关的考虑因素。ICSID 公约指导仲裁庭可以适用"国际法规则"。根据《国际法院规约》第 38 条所规定的国际法渊源权威等级制度，"司法判例"不具有条约、习惯和一般法律原则所保留的法律效力。此外，第 59 条规定国际法院自己的判例"除当事各方之间和就该特定案件外，没有任何约束力"。然而，规约确实将"司法判例"作为"确定法律规则的辅助手段"。此外，国际法院援引其本身和仲裁庭的判例作为指导，此方式类似于普通法法院援引判例法的方式。[1]因此，即使仲裁裁决不具有普通法法院判决那样的具有约束力的先例地位，这种区别应该也不会对国际投资仲裁裁决发挥其先例价值构成障碍。

除了上述缺乏正式依据的考虑之外，还有一些实际的原因来解释国际投资仲裁不能适用正式的先例规则。第一，没有制度上的连续性。仲裁庭是临时的，由当事各方选择的仲裁员所组成，其唯一目的是解决其具体争端。[2]因此，仲裁员缺乏促进法律协调发展的动力，而一个行动者较为稳定的制度则有这种动力。[3]第二，没有等级制度。这不仅意味着没有上诉机构通过推翻错误的决定来确保一致性，而且也没有权威说哪个观点是正确的。[4]第三，实体法是支离破碎的，由数以千计的条约编纂而成，其中大多数是双边条约。虽然投资条约的条款往往非常相似，但语言上有差异，而且谈判过程中可能有区别，这些都会影响具体的解释过程。这使得依赖先例来解释条约的方法复杂化，因为在解释类似措辞条款的后续争端中，这种先例将被用来解释另外一个不同的条约。

---

〔1〕 See Andrea K. Bjorklund, Investment Treaty Arbitral Decisions as Jurisprudence Constante, in: Colin B. Picker et al. eds. , International Economic Law: The State and Future of the Discipline, Hart Publishing, 2008, pp. 265-268.

〔2〕 See Irene M. Ten Cate, The Costs of Consistency: Precedent in Investment Treaty Arbitration, Columbia Journal of Transnational Law, Volume 51, 2013, pp. 450-451.

〔3〕 See Rudolf Dolzer, Christoph Schreuer, Principles of International Investment Law, Oxford University Press, 2012, p. 28. 然而，这一点不应被夸大。尽管没有常设法院，但当事人在作出任命时往往会从一个精挑细选的群体中进行选择，因此"精英仲裁员组成的相对较小的群体在这个体系中发挥了巨大的作用，使这个领域比原本可能发挥的更有连贯性"。参见 Alec Stone Sweet, Florian Grisel, The Evolution of International Arbitration: Judicialization, Governance, Legitimacy, Oxford University Press, 2017, p. 72.

〔4〕 See Irene M. Ten Cate, International Arbitration and the Ends of Appellate Review, New York University Journal of International Law and Politics, Volume 44, pp. 1109-1110. ICSID 的决定有可能被撤销委员会宣布无效，但现有的撤销理由非常有限。参见 Rudolf Dolzer, Christoph Schreuer, Principles of International Investment Law, Oxford University Press, 2012, pp. 301-304.

二、仅是一种事实上的遵循先例

尽管存在这些现实障碍，现在国际投资仲裁庭引用过去的裁决似乎是例行公事。有学者给出了一个简单、常识性的解释：争议中的条约条款含糊其词，因此了解其他仲裁庭是如何给出这些条款的内容是有帮助的。[1]适用诸如公平和公平待遇等广泛概念所需要的自由裁量权可能超过了仲裁庭可以接受的范围。援引过去裁决的方式缩小了这种自由裁量权，并使仲裁庭提供更合理的分析。[2]将国际投资仲裁与其他仲裁系统进行比较，可以发现类似的见解。正如主要仲裁员 Gabrielle Kaufmann-Kohler 所言，规则体系越不发达，争端解决者在规则创建方面的作用就越重要。[3]她指出，国际投资仲裁比商事仲裁更需要先例，因为商事仲裁一般有一套完善的国内法可以适用。[4]Mark C. Weidemaier 同样将仲裁先例描述为填补空白的功能。[5]在外国投资的背景下，"只有小部分是国家提供的法律"，即"由法院和立法机关等公共机构提供"的法律支持。

因此，国际投资仲裁裁决的先例价值实际上在于帮助仲裁庭更合理地推理分析，最终做出一个最优的裁决结果。为了更加清晰地了解如何通过援引国际投资仲裁裁决来获得最优解，需要认真分析先例价值所追求的目标及其相互之间的平衡。

---

〔1〕 See Lucy Reed, The De Facto Precedent Regime in Investment Arbitration: A Case for Proactive Case Management, ICSID Review-Foreign Investment Law Journal, Volume 25, 2010, pp. 96-97; Jason Webb Yackee, Controlling the International Investment Law Agency, Harvard International Law Journal, Volume 53, 2012, p. 391, p. 427.

〔2〕 See Zachary Douglas, Can a Doctrine of Precedent Be Justified in Investment Treaty Arbitration?, ICSID Review-Foreign Investment Law Journal, Volume 25, 2010, p. 106; Judith Gill Q. C., Is There a Special Role for Precedent in Investment Arbitration?, ICSID Review-Foreign Investment Law Journal, Volume 25, 2010, p. 87.

〔3〕 See Gabrielle Kaufmann-Kohler, Arbitral Precedent: Dream, Necessity or Excuse?: The 2006 Freshfields Lecture, Arbitration International, Volume 23, 2007, p. 375.

〔4〕 See Gabrielle Kaufmann-Kohler, Arbitral Precedent: Dream, Necessity or Excuse?: The 2006 Freshfields Lecture, Arbitration International, Volume 23, 2007, p. 375.

〔5〕 See Mark C. Weidemaier, Toward a Theory of Precedent in Arbitration, William & Mary Law Review, Volume 51, 2010, pp. 1928-1929.

三、投资仲裁裁决具有先例价值

除了促进裁决更合理的一般目标之外，先例还有其他价值的目标。法院使用先例时考虑的是可预测性（predictability）、准确性（accuracy）和合法性问题。研究投资仲裁的人士一般也都集中于这些目标的探讨，但这些目标的确切含义必须适应这个特定制度的需要和特点。其他价值，例如效率和平等，有时也普遍被认为是先例的好处。先例的使用提高了效率，因为它使裁决人员可以依赖过去的决定，而不必重新处理以前解决过的问题。先例促进平等，因为一个公平的制度应该做到同等案件同等对待。[1]但是下文并不予以讨论，因为这些价值被充分地纳入到其他价值中——一个有效和公平的体系也将是可预测的、准确的和合法的——因此单独处理它们将是多余的。

（一）可预测性

路易斯·布兰代斯（Louis Brandeis）大法官的观点或许最能突出可预测性的意义："在大多数情况下，（这个问题）得到解决比得到正确解决更重要。"[2]不管给出的答案是否正确，既定的规则允许人们在规划自己的事务时，更好地了解潜在的法律后果。人们以"合理的信心"更好地预测潜在争端的结果并据此行事，一个依赖先例发展的体系通过这种方式来维持运行。在这个意义上，可预测性经常与保护信赖联系在一起讨论。[3]背离先例是不受欢迎的，因为这破坏了生活在法律之下人们的合理期望。特别是在投资条约的范围内，对信赖的关注可能会加剧。虽然可预测性在任何环境中都是可取的，但也是投资条约和促进资本流动的基础。与一般公众的其他行为者不同，外国投资者可能出现在东道国，正是因为他们得到了一个稳定法律框架的承诺。虽然这些保证通常涉及东道国的国内法律环境，但同样的关注似乎也适用于对条约承诺的解释。外国投资者希望明确条约保护的范围，就像他们希望明确国内规章的内容一样，以便他们能够据此规划自己的事务。

---

〔1〕 See Irene M. Ten Cate, The Costs of Consistency: Precedent in Investment Treaty Arbitration, Columbia Journal of Transnational Law, Volume 51, 2013, p. 448.

〔2〕 See Burnet v. Coronado Oil & Gas Co., 285 U. S. 393, U. S. Supreme Court, 1932.

〔3〕 See Randy J. Kozel, Precedent and Reliance, Emory Law Journal, Volume 62, 2013, pp. 1459 - 1465.

考虑到这些问题，仲裁庭常常以可预测性为其援引过去裁决的正当性辩护就不足为奇了。正如一个仲裁庭所指出的那样，谨慎地依赖在若干这些案件中发展起来的某些原则，作为有说服力的权威，可能促进法律的发展，而这反过来又可能有利于投资者和东道国的利益的可预测性。[1]

（二）准确性

在裁决中必须参照适用的法律来确定准确性。在国际投资仲裁中，投资条约是法律的主要来源。当一项条约直接涉及某一问题时，构成准确或正确答案的内容是毫无疑问的，即缔约方的明确意图必须起支配作用。然而，通常不可能得出什么是"正确的"答案。如前所述，大多数双边投资协定具有含糊其词的条款，容易产生许多不同的解释。在这种情况下，仲裁庭一般试图忠实于条约的"目标和宗旨"，[2]但在填补空白时，仲裁庭不可避免地参照普通法法院制定法律的方式，行使一些自由裁量权。[3]在这种情况下，准确意味着形成一条可操作的规则，以便在以后的案件中产生明智的结果。

事实上，很少有明确的答案，这是理解先例如何促进裁决准确性的关键。坚持先例意味着吸取早期裁决者的集体智慧。当没有客观的"正确"答案，只有更好和更坏的解决方案时，个体的裁判官很可能通过集体智慧而不是自己的直觉来产生更好的结果。尽管集体智慧有时会被误导，但从长远来看，当有先例制度存在时，法律的整体内容可能会更好。[4]这就带来了一个最基本的权衡问题。当先例似乎普遍合理时，可预测性和准确性就会指向同一个方向。但当先例被证明是错误的，它就会成为准确性的障碍，问题就变成了颠覆是否有必要。在大多数情况下，可预测性的价值可能高于准确性的价值，但至少在某些情况下，准确性更重要。

---

〔1〕　ADC Affiliate Limited and ADC & ADMC Management Limited v. The Republic of Hungary, ICSID Case No. ARB/03/16, Award, October 2, 2006, at para. 293.

〔2〕　《维也纳条约法公约》第31条。

〔3〕　See Jason Webb Yackee, Controlling the International Investment Law Agency, Harvard International Law Journal, Volume 53, 2012, p. 413.

〔4〕　See Deborah Hellman, An Epistemic Defense of Precedent, in Christopher J. Peters, editor, Precedent in the U. S. Supreme Court, Springer, 2013, p. 65.

（三）合法性

仲裁庭在援引过去裁决时需要考虑的第三个价值是合法性。一个合法的裁决机构是"其权威被认为是正当的"。[1]合法性可由当事各方愿意将其争端提交一个特定机构并遵守其裁决来证明。[2]由于国际投资仲裁庭能否长久存在取决于其参与者的看法，合法性可能是三个考虑因素中最重要的。[3]

研究人员指出了决定国际裁决机构合法性的一系列因素，这些因素中有许多与先例的做法无关，因此在这里不予讨论。[4]其中一个因素——推理的质量，与先例价值直接有关，因为利用先例价值为中立和有序的裁决提供了基础。合法性也常常与可预测性和准确性联系在一起。更具体地说，可预测性和合法性是通过法治的概念联系在一起的：一个可预测并产生连贯一致的判例法的系统之所以具有合法性，是因为它带有法治的特征，其结果是根据中立原则决定的。[5]在国际投资仲裁的背景下，Kaufmann-Kohler 指出，可预测性是任何渴望法治的制度的基本要素。[6]因此，她得出结论，"即使没有遵循先例的法律义务……很显然，仲裁员们在道义上有义务（moral obligation）遵循先例，以培育一个可预测的规范环境"。[7]

与此同时，准确性对于合法性也是至关重要的，因为有缺陷的裁决，尤

---

〔1〕 Nienke Grossman, Legitimacy and International Adjudicatory Bodies, The George Washington International Law Review, Volume 41, 2009, p. 107, p. 115.

〔2〕 See Nienke Grossman, Legitimacy and International Adjudicatory Bodies, The George Washington International Law Review, Volume 41, 2009, pp. 116–118.

〔3〕 因为仲裁是一个私人支持的体系，它的持续增长和存在取决于国际社会是否相信它是合法的。参见 Tai-Heng Cheng, Precedent and Control in Investment Treaty Arbitration, Fordham International Law Journal, Volume 30, 2006, p. 1026.

〔4〕 例如，程序公平常被引用为合法性的一个组成部分，但它主要与诉讼的进行有关，而不是先例的应用或创造。参见 Nienke Grossman, Legitimacy and International Adjudicatory Bodies, The George Washington International Law Review, Volume 41, 2009, p. 124.

〔5〕 将国际投资仲裁的合法性认定为部分地取决于它促进可预测性和法治的程度。参见 Susan D. Franck, The Legitimacy Crisis in Investment Treaty Arbitration: Privatizing Public International Law Through Inconsistent Decisions, Fordham Law Review, Volume 73, 2005, p. 1584.

〔6〕 See Gabrielle Kaufmann-Kohler, Arbitral Precedent: Dream, Necessity or Excuse?: The 2006 Freshfields Lecture, Arbitration International, Volume 23, 2007, p. 374.

〔7〕 See Gabrielle Kaufmann-Kohler, Arbitral Precedent: Dream, Necessity or Excuse?: The 2006 Freshfields Lecture, Arbitration International, Volume 23, 2007, p. 374.

其是随着时间的推移，同样会破坏法治。这是因为制度的参与者关心法律的实质内容，而不仅仅是达到这一目标的过程。[1]因此，当仲裁庭在决定是否纠正一个既定但有缺陷的案件时，可能更多对合法性的考虑会加强背离先例的理由，而不仅仅是准确性方面的考虑。在这一点上，合法性作为一种考虑仅仅是对我们从前面两节中了解到的情况的一种解释。但是，合法性还有另一个方面，即仲裁庭是否发挥了适当的作用。换句话说，即使一项裁决在适用过去裁决时做到了可预测性和准确性之间的适当平衡，并且为后来的仲裁庭提供了新的指导意见，人们也可以单独质疑这项裁决是否超出了仲裁庭根据国家同意所享有的适当权力范围。[2]特别的是，仲裁庭没有明确被授予制定法律的权力，因此有理由批评那些依照过去案件推理所作出的裁决，或试图阐明超出目前争端所需要的更广泛的原则。

在某种程度上，这是任何审判机构都必须面对的合法性问题，特别是在其存在的初期阶段，因为它的权力范围正在得到改进。[3]但在国际投资仲裁的背景下，这一担忧更加突出，不仅因为仲裁庭的立法角色存在不确定性，还因为这是私人任命的国际仲裁员。与国内法院，甚至是拥有常任成员的国际法院相比，国际投资仲裁庭在处理公众关心的问题时，其合法性受到更多的质疑。[4]如果在个案中被认为是正确的，那么当仲裁庭声称要更广泛地发展国际投资法时，由此产生的怀疑可能会大得多。[5]

上述问题并不一定意味着国际投资仲裁庭必须放弃其造法作用，以避免削弱其合法性。相反，仲裁庭应该保持谨慎，并对其在特定时刻所处的环境给予

---

〔1〕　See Tai-Heng Cheng, Precedent and Control in Investment Treaty Arbitration, Fordham International Law Journal, Volume 30, 2006, p. 1019；类似地，国际法院的合法性部分地取决于它是否"解释和适用符合各国认为法律是或应该是什么样子的准则"，参见 Nienke Grossman, Legitimacy and International Adjudicatory Bodies, The George Washington International Law Review, Volume 41, 2009, p. 115.

〔2〕　See D. Brian King and Rahim Moloo, International Arbitrators as Lawmakers, New York University Journal of International Law and Politics, Volume 46, 2014, pp. 889-890.

〔3〕　例如，国际刑事法院从一开始就面临合法性问题。参见 Margaret M. deGuzman, Gravity and the Legitimacy of the International Criminal Court, Fordham International Law Journal, Volume 32, 2009, pp. 1435-1438.

〔4〕　See Charles N. Brower, Stephan W. Schill, Is Arbitration a Threat or a Boon to the Legitimacy of International Investment Law, Chicago Journal of International Law, Volume 9, 2009, p. 471, p. 475.

〔5〕　See Jason Webb Yackee, Controlling the International Investment Law Agency, Harvard International Law Journal, Volume 53, 2012, pp. 416-417.

适当的关注。Yuval Shany 描述了国际法庭如何拥有"合法性资本","合法性资本"可能会随着时间的推移而变化,这取决于人们对法庭表现的反应。[1]他认为,随着资本的增加,国际法庭可能愿意作出"更大胆的决定"。[2]国际法庭作出如此大胆决定的能力,反过来可能会进一步增强他们的合法性,从而产生良性循环。Yuval Shany 的观点表明,随着合法性资本的上升,仲裁庭的造法角色还有提升的空间。

(四) 一致性的争议

一些持怀疑态度的人质疑裁决是否真的产生了可预测性和合法性,以及这些目标是否值得追求。也许最强烈的批评来自 Irene M. Ten Cate,声称先例体系"对具体争端各方的利益和整个投资界的利益"肯定是有害的。[3]她的论点是,其一,像可预测性和合法性这样的目标在国际投资仲裁的背景下已经"削弱了力量",因此任何所谓的先例制度的好处都被夸大了。[4]其二,一个"重视一致性"的体系会以牺牲准确性、真实性和透明度的方式产生成本。[5]因此,尽管 Irene 接受以有说服力权威的形式利用先例,但她的结论是仲裁庭不应遵从以前的决定,即使它们构成了一致的案件。[6]Richard C. Chen 不同意 Irene 一味地追求准确性而将可预测性和合法性降到最低,他认为应当在三种价值之间追求一个微妙的平衡点。[7]Richard 指出,当一个案件有一个客观且明确的正确答案时,大多数人可能会同意追求准确性是最重要的;但是,

---

〔1〕 See Yuval Shany, Stronger Together? Legitimacy and Effectiveness of International Courts as Mutually Reinforcing or Undermining Notions, in Nienke Grossman et al. (eds.), Legitimacy and International Courts, Cambridge University Press, 2018, p. 360.

〔2〕 Shany 的意思是说,一个特设法庭可能更愿意解决"由结构性社会问题引起的根深蒂固的不公正"。但同样的逻辑想必也适用于仲裁庭更愿意发布一个广泛合理的裁决。

〔3〕 See Irene M. Ten Cate, The Costs of Consistency: Precedent in Investment Treaty Arbitration, Columbia Journal of Transnational Law, Volume 51, 2013, p. 422.

〔4〕 See Irene M. Ten Cate, The Costs of Consistency: Precedent in Investment Treaty Arbitration, Columbia Journal of Transnational Law, Volume 51, 2013, p. 422

〔5〕 See Irene M. Ten Cate, The Costs of Consistency: Precedent in Investment Treaty Arbitration, Columbia Journal of Transnational Law, Volume 51, 2013, p. 422

〔6〕 See Irene M. Ten Cate, The Costs of Consistency: Precedent in Investment Treaty Arbitration, Columbia Journal of Transnational Law, Volume 51, 2013, p. 477

〔7〕 See Richard C. Chen, Precedent and Dialogue in Investment Treaty Arbitration, Harvard International Law Journal, Volume 60, 2019, p. 63.

在大多数困难的情况下，对条约的解释并不能产生明确的答案，那么挑战便在于根据实际情况来确定最佳的解决办法。[1]在这种情况下，先例往往是对准确性的一种帮助，而不是障碍。

简而言之，Irene 认为国际投资仲裁本质上是一个争端解决系统，仅此而已。仲裁员并不是"像法官那样参与共同努力"，而是更像是当事人的指定代理人，负责解决他们之间的离散纠纷。[2]Alec Stone Sweet 和 Florian Grisel 称这为"合同模式"，即仲裁员的权力是"双方自愿同意的授权行为的结果"。[3]这种权力"仅限于合同管辖的活动领域"，并且在解释行为中制定的任何法律"仅适用于涉及合同且已经存在的离散争议"。[4]Alec Stone Sweet 和 Florian Grisel 认为，投资仲裁正在或已经朝着更广泛地理解仲裁角色的方向发展。在"司法模式"下，仲裁员不仅对争议各方负有责任，而且对他们所服务的仲裁制度和跨国社会负有责任。[5]在实践中，这一责任要求仲裁庭不仅要考虑解决其面前的直接争端，而且要以"提高仲裁命令本身作为一个法律制度的效力和自主权"这样一个更广泛的目标来制定程序和做法。[6]与合同模式下的仲裁庭不同，司法模式下的仲裁庭被授予一定期待的立法权。[7]

本书比较赞成 Alec Stone Sweet 和 Florian Grisel 的观点。他们的结论是投资仲裁属于司法模式，其他一些观察人士以及经验丰富的仲裁员也表达了一致的观点。[8]仲裁员和律师越来越频繁地援引先例，这一事实有力地表明，投资仲裁的参与者明白自己是一个更大事业体的一部分。尽管有各种各样的

---

〔1〕 See Richard C. Chen, Precedent and Dialogue in Investment Treaty Arbitration, Harvard International Law Journal, Volume 60, 2019, p. 63.

〔2〕 See Irene M. Ten Cate, The Costs of Consistency: Precedent in Investment Treaty Arbitration, Columbia Journal of Transnational Law, Volume 51, 2013, p. 459.

〔3〕 Alec Stone Sweet, Florian Grisel, The Evolution of International Arbitration: Judicialization, Governance, Legitimacy, Oxford University Press, 2017, p. 26.

〔4〕 Alec Stone Sweet, Florian Grisel, The Evolution of International Arbitration: Judicialization, Governance, Legitimacy, Oxford University Press, 2017, p. 26.

〔5〕 See Alec Stone Sweet, Florian Grisel, The Evolution of International Arbitration: Judicialization, Governance, Legitimacy, Oxford University Press, 2017, p. 28.

〔6〕 See Alec Stone Sweet, Florian Grisel, The Evolution of International Arbitration: Judicialization, Governance, Legitimacy, Oxford University Press, 2017, p. 28.

〔7〕 See Alec Stone Sweet, Florian Grisel, The Evolution of International Arbitration: Judicialization, Governance, Legitimacy, Oxford University Press, 2017, p. 219.

〔8〕 See Dolores Bentolila, Arbitrators as Lawmakers, Wolters Kluwer, 2017, pp. 134–136, p. 151.

不满之声，但无论是投资仲裁的演变形式，还是投资仲裁体系帮助制定的实质性国际投资规则，都没有受到任何广泛的谴责。[1]当然，本书并不认为对ISDS进行彻底的改革时，司法模式也不会改变，不想夸大司法模式是一种适当的共识。只是就当前而言，关键在于投资仲裁庭已经或正在朝着司法模式发展。可预测性和合法性价值变得越来越重要，而准确性虽然是一个重要的考虑因素，但并不是一张随时有用的王牌。

---

[1] See Richard C. Chen, Precedent and Dialogue in Investment Treaty Arbitration, Harvard International Law Journal, Volume 60, 2019, p. 64.

国际投资仲裁中事实上遵循
先例的构成要件

　　通过对不同法律体系进行比较，可以发现具有法律约束力的先例不是到处都存在的，但是这些体系可以作出具有不同影响效果的裁决。在投资仲裁中，不存在援引过去裁决的法律依据，也不能适用"遵循先例原则"。仲裁员可以自由选择过去的裁决，他们并不受制于类似国家法院的等级机制所产生服从压力。学者也曾试图用"说服力（persuasive effect）"[1]、"判理恒定（jurisprudence constante）"[2]和"事实上的遵循先例（de facto precedent）"[3]等之类的术语来解释援引过去仲裁裁决的现象。但是，并不是所有裁决都有援引和遵循的先例价值，因此探究该先例价值的成因是不可或缺的。本章的目的主要是深入探究事实上遵循先例的形成条件和影响因素。下文首先分析了产生事实上遵循先例必须具有的先决条件。接下来，讨论了那些对形成事实上遵循先例有影响的因素，尽管这些因素并不是强制性的组成部分。最后，实证分析了仲裁庭援引和遵循过去裁决的具体情况，依据案例分析对原因进行分析。

---

　　[1]　Judith Gill, Q. C., Is There a Special Role for Precedent in Investment Arbitration?, ICSID Review-Foreign Investment Law Journal, Volume 25, 2010, p. 87, p. 91.

　　[2]　Andrea K. Bjorklund, Investment Treaty Arbitral Decisions as Jurisprudence Constante, in: Colin B. Picker et al. (eds.), International Economic Law: The State and Future of the Discipline, Hart Publishing, 2008, p. 265.

　　[3]　Lucy Reed, The De Facto Precedent Regime in Investment Arbitration: A Case for Proactive Case Management, ICSID Review-Foreign Investment Law Journal, Volume 25, 2010, p. 95.

第一节　事实上遵循先例的先决条件

一、学者对先决条件的认定

除了对援引实践的分析之外，对国际投资仲裁关于事实上遵循先例的理论论证并不多。Commission, Kessedjian 和 Reed 在他们的文章中讨论了一些可能的标准。Commission 指出了 ICSID 判理的三个先决条件："裁决的公开，ICSID 与其他仲裁员之间的团队精神（esprit de corps）以及可能因判例法而发展的法律体系。"[1]Kessedjian 则给出四个标准，与 Commission 提出的相比仅部分相同，要赋予裁决任何先例价值，必须满足四个先决条件。首先，制定一套封闭的规则和数量有限的潜在争议。[2]其次，负责解决争端的机构之间必须有某种等级制度。再其次，如果无法实现等级划分，则必须至少有一个专门机构负责解决争端。最后，裁决必须公开。[3]相比之下，Reed 明显注意到，在公平公正待遇、最惠国待遇和保护型条款对投资保护标准的宽泛措辞中，恰恰有可能产生先例效应。[4]裁决机构的灵活性取决于适用规范的解释范围，解释范围越广，判例法就越需要解释。换句话说，如果适用的规范留下了很大的解释余地，那么援引过去裁决来推动法律的进一步发展则愈加明显。除了像 Reed 这样提出理论，还有很多学者基于大量的数据分析对援引过去裁决的原因进行了分析。

二、对先决条件的具体分析

在国际投资仲裁机制内，首先，事实上遵循先例需要存在作出裁决的理由，以 ICSID 仲裁为例，公约要求仲裁庭应当作出合理的裁决，因此需要援

---

〔1〕　Jeffery P. Commission, Precedent in Investment Treaty Arbitration-A Citation Analysis of a Developing Jurisprudence, Journal of International Arbitration, Volume 24, 2007, p. 134.

〔2〕　例如国际体育仲裁。

〔3〕　See Catherine Kessedjian, To Give or Not to Give Precedential Value to Investment Arbitration Awards?, in Catherine A Rogers, Roger P. Alford eds. , The Future of Investment Arbitration, Oxford University Press, 2009, p. 43, p. 62.

〔4〕　See Lucy Reed, The De Facto Precedent Regime in Investment Arbitration: A Case for Proactive Case Management, ICSID Review-Foreign Investment Law Journal, Volume 25, 2009, pp. 95-96.

引过去裁决来支持自己作出裁决的合理性。其次，公开裁决是事实上遵循先例出现必不可少的前提，一个裁决只有在其公开以后才有可能提供可概括的论点和结论。因此，为了使仲裁裁决具有先例价值，必须公开这些裁决。尽管国际投资仲裁的分散性和临时性可能导致人们只是期待一个解决争端的裁决，但公开仲裁裁决所产生的影响已经超出了作为个体的案件。最后，援引过去裁决的行为。不断增加的裁决数量使仲裁庭的辩论方式发生了变化，只有很少的裁决不与过去的裁决进行抗辩。通常公认的是，仲裁庭不受早期裁决的约束，也不能否认现在频繁援引过去的裁决而产生事实上的遵循先例。援引过去的裁决应被视为产生事实上遵循先例的必要先决条件，因为没有援引，任何仲裁裁决都无法发挥先例价值。只有通过援引才能在两个裁决之间建立联系，从而将单个案件的裁决推向更大的影响范围。如此一来，案件就不只是临时的争论而已。某一裁决将自身放入了其他裁决的上下文中，这超出了单个案件的情况。这种自发的关联区分了规则的保留和适用，最终使得法律获得缓慢地发展和前行。这就是援引对事实上遵循先例的特殊意义，同样对未来法律的发展和创造有重要意义。

有一种观点认为，仲裁庭仅在基础事实与当前案件具有可比性的情况下才援引过去的裁决，因此将这种合格的援引视为事实上遵循先例的构成要件。毕竟，过去裁决的关联程度取决于援引裁决与被援引裁决之间的联系。对此，本书想要表达的观点是，合格的援引并不是事实上遵循先例的强制性先决条件。这与严格的判例制度不同，在严格的判例制度中，如果当前事实与先前事实具有可比性，则法院仅受制于判例的解决方案，具有可比性的系列案件并不是绝对必要的。但是，仲裁庭也可以援引事实不同的过去裁决。例如，仲裁员可以参考其他仲裁员制定的一般原则，因而也可以援引与当前案件的事实几乎没有任何关系的案件。但是，不应否认的是，个别情况下的相似性会影响先例价值的强度。在这一点上，需要注意的是，符合援引条件不应被视为事实上遵循先例的强制性先决条件，仅仅是提及了过去的裁决就代表了事实上遵循先例的第三个构成要素。

第二节　影响事实上遵循先例的因素

上述条件是事实上遵循先例的必要构成因素，可以决定事实上遵循先例是否产生。下面讨论的影响因素则是决定事实上遵循先例的程度。这些因素可能与案件的事实、适用的标准和作出裁决的理由有关。裁决在何种法律环境下作出也是有影响的，例如，后续仲裁庭接受或拒绝该裁决的程度，或是在该法律环境下是否早已存在具有一致性的案例。

一、与过去裁决的相关程度

援引过去裁决来支持某裁决的前提是两个案件之间有较高的相似性，这样才能参照适用这些具有先例价值的裁决中的某些观点。那么需要比较案件中哪几方面的相似程度来确认参照是合理的。一般来说，案件文书文本、产生裁决的制度、事实情况能够较大地影响案件的相似性，但考虑到每个案件的情况可能存在自身的特点和特殊性，不能仅限于表面的相似而忽略其某些实质的差别。

一个正在审理的案件文书内容与被考虑参照为具有先例价值的案件文书内容之间相似程度尤为重要。例如，如果对双边投资条约下具体待遇标准的含义产生了疑问，那么所涉条约的文本是否与产生先例价值的条约文本相同。通常，需要对过去案件的事实进行详细审查，以评估其先例价值。在法律适用高度依赖于所涉具体事实的情况下尤其如此。在援引过去案件之前，有必要评估这些案件的事实在何种程度上是相同的或接近相同的。

二、适用法律规则的特殊性质

适用法律规则的性质也会影响遵循先例的程度。学者 Commission 和 Kessedjian 甚至将这种基于规则的因素视为事实上遵循先例的组成部分。正如前面提到的，Commission 认为事实上的遵循先例需要有"倾向于由判例法发展而来的法律体系"[1]，而 Kessedjian 则提出"一套封闭的规则"[2]。Commission 提及的由判例法发展而来的法律体系是针对新的或是开放领域中的法

---

〔1〕 Jeffery P. Commission, Precedent in Investment Treaty Arbitration-A Citation Analysis of a Developing Jurisprudence, Journal of International Arbitration, Volume 24, 2007, p. 129, p. 141.

〔2〕 Catherine Kessedjian, To Give or Not to Give Precedential Value to Investment Arbitration Awards?, in Catherine A Rogers, Roger P. Alford eds., The Future of Investment Arbitration, Oxford University Press, 2009, p. 43, p. 62.

律规范。这种规范与事实上遵循先例之间存在一定联系：相关规范所施加的要求越少，仲裁庭对其他仲裁庭先前所制定的解决方案就越感兴趣。但是，不能由此得出结论，这是事实上遵循先例的必要构成条件。这种情况仅仅是仲裁庭为何援引过去裁决的其中一种解释。还有其他很多类似的引用原因，但都不能归因于适用法律的特殊性质，这也表明事实上的遵循先例不取决于适用的法律规则。

在此，对 Kessedjian 提出的"一套封闭规则"观点展开具体的讨论。Kessedjian 借助该规则认为与规范相关的要素作为事实上遵循先例的前提。一套规则的一致性最终是关于同一法律体系的可重复性，即仲裁庭适用并解释法律，该法律也被后续的仲裁庭适用和解释。这种做法是基于这样一种想法，即只有法律问题被重复讨论后，过去的裁决才会与被要求作出裁决的仲裁庭产生实质性的联系。但是，仲裁庭可以自由参考与待解决的特定法律问题无关的规则。因此，对某一法律适用的论证常常来自其他语境下的规则。引用的裁决不一定适用相同的规范，这一事实表明"封闭的规则"对于事实上遵循先例的出现不是构成性的。但是，毫无疑问，法律问题和适用标准越一致，事实上遵循先例的程度就越大。在 ICSID 仲裁中，裁决都可能涉及相似规则的解释和适用。因此，在基于双边投资条约的仲裁中，由于投资保护标准的制定通常很相似，就出现了这种情况。

三、具有说服力的权威

尽管在每个案件中裁决仅仅对当事方具有约束力，但是裁决也同样意味着具有高度说服力的权威，这种权威意味着具有说服力的过程。目前，具有说服力的权威已成为国际投资仲裁中影响事实上遵循先例最重要的因素。说服性先例概念来自普通法系，与权威性先例相比，权威性先例仅指由于其说服力而被认定为对案件产生倾向性影响的判决，并不是直接发挥作用的。此外，具有说服力的权威被认为是影响事实上遵循先例的决定性因素。但具有说服力的权威不仅仅在适用过去裁决时才表现出来。此外，说服性权威的概念可能会更成功地在判例法和成文法之间架起一座桥梁。这两个法律体系都承认有说服力的决策在解决案件过程中可以作为论证被采纳。因此，必须特别强调说服力的重要性。任命仲裁员是为了对纠纷作出裁决，仲裁员决定援引过去的裁决也正是因为他们认为该裁决令人信服。

一些国内法规定了对具有约束力的先例的遵循，这种遵循通常与现有的法院体系有关。但是，这样的法院等级制度与国际投资仲裁的仲裁庭是不同的。因此，这里的关注点是说服力的权威，与任何对约束力的遵循相比，这恰恰是由一个裁决机构给出的推理造成的。讨论权威的概念，能够更清楚地表明正是裁决本身产生了先例价值，并受到后来的仲裁庭以渐进形式的影响，最终构成了事实上的遵循先例。这种因说服力带来的权威性，取决于现实因素、合理性因素、专业性因素和社会因素。

（一）现实因素

必须承认的是，好的先例是一个优秀裁决的典型。投资仲裁庭使用先例时常常以说明性价值为理由，或认为先例是有用的[1]，抑或是认为先例提供了指引[2]。行使管辖权并不容易。法律裁决不是基于无可争辩的事实演绎出的可靠论据，而仅仅是对相互矛盾的事实和法律主张进行辩护性质的解释。这是在特定社会和经济环境中平衡法律争议的结果。特别在国际投资争端中，由于国际投资法制尚不健全，存在大量不确定的原则和不完整的规则，仲裁庭常常不得不适用投资条约中一些内涵和外延不是很清楚的实体投资标准，例如公平与公正待遇条款、保护与安全标准条款等。[3]因此，每一个裁决都成为其他仲裁员在类似案件中的宝贵经验。仲裁员虽然不受先例的约束，但可以而且愿意模仿它们。模仿具有方便性、快捷性、经济性。当然，并非所有仲裁裁决都是一样的，有好的，也有坏的。先例的说服力取决于它的内容、通过它的程序以及仲裁员的人选。

首先，如果仲裁员认为仲裁裁决是一致、可信和公平的，那么仲裁先例就具有一定的说服力。这不仅是因为裁决内容的技术质量或逻辑推理，而且取决于诸如政策和价值观等法律以外的因素。法律的实现不是任意的，它受到道德、经济和自身特性的影响。这些先决条件将构成仲裁的受众者或仲裁

---

[1]　See Azurix Corp. v. The Argentine Republic, ICSID Case No. ARB/01/12, Award, July 14, 2006, at para. 391.

[2]　See AES Corporation v. The Argentine Republic, ICSID Case No. ARB/02/17, Decision on Jurisdiction, April 26, 2005, at para. 31.

[3]　参见陈正健：《国际投资仲裁中的先例使用》，载《国际经济法学刊》2014 年第 1 期。

解释团体之间达成协商一致意见的基础。只有那些基于共同价值观的解释才能成功地具有说服力。其次，如同任何仲裁裁决一样，其权威性是对抗性程序的结果。这一程序确保听取和审议双方的要求。这些程序性的保障措施不仅能了解事实和评估证据，而且有助于寻找解决争端的正确方法，从而确保当事各方的诉求获得小心谨慎的裁断。从这个意义上说，投资仲裁先例的权威性也是在勤勉谨慎的程序中获取的。最后，在当事人指定仲裁员的投资仲裁中，仲裁员的人选是关键。仲裁员的职责以及仲裁员与当事人之间的法律关系都具有人身性质。仲裁员因其个人品质而被选择，他们是道德的（有正义感），有技术（专业性）或有声望的。应该强调的是，有些投资仲裁案件的仲裁员也是前国际法庭法官[1]、前 WTO 上诉机构成员[2]、联合国安理会前主席[3]、前国际法委员会报告员[4]和仲裁机构前主席[5]。这些仲裁员的裁决将产生相当大的影响。

（二）合理性因素

关于是否应当追求裁决一致性的问题上，学者们产生了巨大的分歧。一些律师认为，仲裁庭通过援引先例与一系列案件保持一致，以便提供法律的确定性。[6]像 Irene M. Ten Cate 这样强烈的批评者认为，追求一致性会导致准确性、真实性和透明度的牺牲。[7]本书赞同 Richard C. Chen 的观点并在第一章中已经阐述，使用先例时需要在准确性、可预期性、合法性价值之间找到一个微妙的平衡点，从而恰当地实现这些价值。当下 ISDS 改革已经明确提出解决国际投资仲裁裁决的不一致性，如何处理好准确性、可预期性和合法性价值之间的争议仍需进一步的讨论。

---

〔1〕　例如 Rosalyn Higgins，Stephen Schwebel 和 Gilbert Guillaume。

〔2〕　例如 Florentino Feliciano，Georges Michel Abi-Saab。

〔3〕　例如 Yves Fortier。

〔4〕　例如 James Crawford。

〔5〕　例如 Pierre Tercier。

〔6〕　See Neil Q Miller, et al., Precedent in investment treaty arbitrations, International arbitration report 2017-Issue 8. 载 https://www.nortonrosefulbright.com/-/media/files/nrf/nrfweb/imported/international-arbitration-review---issue-8.pdf? revision=ca56e1c3-6ae0-4a32-91fa-9dfc53e07dba&revision=ca56e1c3-6ae0-4a32-91fa-9dfc53e07dba，最后访问时间：2023 年 9 月 20 日。

〔7〕　See Irene M. Ten Cate, The Costs of Consistency: Precedent in Investment Treaty Arbitration, Columbia Journal of Transnational Law, Volume 51, 2013.

跳过这些价值的优先取舍问题，从仲裁员频繁引用先例的实际结果来看，仲裁员们是希望与过去保持一致的。运用经济学理论可以更好地对此做出解释，仲裁员的行为与市场参与者的行为相似，趋向于使其效用和利润最大化，降低成本和风险。[1]正如任何个人一样，仲裁员喜欢多一点好的，少一点坏的。这种本能的直觉会引导个体优化和改善条件。

通常情况下，仲裁员会努力争取荣誉，促进公共利益，满足当事人或追求更多的声誉。特别是考虑到仲裁庭的非永久性，仲裁员希望将来能继续获得工作——这将取决于提名仲裁员的当事方。一致性和维持现状使仲裁员能够最大限度地获得利益。原因很简单，在当事各方看来，当他们选择仲裁员时，没有一个当事方愿意依赖任何不稳定的仲裁庭。案件的结果至少应该可以通过一系列案件进行预测，即便由于不同的情况，结果可能与过去的案件不同。从反面来说，参与者期望法律是理性和连贯的，任何逆转或变更对仲裁员都有很大的风险。首先，这意味着改变现状。其次，这个裁决对双方（以及未来的客户）和仲裁员的同事几乎没有说服力——在同样的问题上作出了不同的决定。最后，可能会损害仲裁员的合法性，以及因为没有基于法律解决争端而被认定是武断的。因此，仲裁员会尽量减少出现分歧的倾向，保持连续性和稳定性的表象。

（三）专业性因素

一个经常提及的援引理由是，当事各方都曾提及这些先例。事实上，当事人和他们的律师这样做是很常见的。[2]投资仲裁先例成为当事各方在仲裁过程中的辩护理由。非常重要的一点，仲裁是在一个主要由争端双方合意的状态下进行。当事各方不仅决定争端事由，而且为仲裁庭的运作确定基本的框架。在实践中，仲裁往往由当事各方指引，由仲裁庭进行调解和监督。使用仲裁先例作为界定当事人主张的一种表述，不仅加强了仲裁员之间对仲裁

---

〔1〕 See Alexander Thompson, Applying Rational Choice Theory to International Law: The Promise and Pitfalls, Journal of Legal Studies, Volume 31, 2002, p. 285.

〔2〕 See El Paso Energy International Company v. The Argentine Republic, ICSID Case No. ARB/03/15, Decision on Jurisdiction, April 27, 2006, at para. 39; Bayindir Insaat Turizm Ticaret Ve Sanayi A. S. v. Islamic Republic of Pakistan, ICSID Case No. ARB/03/29, Decision on Jurisdiction, November 14, 2005, at para. 73; Renta 4 S. V. S. A and others v. The Russian Federation, SCC Case No. 24/2007, Award on Preliminary Objections, March 20, 2009, at para. 16.

先例的模仿，而且使其模仿行为合法化。在 Renta v. Russian 案件中，仲裁庭更进一步说明，仲裁员基于需要考虑当事各方论点的一部分基本职责，有义务注意过去的裁决。[1]据此，当事各方提及仲裁先例的事实似乎使仲裁先例具有类似遵循先例原则的约束力，因为这涉及仲裁员的正当程序义务。

但是，考虑到仲裁员可以自由地遵循或不遵循双方通过仲裁先例对法律问题提供内容。很难看出仲裁庭在这方面的不作为是否可以构成根据 ICSID 机制予以撤销的理由。由于法理规则的运作水平不同于适用法律，因此很难对上述其中一个理由做出规定。在最坏的情况下，仲裁员的这种决定可能构成明显的法律错误，而这正是撤销机构所不能审查的。

（四）社会因素

协商一致源自仲裁庭采用解决方案的连贯性和一致性。模仿先例意味着接受过去裁决的标准。因此，当一些仲裁庭重复接受这种标准并且用连贯一致的方法来解决争端时，这种方法就成为普遍的解决方式，并能在一段时间内完善法律。再者，投资仲裁裁决受到诸多关注，具有一批普遍的受众群体。受众者以一种旁人的角度来评估仲裁员的观点，以此获得仲裁员想要的有说服力价值。这些受众者还会对其他人的看法进行评估。因此，受众者也是裁决的制约因素，只有获得受众者必要的说服性权威，才能使裁决普遍化。这个受众群体由仲裁庭构成[2]，但也有一部分受众者是当事人及其律师，以及由国家法院、撤销委员会、学者和仲裁机构组成的更广泛的网络。

首先，先例的权威性将取决于其同行的接受程度。如上所述，模仿代表着接受其他同事，体现了一种共识。因此，它是改变现状的一个限制，因为解释性群体的一种解释往往排斥其他可能的解释。与此同时，如果援引一个仲裁先例是为了推翻它，那么它的力量必然会削弱，因为分歧将使仲裁员有自由以任何一种方式作出裁决。其次，先例的价值将取决于 ICSID 撤销委员会和国家法院在撤销和执行仲裁裁决的程序中所作的决定。一个被撤销的裁决不能与一个没有被撤销的裁决相比。CMS v. Argentina 案件是一个例子，ICSID

---

〔1〕　Renta 4 S. V. S. A and others v. The Russian Federation, SCC Case No. 24/2007, Award on Preliminary Objections, March 20, 2009, at para. 16.

〔2〕　仲裁庭之间相互独立，认为彼此平等。

撤销委员会在处理必要性问题时认为仲裁庭在法律上犯了明显的错误。[1]虽然裁决没有因上述原因被撤销，但裁决本身的权威和先例作用必然被减弱很多。

虽然学说有其不同的任务，但它对裁决的质量进行审查、对不好的裁决进行批判并对仲裁裁决进行系统化，使之易于使用。系统化的任务对于律师和仲裁庭来说变得至关重要，他们将利用系统化来为自己的案件辩护，以便更详细地了解一个法律问题。裁决的数量越多，学说就变得越需要。与此同时，学者们将以法律专家的身份参与这一过程。而仲裁机构在许多案件中会准备裁决的起草，因此，在某些情况下仲裁机构具有很大的分量并且对他们选择的裁决进行系统化。尽管仲裁员可以自由地遵循或不遵循这些草案，但仲裁机构提供了一种易于使用的系统化先例。

与影响事实上遵循先例的其他因素相比，具有说服力的权威发挥了特殊的作用。只有说服力这样一个理由是不足以轻易打动仲裁庭的。然而，正是缺乏等级制度和正式权力，说服力才显得特别重要。最终形成了这样一个事实，即裁决是具有说服力的，可以被使用，甚至被遵循。这里很适合引用Gélinas 的一段话："一个裁决之所以成为一个具有引领性的案例，不是因为仲裁员们被正式授予了某种权力，也不是因为他们的裁决被赋予了某种地位，而是因为他们的推理所产生的权威，这种权威现在已经暴露无遗。换句话说，在这种情况下产生的裁决使法律不是权威的力量（ratione imperii），而是理性的力量（imperio rationis）。"[2]

四、援引的数量

援引的频率对于事实上遵循先例也很重要。例如，当许多仲裁庭通过同一个裁决来适用已经建立的规则，就会达到特别高程度的事实上的遵循先例。但是，仅仅是大量的引用并不足以肯定这种事实上遵循先例的。只有与某些类型的援引互动时，引用频率才能对事实上遵循先例的程度产生显著影响。

---

[1] CMS Gas Transmission Company v. The Argentine Republic, ICSID Case No. ARB/01/8, Decision of the ad hoc Committee on the Application for Annulment of The Argentine Republic, September 25, 2007, at para. 130.

[2] Fabien Gélinas, Investment Tribunals and the Commercial Arbitration Model: Mixed Procedures and Creeping Institutionalisation, in Markus W. Gehring, Marie-Claire Cordonier Segger (eds.), Sustainable Development in World Trade Law, Kluwer Law International, 2005, p. 577, p. 583.

例如，事实上遵循先例在一系列发展并援引过去裁决的案例中比仅仅是作为援引出现在较早裁决中更为明显。

五、其他因素

可以提及的一个因素是判例法的连贯性。强有力的先例有利于裁决的连贯性，出于一致性的原因，仲裁庭可能会倾向于遵循一系列裁决。这将有助于形成一种不仅是当事方遵守的结果。通常，具有说服力权威的各个方面都涵盖了这一点。本书第一章也详细地讨论了一致性的问题。在这里，一致性仅是作为补充性因素提及的。

另外一个因素是，与裁判机构有关的要素是否也对事实上遵循先例有影响。Commission 甚至要求"共同体精神（esprit de corps）"作为事实上遵循先例的先决条件。[1]但正如在具有说服力的权威分析中，仲裁圈内产生的共识是与仲裁员、律师、学者等参与者的意识和意愿有关，会对事实上遵循先例产生影响，但不可能作为决定因素。这种影响可能来自国际舞台上的少数仲裁员和对这些仲裁员的多次任命。在小范围内的多次任命有利于援引这些仲裁员过去的裁决。最终增加了先例效果，同时也体现了较为一致的裁决。

第三节　事实上遵循先例的实证分析

一、遵循过去裁决的程度

在满足形成事实上遵循先例的前提条件之后，必须确定事实上遵循先例的程度，才能得出定性的结论。确定事实上遵循先例的程度的方法受到具体援引类型的影响。因为通过援引裁决的上下文，援引的类型提供了被援引的裁决用以表现事实上遵循先例的具体内容。这些内容影响事实上遵循先例的具体程度，甚至以表现方式影响援引的性质。最终，事实上遵循先例的强度可以通过援引的性质来衡量。因此，有必要区分不同类型的援引。

---

〔1〕　See Jeffery P. Commission, Precedent in Investment Treaty Arbitration-A Citation Analysis of a Developing Jurisprudence, Journal of International Arbitration, Volume 24, 2007, p. 129, p. 136.

二、援引过去裁决的类型

到目前为止，虽然有大量的裁决援引，但对这种援引的类型分析并不多。Commission 提出了四种援引的类型。第一种是仲裁庭明确依赖于"案例（cases）"或"先例（precedents）"；第二种是仲裁庭在其审查中增加了一部分，其中显示了对先前仲裁裁决的认同；第三种是仲裁庭在其推理中提到以前的裁决；第四种是仲裁庭再单独划出一部分专门讨论以前仲裁裁决的意义。[1]但是，在 Commission 专门的定量调查中，没有进一步去考虑这些已产生的不同形式的规范，因此没有定性的差异出现在他的案件调查中。同样地，Sureda 确定了四种援引过去裁决的方式。[2]除了考虑到仲裁裁决试图与过去裁决进行区分，Sureda 还指出了在一些案件中仲裁庭感觉受到早期裁决的约束。[3] Commission 关注于在实践中仲裁庭如何援引的类型，而 Sureda 关注于这些援引的潜在目的。当讨论一个仲裁庭出于何种原因援引另一个仲裁庭的裁决时，Sureda 的方法更有说服力。此外，由于并非每一项援引都具有相同的先例价值，因此必须审查任何一项援引过去裁决的理由。这为不同类型的援引分配不同程度的遵循成为可能。如果考虑到上述这些因素，可以将援引的类型分为三类。

（一）以遵循的方式

第一种类型是仲裁庭直接遵循过去的裁决。尽管没有遵循先例原则和具有约束力的先例，但必须承认这些裁决可以被称为具有说服力的权威。第一种类型中也存在不同的情况。

第一种情况是，有仲裁庭在裁决中明确表明将过去裁决作为一种权威因而遵循。这种公开表明的遵循权威意味着仲裁庭将以同样的方式作出裁决。

---

〔1〕 See Jeffery P. Commission, Precedent in Investment Treaty Arbitration —A Citation Analysis of a Developing Jurisprudence, Journal of International Arbitration, Volume 24, 2007, p. 129, p. 145.

〔2〕 See Andrés Rigo Sureda, Precedent in Investment Treaty Arbitration, in: Christina Binder, et al. (eds.), International Investment Law for the 21st century: Essays in Honor of Christoph Schreuer, Oxford University Press, 2009, p. 830, p. 835.

〔3〕 See Andrés Rigo Sureda, Precedent in Investment Treaty Arbitration, in: Christina Binder, et al. (eds.), International Investment Law for the 21st century: Essays in Honor of Christoph Schreuer, Oxford University Press, 2009, p. 830, p. 836.

在 Saipem v. Bangladesh 案件中，仲裁庭意识到它在法律上不受过去裁决的约束，"仲裁庭认为它不受到过去裁决的约束。同时，仲裁庭认为它必须适当地考虑国际仲裁庭过去的裁决。除非有相反的理由，仲裁庭责任（duty）采取可以建立一致性的方案"。[1]可以说，Saipem v. Bangladesh 案件是一项具有里程碑意义的裁决，对以往裁决的重要性表示了看法，为过去裁决赋予了空前的价值。此外，仲裁庭还认为有责任为促进投资法的和谐发展作出贡献，从而满足国际社会和各国的合理期望。因此，通过确定在一系列一致的案例中采取解决方案的义务，以及为促进投资法的和谐发展作出贡献的义务，仲裁庭赋予了先例合法化的效力。

第二种情况是仲裁庭在裁决时援引了过去裁决的推理部分。仲裁庭声明，仅仅是因为目前需要做出裁决的案件与过去的案件存在事实情况的一致，同时仲裁庭也同意过去裁决的意见，事实上这种意见的同意是逐字复制的。可以参见 Ioannis v. Georgia 案件的裁决，Siemens A. G. v. Argentina 案件的仲裁庭也曾经面临过类似的情况，该仲裁庭的理由如下："……本仲裁庭对此同意。在目前案件的情况下，本仲裁庭认为申请者非直接持有的股份构成 BIT 和 ECT 下的'投资'概念。"[2]

第三种情况是仲裁庭援引过去裁决是为了对某一问题实现一定程度的一致性。上述的 Saipem v. Bangladesh 案件就提到了实现一系列一致的案例。[3] MTD v. Chile 案件的撤销裁决也体现出这样的趋势，"这个结果可能被认为是反常的。但是，为了 ICSID 的判理（jurisprudence）保持一致，同时考虑本案的情况，委员会建议遵循现有的做法。这种做法并非没有灵活性，并允许有例外"。[4]

（二）以适用的方式

在第二类援引中，过去的裁决没有以决定性的方式被遵循。相反，仲裁

---

〔1〕　Saipem S. p. A. v. The People's Republic of Bangladesh, ICSID Case No. ARB/05/7, Decision on Jurisdiction and Recommendation on Provisional Measures, March 21, 2007, at para. 67.

〔2〕　Ioannis Kardassopoulos v. The Republic of Georgia, ICSID Case No. ARB/05/18, Decision on Jurisdiction, July 6, 2007, at para. 123.

〔3〕　Saipem S. p. A. v. The People's Republic of Bangladesh, ICSID Case No. ARB/05/7, Decision on Jurisdiction and Recommendation on Provisional Measures, March 21, 2007, at para. 67.

〔4〕　MTD Equity Sdn. Bhd. and MTD Chile S. A. v. Republic of Chile, ICSID Case No. ARB/01/7, Decision on Annulment, March 21, 2007, at para. 111.

庭适用过去裁决的方式是进一步处理被援引的具体内容，使其作为新裁决的增色部分。这个类别也可以更加细致的划分：

第一种情况是仲裁庭为自身论据寻求更多的有力支持。事实上，这反映了过去裁决对后续仲裁庭的行为产生了权威。在这种情况下，含蓄地承认前一项裁决的权威性被用来授予新裁决本身的权威性，因此 Azurix Corp. v. Argentina 的仲裁庭对案件论证后又增加了这一句话："随后的 ICSID 案例已经确认了这些主张。"〔1〕此外，也有仲裁庭简单地同意并援引了过去的裁决。例如 CMS v. Argentina 案件的仲裁庭表示："仲裁庭分享这些先例（precedent）表达的观点。"〔2〕

第二种情况是适用过去的裁决意味着要比较地使用——即使事实情况是不能比较的。仲裁庭并没有对过去论证和裁决结果进行否定，但需要做进一步的处理。在 Joy Mining v. Egypt 案件中，仲裁庭通过区分于 Fedax 案件裁决的方法对本案件做出裁决："即使是被广泛援引的 Fedax 案例也与当前的案例有所不同，尽管它承认以本票形式做出的出资确实可以被视为一种投资……本案件的情况显然与此不同……这种情况与 Fedax 案件完全相反。"〔3〕

第三种情况是过去的裁决只是作为仲裁庭本身审议的起点。因此，援引的性质是中立的——它既不表示同意，也不表示拒绝作出新的裁决。这方面的一个例子是 Malaysian Historical Salvors v. Malaysia 案件的裁决。在作出裁决前，仲裁员首先以教科书的形式介绍了 ICSID 仲裁庭判理在投资中的概念。〔4〕

最后一种情况是一项被援引裁决的内容或理由是仲裁庭明确不希望的结果。因此，仲裁庭明确拒绝了这一裁决。这就意味着，仲裁庭也要处理过去的裁决，尽管过去的裁决被驳回了，但也从相反的方面反映出裁决具有一定的先例价值。在 SGS v. Philippines 一案中，仲裁庭对 SGS v. Pakistan 一案所作

---

〔1〕 Azurix Corp. v. The Argentine Republic, ICSID Case No. ARB/01/12, Decision on the Application for Annulment of the Argentine Republic, September 1, 2009, at para. 212.

〔2〕 CMS Gas Transmission v. The Argentine Republic, ICSID Case No. ARB/01/8, Decision of the Tribunal on Objections to Jurisdiction, July 17, 2003, at para. 76.

〔3〕 Joy Mining Machinery Limited v. Arab Republic of Egypt, ICSID Case No. ARB/03/11, Award on Jurisdiction, August 6, 2004, at para. 60

〔4〕 Malaysian Historical Salvors, SDN, BHD v. The Government of Malaysia, ICSID Case No. ARB/05/10, Award on Jurisdiction, May 17, 2007, at para. 48

裁决的强烈否定可以在裁决中找到："不仅仅是 SGS v. Pakistan 一案仲裁庭所提供的理由不能令人信服……"[1]

（三）以提及的方式

在最后一类中，主要是当事人援引了过去的裁决，仲裁庭只将其作为裁决书中当事人的论据。在这些援引中看不到对这些裁决的进一步讨论。

一项裁决的公正与公开以及在后续裁决中被援引是形成事实上遵循先例必不可少的条件。仅仅是审查这些强制性要求可以做出定量的说明，但很难做出定性的说明。因为，如果不存在事实上的遵循先例，而是存在不同程度上的遵循，那么调查研究则不应该止步于决定援引公开裁决的理由。影响事实上遵循先例具体程度的因素被反映在不同的援引类型中，因此，确定影响因素可以对具体案件中不同程度的事实上遵循先例进行分析。这些不同的因素之间既不存在等级关系，一般也不认为它们具有相同的影响效果。一方面，它们可能存在相互依赖和重叠的情况；另一方面，它们各自对事实上遵循先例的影响程度从一开始就是不同的。这些因素的相互作用可以被想象成一个多维度的网络，在这个网络中，事实上遵循先例的强度将由与单个因素活跃的联系程度来显示。对国际仲裁裁决的事实上遵循是以这一网络的不同因素和必不可少的先决条件作为基础。

---

[1] SGS Société Générale de Surveillance S. A. v. Republic of the Philippines, ICSID Case No. ARB/02/6, Decision of the Tribunal on Objections to Jurisdiction, January 29, 2004, at para. 125.

国际投资仲裁中事实上遵循
先例的合法性

　　如前文所述，国际投资仲裁中已经形成了事实上的遵循先例，但正统的国际法并不允许仲裁庭的裁决成为国际法的渊源。根据《国际法院规约》第38条，国际法的渊源只有国际条约、国际习惯和一般法律原则，司法判例仅仅是一种辅助手段。显然，国际投资仲裁中先例在实践和理论上所体现的作用存在一个基本分歧。这种分歧也引发了关于投资仲裁庭在很大程度上依赖过去裁决的合法性问题。更广泛地说，这涉及对投资条约仲裁的批评，因为它实际上是把具有重大经济和政治影响的法律裁决委托给特设仲裁庭，而国际法历来只认可国家的决定。本章主要分析上述这种分歧，探讨仲裁庭广泛依赖过去裁决的原因，仲裁庭自身对这种做法的辩护，以及学者对这种做法的理论基础的看法。特别审查了国家在双边和多边条约中禁止高度不确定的原则与法庭必须查明和适用足以具体解决实际争端的主要法律规则之间的紧张关系。然后，讨论了仲裁员造法的特殊作用。最后，提出国际投资仲裁过程自身的影响——独立仲裁庭中复杂、非正式的话语是如何超越源于投资条约和国际习惯法的规则，不可避免地塑造了国际投资法律并限制了未来的仲裁庭和条约谈判者。

第一节　对仲裁员援引过去裁决的解释

　　仲裁员频繁援引过去裁决的行为，产生了事实上遵循先例的结果，学者和仲裁员本身对此都有许多不同的解释。事实上，虽然没有法律约束力的先例，但国际法和相关规则也没有规定禁止仲裁员援引过去的裁决。因此，这些解释更多是为援引行为的合理性进行正名。

一、类比国内法律体系中的司法实践

（一）反对遵循先例原则（stare decisis）的适用

投资仲裁庭总是否认他们援引了仲裁先例，因为这样的话他们觉得自己受到了过去几个仲裁裁决在普通法意义上"遵循先例"（stare decisis）的"约束"。这些否认已成为一种仪式，是投资仲裁庭"教义问答"的一部分。[1]例如，AES v. Argentina 仲裁庭认为，ICSID 法庭作出的每一项决定或裁决只对由该决定或裁决解决争端的当事方有约束力。一般国际法迄今没有先例规则；在特定的 ICSID 体系内也没有。更明确的是，SGS v. Philippines 仲裁庭立即谴责了"遵循先例"的做法："没有充分理由让第一个（国际）仲裁庭及时为所有后续仲裁庭解决问题。"[2]然而，这些观点误解了普通法原则。普通法中的遵循先例原则一般只适用于一个统一的法律体系和一个等级森严的法院体系，该体系的二级规则规定，上级法院的判决对下级法院具有约束力。[3]与 SGS v. Philippines 裁决中的陈述相反，第一个在普通法体系中处理问题的法院并不为后来的法院"解决该问题"。初审法院尊重同级别同事的过去判决，但可以自由地不同意他们的法律结论。由于国际仲裁没有法庭的等级制度，也没有附带的裁决规则要求仲裁庭有义务遵从任何其他仲裁庭的裁决，因此，遵循先例根本不适用，仲裁庭对其适用性的仪式性否认是不必要的。

（二）判理恒定（jurisprudence constante）

还有几个仲裁庭[4]和学者[5]将投资仲裁庭对先例的使用与大陆法系的

---

〔1〕　See Julian Davis Mortenson, Quiborax SA et al. v. Plurinational State of Bolivia: *The Uneasy Role of Precedent in Defining Investment*, **ICSID Review - Foreign Investment Law Journal**, Volume 28, Issue 2, Fall 2013.

〔2〕　See SGS Société Générale de Surveillance S. A. v. Republic of the Philippines, ICSID Case No. ARB/02/6, Decision of the Tribunal on Objections to Jurisdiction, January 29, 2004, at para. 97.

〔3〕　参见何家弘：《外国司法判例制度》，中国法制出版社 2014 年版。

〔4〕　See SGS Société Générale de Surveillance S. A. v. Republic of the Philippines, ICSID Case No. ARB/02/6, Decision of the Tribunal on Objections to Jurisdiction, January 29, 2004, at para. 97; Chemtura Corporation v. Government of Canada, UNCITRAL, Award, August 2, 2010, at para. 109: "除非有令人信服的相反理由，仲裁庭应该遵循在一系列一致案例中确立的解决方案……当然，这取决于特定条约的具体情

判理原则进行了比较。该原则在不同的大陆法系国家有不同的形式，但都有一个共同的理念：在缺少令人信服的相反理由时，即使法院不是严格受此约束，应该尊重与其同层级或是更高层级法院一致的判决。[1]该大陆法系学说与投资仲裁庭援引先例的相似性是显而易见的，仲裁庭没有法律义务尊重过去仲裁庭一系列一致的裁决，但会尊重其他仲裁员和在可能的情况下为了维持投资仲裁体系内更广泛的一致性。正如 Saipem v. Bangladesh 仲裁庭所说："仲裁庭认为不受到过去裁决的约束。但是，仲裁庭认为可以适当考虑到国际仲裁庭以前的裁决。除非有令人信服的相反理由的情况下，仲裁庭有义务适用同在一致情况下确定的解决办法。"[2]

二、对正统学说的肯定

所有投资仲裁庭都遵循正统的教义，即过去的仲裁判例不是法律渊源，例如，Merrill & Ring v. Canada 案肯定了仲裁判例作为"解释法律的基本工具"的有效性，但指出它们"本身并不是法律的来源"。[3]Romak v. Uzbekistan 案的仲裁庭认为，"不能认为这些裁决是国际社会普遍共识的表现，……更别说是国际法的正式来源了"。[4]Suez v. Argentina 的仲裁庭根据《国际法院规约》第38条第1款（d）的规定，确认先例只能作为确定国际法规则的"辅助手段"，而不能作为该法律的渊源。[5]Glamis Gold v. United States 一案否认了仲

（接上页）况以及实际案例的情况"；Renta 4 S. V. S. A and others v. The Russian Federation, SCC Case No. 24/2007, Award on Preliminary Objections, March 20, 2009, at para. 16："仲裁员应该犹豫是否要偏离一个主张，这个主张后面是一系列充分推理的决定，反映了一个判理恒定。"

〔5〕 See Stephan Schill, System-Building in Investment Treaty Arbitration and Lawmaking, German Law Journal, Volume 12, 2011, p. 1083;［Andrea K. Bjorklund, Investment Treaty Arbitral Decisions as Jurisprudence Constante, In: Colin B. Picker et al. （eds.）, International Economic Law: The State and Future of the Discipline, Hart Publishing, 2008］；相反的观点则参见 Eric de Brabandere, Investment Treaty Arbitration as Public International Law, Cambridge University Press, 2014, p. 97.

〔1〕 参见何家弘：《外国司法判例制度》，中国法制出版社2014年版。

〔2〕 See Saipem S. p. A v. The People's Republic of Bangladesh, ICSID Case No. ARB/05/7, Award, June 20, 2009, at para. 67.

〔3〕 See Merrill and Ring Forestry L. P. v. Canada, ICSID Case No. UNCT/07/1, Award, March 31, 2010, at para. 188.

〔4〕 See Romak S. A. （Switzerland） v. The Republic of Uzbekistan, UNCITRAL, PCA Case No. 2007-07/AA280, Award, November 26, 2009, at para. 170.

〔5〕 See Suez, Sociedad General de Aguas de Barcelona, SA and Vivendi Universal, SA v. The Argentine Republic, ICSID Case No. ARB/03/19, Decision on Liability, July 30, 2010, at para. 189.

裁判例可以"创造或证明习惯国际法"，但坚称如果它们涉及对习惯国际法的检验，就可以"作为习惯国际法的例证"。[1]该案裁决反映了正统的理论观点，即仲裁裁决只能作为习惯法规则的证据，或者用 Glamis Gold v. United States 仲裁庭的话说——"例证"。即便如此，仲裁庭规定只有在涉及"检验习惯法"的情况下，裁决才能"例证"习惯法。[2]也就是说，只有在仲裁庭对国家惯例进行检验并能够确定构成习惯法所需要的法律意见的情况下，裁决才能"例证"。[3]

三、仲裁裁决是一种有用的分析资源

大多数仲裁庭援引过去裁决的理由不是作为国际法规则的规范性渊源，而是作为仲裁庭的非正式渊源，例如"有帮助的"[4]、"有用的"[5]、"阐明问题的"[6]和"有说服力的"[7]等诸如此类。AES v. Argentina 案件就是一个很好的例子："处理相同或非常相似问题的裁决可能至少表明一些真正有关的推理；本仲裁庭可能会考虑这些问题，以便将自身的立场与过去几个仲裁庭已通过的立场进行比较，如果与其中一个或多个仲裁庭已就某一特定法律问题表达的意见一致，则可自由采取同样的解决办法……如果仲裁庭这样认为，

---

〔1〕 See Glamis Gold, Ltd. v. The United States of America, NAFTA/UNCITRAL, Award, June 8, 2009, at para. 605.

〔2〕 然而，与它自己的方法分析相反，Glamis Gold 案件的仲裁庭未能对实际的国家惯例和法律确信进行审查，以确定更严格的标准实际上是否为习惯国际法。Glamis Gold 仲裁庭也没有注意到，它所依赖的 Neer 案件本身也未能进行这样的审查。See W. Michael Reisman, Canute Confronts the Tide: States vs Tribunals and the Evolution of the Minimum Standard in Customary International Law, ICSID Review-Foreign Investment Law Journal, Volume 30, 2015, p. 630.

〔3〕 See Railroad Development Corporation v. Republic of Guatemala, ICSID Case No. ARB/07/23, Award, June 29, 2012, 该仲裁庭否定了仲裁是国家实践的一种状态；Mihaly International Corporation v. Democratic Socialist Republic of Sri Lanka, ICSID Case No. ARB/00/2, Award, March 15, 2002, at para. 58.

〔4〕 See Azurix Corp. v. The Argentine Republic, ICSID Case No. ARB/01/12, Award, July 14, 2006, at para. 391.

〔5〕 See Gas Natural SDG, S. A. v. The Argentine Republic, ICSID Case No. ARB/03/10, Decision of the Tribunal on Preliminary Questions on Jurisdiction, June 17, 2005, at para. 36.

〔6〕 See RosInvestCo UK Ltd. v. The Russian Federation, SCC Case No. V079/2005, Award, September 12, 2010, at para. 285.

〔7〕 See Metalclad Corporation v. The United Mexican States, ICSID Case No. ARB (AF) /97/1, Award, August 30, 2000, at para. 108.

先例至少也可以视为一个参考性和有启发的问题。"[1]

在一定程度上，仲裁庭援引过去裁决是出于"有用资源"的解释无疑是正确的，但它不是完全令人信服的。如果过去的裁决只不过是一种有助于仲裁员思考的资源，那么就没有必要在裁决中引用它们；仲裁员们可以只是独立对此了解、学习或在仲裁庭的审议中简单地回顾过去的裁决。然而，仲裁员显著地援引意见，并且经常详细地讨论条款是否不同地适用投资条约，在何种程度的事实情况下与过去事实是贴切的，以及是否同意过去的推理等。这种引证实践的方法和范围意味着，仲裁员考虑过去的裁决不仅仅是将其视作一种资源工具。

四、对国际法发展的义务

还有几个仲裁庭采取了不同的做法，声称仲裁庭有义务遵循一致的裁决，以制定国际投资法的规则。这一观点在 Saipem v. Bangladesh 案中得到了明显的阐述，该仲裁庭辩称有义务遵循一致的过去案件："根据既有条约的特定情况和实际案件的情况，仲裁庭有义务促进国际法的和谐发展，从而满足国际社会和投资者对确定法治的合理期望。"[2]在这方面，一些仲裁庭遵循了Saipem 裁决的做法，特别强调了在投资者-国家仲裁中建立一致性和可预测性体系的必要性。例如，Victor v. Chile 一案的仲裁庭就断言，"国际投资法公认的目标之一是投资建立一个可预测的、稳定的法律框架，这一因素使仲裁庭有理由对之前就类似问题做出的裁决给予适当考虑。"[3]

也有其他仲裁庭严厉批评了这种"有责任促进国际法的和谐发展"的主张。例如，Romak v. Uzbekistan 案件反对说："最终，仲裁庭并没有被各方或其他方面赋予确保'仲裁判理'的一致性或发展的使命。仲裁庭的使命更为平凡，但同样重要：以理性和有说服力的方式解决双方目前的争端，而不考

---

[1]　See AES Corporation v. The Argentine Republic, ICSID Case No. ARB/02/17, Decision on Jurisdiction, April 26, 2005, at para. 30.

[2]　See Saipem S. p. A v. The People's Republic of Bangladesh, ICSID Case No. ARB/05/7, Award, June 30, 2009, at para. 90.

[3]　See Victor Pey Casado and President Allende Foundation v. Republic of Chile, ICSID Case No. ARB/98/2, Award, May 8, 2008, at para. 119.

虑仲裁庭的分析可能对未来争端产生意外的后果。"[1]批评人士指出，各国授权仲裁庭根据适用的投资条约决定具体争端，不是鼓励仲裁庭篡夺各国制定国际法规则的权力。[2]这并不是说，仲裁庭的裁断将对法律的发展不产生影响，正如 Romak v. Uzbekistan 案件所说，"仲裁庭的分析可能对未来的争端产生意想不到的影响"，当仲裁庭只被授权去关注现有案件的法律适时，仲裁庭不应该基于未来意想不到的影响而作出裁断。

第二节　仲裁员援引过去裁决的合法性依据

仲裁员援引过去裁决的合法性依据主要来自法律规则的不确定性和存在合法渊源的理由。国际投资条约和习惯国际法规则的不确定性赋予了仲裁员高度的自由裁量权，仲裁员为了解释这些抽象、模糊的条款需要援引大量过去的裁决以证明推理的合理科学性；仲裁裁决的确定性、透明度、完整性和仲裁庭的集体裁断，进一步合法化了裁决的援引。

一、法律规则的不确定性

（一）国际投资条约的不确定性

适用投资条约的实质性法律规定了对仲裁庭具有强制性的规则。问题是这些最重要的条约条款是一些高度不确定的标准，用 Michael Reisman 的话说，就是"评估规则"。[3]因此，不确定的标准赋予了仲裁庭高度的自由裁量权，这种自由裁量权造成了与仲裁庭有限的解释条约条款权力之间的紧张关系。

---

　　[1]　See Romak S. A. （Switzerland）v. The Republic of Uzbekistan, UNCITRAL, PCA Case No. 2007-07/AA280, Award, November 26, 2009, para. 171.

　　[2]　仲裁庭在其任命中的授权并未授权考虑其裁决的系统性后果。参见 W. Michael Reisman, "Case Specific Mandates" versus "Systemic Implications": How Should Investment Tribunals Decide?: The Freshfields Arbitration Lecture, Arbitration International, Volume 29, 2013, p. 131.

　　[3]　Reisman 将"验证"规则与"评估"规则区别开来，"验证"规则是"非此即彼的规则"，"验证"规则可以应用于有限数量的指定的、合理确定的变量，而"评估"规则是建立"在某种程度上表达普遍性的目标"，需要决策者的判断或自由裁量权的行使。See W. Michael Reisman, "Case Specific Mandates" versus "Systemic Implications": How Should Investment Tribunals Decide?: The Freshfields Arbitration Lecture, Arbitration International, Volume 29, 2013, pp. 131-152.

"公平和公正待遇"、"全面保护和安全"和"最惠国待遇"等其他条款是大多数国际投资条约所共有的。然而，单就这些条款而言，在确定外国投资者应享受何种"公平和公正"待遇、何种"保护和安全"可被视为"充分"等问题上，条约几乎没有提供指导意见。可以肯定的是，这些术语唤起了律师和非专业人员对正义和公平的一般概念。但是，如果没有更具体、更权威的指导，这些词汇只不过是"公正"或"有益"的警告。此外，在一个法律制度和文化各不相同的世界里，如何对待外国投资者是"公平"或"平等"，或"公正"或"良好"很少是不言自明的，尤其是在复杂的商业或监管环境中。

《维也纳条约法公约》第 31 条第 1 款规定，条约应依其用语按其上下文并参照条约之目的及宗旨所通常意义，善意解释之。然而，条约条款的"一般意义"是争论的焦点：从表面上看，许多条约条款过于模糊，没有"一般意义"，而"目标和目的"条款通常与执行条款一样模糊。通过引用同样不确定的目标和目的条款来解释不确定的执行性条约条款在很大程度上是循环的。[1]

（二）习惯国际法规则的不确定性

在这种情况下，投资仲裁庭常常求助于习惯国际法，以协助解释条约。[2]无论仲裁庭是直接适用习惯国际法规则，还是将其作为确定国际投资条约中术语一般含义的一种手段，它仍将面临重大的不确定性问题。例如，"公平和公正待遇"在"否认正义"和"最低国际标准"原则中有先例。[3]然而，这些名词在很大程度上也是不确定的，它们的意义绝不是不言而喻或得到同意的。这些内容长期以来一直有争议，他们与更现代的公平公正待遇之间的关系同样是一个相当有争议的话题。

此外，习惯国际法许多具体规则的不确定性反映了国际法规则在关于如何正确确定习惯国际法规则的根本不确定性。根据正统的学说，习惯国际法要求合理一致的国家实践和法律确信——这种惯例是由法律义务感推动的。

---

〔1〕《维也纳条约法公约》第 32 条允许将条约的准备文件作为解释的"辅助手段"，但它们很少用于法庭或在法庭上有用。See Rudolf Dolzer, Christoph Schreuer, Principles of International Investment Law, Oxford University Press, 2012, p. 31.

〔2〕 参见《维也纳条约法公约》第 31 条。

〔3〕 几个仲裁庭已设法通过查明可能有助于确定某一特定案件的事实是否违反了 FET 或 MIS 标准的因素来满足这些标准，但这些因素本身往往是不确定的。例如 S. D. Myers, Inc. v. Government of Canada, UNCITRAL, Partial Award, November 13, 2000, at para. 134.

然而，如何满足这两个标准仍然存在争议。

二、仲裁裁决作为合法渊源的理由

（一）确定性和透明度

Thomas M. Franck 指出，支持国际法规则合法性的一个关键因素是其文本的确定性："文本是否有能力传达明确的信息，在人们能够透过语言理解其含义的意义上，文本是否显得透明。"[1]这正是许多源自正统正典的国际投资法规则的问题，规则的不确定性使仲裁庭无法从适用的国际投资条约、习惯国际法规则或一般法律原则的案文中确定"明确的信息"。

相反，通过在特定事实情况下适用一般标准或规则和解释适用这些标准的原因及方法，那些适用相同或相似的条约术语或习惯国际法的仲裁先例，可能会提供更具体的确定性，而这正是裁决所需要的合法性。仲裁庭可以评估仲裁员遵循或不遵循过去裁决的理由，并将其与过去仲裁庭的理由进行比较。这种透明度允许更多衡量来判断是否来源于先例规则是有说服力的，或者如果仲裁庭已决定采取一种与过去不同的方法，那么仲裁庭这样做的理由是否令人信服，简单来说，仲裁庭的裁决是否合法。

（二）个别仲裁庭的裁断转化为集体裁断

Franck 还观察到，法律规则的"血统"（lineage）或"家谱"（pedigree）提供了一种"文化和人类学权威"，这种权威允许感兴趣的各方感到该规则是合法的，从而诱使各方遵守它。[2]在国内法律制度中，这种文化权力是通过遵守该制度的规则所提供的，例如，符合确定制定法规程序的规则。然而，国际法缺乏这种明确的规则。在这种情况下，其他仲裁庭在类似情况下经过多年作出的裁决可提供必要的"血统"或"谱系"。争端各方和第三方观察员将发现很难对仲裁庭适用一项得到其他仲裁员赞同和同样适用的国际法规则提出批评。换句话说，援引前后一致的判例将国际仲裁庭争议性主观的决

---

〔1〕　Thomas M. Franck, Legitimacy in the International System, American Journal of International Law, Volume 82, 1988, p. 713.

〔2〕　See Thomas M. Franck, The Power of Legitimacy among Nations, Oxford University Press, 1990, p. 30-33.

定变成集体的决定，这不仅是国际仲裁庭的裁断，而且是 15 名、20 名或 30 名国际法专家的裁断。

（三） 确定仲裁庭裁决的完整性

Ronald Dworkin 认为，司法判理的出发点和终点往往是"完整"，而建立"完整"的关键因素是一致性，即对案件一视同仁。[1]从这个角度看，对判例法的比较分析是司法和仲裁裁决所固有的，无论是遵循先例原则的形式，还是法理上的一贯做法，或任何类似的重视法律适用的一致性的学说。因此，许多投资仲裁庭认识到，如果对条约条款或习惯国际法规则的解释与其他仲裁庭对该条款或规则的适用相一致，就能增强其自身裁决的完整性。反过来说，采用不一致且而没有说服力的解释会破坏这种完整性。

一致的裁决体系也在不同意义上为每项裁决增加了公正性。国内法律体系中的司法裁决最终获得合法性，因为它们反映了一种集体的社会判断。[2]如果某一判决与社会舆论相距甚远，可以期望高级法院予以纠正。国际仲裁庭缺乏一个支持性的制度框架，使其裁决与更广泛的集体判决保持一致。此外，国际社会的共同判断是更加无定形的，相比于一个国家内的共同判断是更难证实的。在有限的程度内，一段时间内由不同构成的一些仲裁庭中裁决的一致性，可能会作为一个替代性机制来传达具有这样一种意识的裁决，即裁决不仅反映了一个集体的专家判断，也反映出更广泛的作为一个整体的国际社会判断。

第三节　援引过去裁决引发的仲裁员造法问题

在分析了仲裁员对援引过去裁决的解释之后，本书进一步思考了仲裁员是否通过以遵循先例为基础的推理，形成了造法行为。在回答该问题之前，首先应当考虑两个小问题：第一，仲裁员是否以一种先例的方式来对待过去

---

[1] See Thomas M. Franck, The Power of Legitimacy among Nations, Oxford University Press, 1990, pp. 38-41.

[2] See Thomas M. Franck, The Power of Legitimacy among Nations, Oxford University Press, 1990, p. 34: "法院主持正义的权力取决于……关于法官话语的说服力……从这个意义上说，它反映的不是他们自己，而是社会的价值取向。"

的裁决，如果是的话，仲裁员应当在何种程度上遵循这些裁决；第二，仲裁员应当在何种程度上将自己视为先例创造者，是否应将仲裁员的作用严格限制在解决当前争议的范围内，还是应当考虑自己作出的裁决对未来裁决产生的潜在影响？对上述问题的回答将影响到对国际投资仲裁制度合法性的思考。

一、仲裁员是否在造法

（一）仲裁庭的不同态度

根据学者 Ole Kristian Fauchald 的实证研究，ICSID 仲裁庭在实践中对先例存否的态度亦有两个极端：一种以争端本身为导向，在进行裁决时，所考虑的论据主要是争议双方提交的论据资料，而不多考虑其他的资料，所涉及的也就是争议双方的论据提出的解释问题，其多否认本案仲裁庭受先例拘束；另一种则是以立法者功能为导向，在进行仲裁时，不仅考虑到个案的公正处理，而且考虑到案件的实际影响、对于第三方利益的影响、对未来争端防范的作用，甚至考虑到个案的仲裁结果对于国际投资法体系发展的作用等。例如，在 Saipem v. Bangladesh 一案中，仲裁庭认为为了一致性和可预见性，有义务作出遵循先前先例的裁决。"除非存在令人信服的相反理由"，仲裁员"有责任采取建立在一系列一致案件中确立的解决方案"。[1]仲裁庭还建议，其本身的任务在某种程度上是向前看的："促进投资法的和谐发展"。[2]这种观点并不是孤立的，也有其他仲裁庭在裁决中表达了类似的意见。（参见表 3-1）

表 3-1

案件	仲裁庭在裁决中表达了"促进投资法和谐发展"的观点
Tulip Real Estate v. Republic of Turk	虽然不受这种援引的约束，但仲裁庭认为，作为礼让，它应该考虑到法院（特别是国际法院）和其他涉及 BIT 条款解释的国际争端仲裁庭的早期裁决。[3]

---

〔1〕 Saipem S. p. A. v. The People's Republic of Bangladesh, ICSID Case No. ARB/ 05/7, Decision on Jurisdiction and Recommendation of Provisional Measures, March 21, 2007, at para. 67.

〔2〕 Saipem S. p. A. v. The People's Republic of Bangladesh, ICSID Case No. ARB/ 05/7, Decision on Jurisdiction and Recommendation of Provisional Measures, March 21, 2007, at para. 67.

〔3〕 See Tulip Real Estate and Development Netherlands B. V. v. Republic of Turkey, ICSID Case No. ARB/11/28, Decision on Bifurcated Jurisdictional Issue, March 5, 2013, at para. 45.

案件	仲裁庭在裁决中表达了"促进投资法和谐发展"的观点
Quiborax S. A. v. Bolivia	仲裁庭认为它不受以前裁决的约束。同时,仲裁庭认为它必须适当地考虑到国际仲裁庭以前的裁决。具体地说,仲裁庭认为,除非有令人信服的相反理由,它有义务采取建立在一系列一致案件下确定的解决办法。进一步考虑,除非条约和实际情况具有特殊性,仲裁庭有责任对投资法律的和谐发展作出贡献,以满足该领域内合法预期的状态和投资者对法治的确定性。[1]
Saba Fakes v. Republic of Turk	目前的仲裁庭……应当遵循建立在一系列一致案件下确定的解决办法,这些案件与目前案件类似,除非条约和实际情况有特殊性。[2]
Total S. A. v. Argentine Republic	国际仲裁庭同意这样的意见,即尽可能期待国际投资法领域的司法一致性,尽管没有先例规则。[3]
Burlington v. Republic of Ecuador	(仲裁庭)有责任寻求为投资法的和谐发展作出贡献,从而满足各国和投资者对法治的确定性的合理期望。[4]

与此同时,其他投资仲裁庭采取了相反的看法,认为仲裁庭的权限仅限于裁断面前的具体案件,而不考虑过去或未来。Methanex Corp. v. United States 的仲裁员们就支持这种做法,坚持认为投资条约仲裁庭"不能设立任何法律先例,无论是一般的还是根本的"。[5] 在 Romak v. Uzbekistan 一案中的裁决也有同样的效果,仲裁庭指出:"最终,仲裁庭并没有被各方或其他方面赋予确保'仲裁判理'的一致性或发展的使命。仲裁庭的使命更为平凡,但同样重

---

〔1〕 See Quiborax S. A. , Non Metallic Minerals S. A. and Allan Fosk Kaplún v. Plurinational State of Bolivia, ICSID Case No. ARB/06/2, Decision on Jurisdiction, September 27, 2012, at para. 46.

〔2〕 See Saba Fakes v. Republic of Turkey, ICSID Case No. ARB/07/20, Award, July 14, 2010, at para. 96.

〔3〕 See Total S. A. v. The Argentine Republic, ICSID Case No. ARB/04/1, Decision on Liability, December 27, 2010, at para. 176.

〔4〕 See Burlington Resources Inc. v. Republic of Ecuador, ICSID Case No. ARB/ 08/5, Decision on Jurisdiction, June 2, 2010, at para. 100.

〔5〕 Methanex Corporation v. United States of America, UNCITRAL, Decision of the Tribunal on Petitions from Third Persons to Intervene as 'Amici Curiae', January 15, 2001, at para. 51.

要——以理性和有说服力的方式解决双方目前的争端，而不考虑仲裁庭的分析可能对未来争端产生的意外后果。只反映在文章和书籍中的法律原理，而不是仲裁员的裁决，才能阐述、促进或批评关于投资法的趋势和所期望演进的一般观点。"[1]同样地，也有其他许多案件的仲裁庭表达了类似的想法。（参见表3-2）

表 3-2

案件	仲裁庭反对先例的观点
Quiborax S. A. v. Bolivia	仲裁员 Stern 没有像多数人那样，以相同的方式分析仲裁员的作用，因为她认为，她有责任根据每一案件本身的是非曲直来裁决，而不依赖任何明显的法学趋势。[2]
Wintershall v. Argentina	Stare decisis 不适用于 ICSID 仲裁庭的裁决——每个仲裁庭都是特别成立的，来裁断特定争端各方之间的争端……[3]
Azurix Corp. v. Argentina	委员会的一般做法是反对在程序中对委员会以前的裁决进行严格分析，就好像它们是普通法先例一样。这些裁决是在特定情况下根据第 52 条第（5）款行使管辖权的单一例子。[4]
Mytilineos Holdings SA v. State Union of Serb. & Montenegro	申请人引用的裁决与南斯拉夫—希腊之间达成的双边投资协定毫无关系。这些仲裁裁决对这个争端的仲裁庭没有任何约束力，也不代表一种法律渊源。[5]

---

〔1〕 Romak S. A. （Switzerland）v. The Republic of Uzbekistan, UNCITRAL, Award, November 26, 2009, at para. 171.

〔2〕 See Quiborax S. A. , Non Metallic Minerals S. A. and Allan Fosk Kaplún v. Plurinational State of Bolivia, ICSID Case No. ARB/06/2, Decision on Jurisdiction, December 27, 2012, at para. 46.

〔3〕 See Wintershall Aktiengesellschaft v. The Argentine Republic, ICSID Case No. ARB/04/14, Award, December 8, 2008, at para. 194.

〔4〕 See Azurix Corp. v. The Argentine Republic, ICSID Case No. ARB/01/12, Decision on the Argentine Republic's Request for a Continued Stay of Enforcement of the Award, December 28, 2007, at para. 24.

〔5〕 See Mytilineos Holdings SA v. The State Union of Serbia &Montenegro and Republic of Serbia, UNCITRAL, Dissenting Opinion from the Arbitral Award on Jurisdiction by D. Mitrovix, September 6, 2006, at para. 4.

案件	仲裁庭反对先例的观点
CME Czech B. V. v. Czech	程序和裁决不属于盎格鲁－美国法的范围，因此仲裁庭不受多数人引用的裁决的约束，此外，这些裁决也不能被视为"国际法"……[1]

还有其他一些仲裁庭选择了折中的办法。Glamis Gold v. United States 案[2]的仲裁庭认为《北美自由贸易协定》（以下简称 NAFTA）仲裁庭"应当解决面前的争议"，同时也要"意识到仲裁庭处理案件时所处的更大环境"。根据该仲裁庭的说法，这需要表现出"对每一个仲裁庭以及整个系统都有一点点了解"。

正如上文分析的两类不同意见所反映的那样，仲裁庭几乎都明确地表示投资仲裁不存在先例，也不受到过去裁决的约束。但其中有一些仲裁庭，同时也认为应当考虑到过去的裁决，甚至表明应当遵循建立在一系列一致案件下确立的解决办法，为投资法的和谐发展作出贡献。但另一方面，持反对态度的仲裁庭也非常坚持自己的立场，即仲裁员的作用就应限制在解决当前争端中。因此，从这些仲裁庭的不同态度中并不能得出仲裁员造法的结论。

（二）现实结果

尽管仲裁员和评论人士对仲裁庭是否应该制定法律有不同的看法，但越来越明显的是，仲裁员们确实在制定法律，不管他们愿意与否。对于某些人来说，这可能是一个令人惊讶的结论，因此在一开始就澄清术语是很有用的。

从最严格的意义上说，可以合理地将造法定义为制定规范的行为，对不遵守的行为进行处罚。这是立法者制定的法律，也是普通法体系中的高级法院制定的法律。相比之下，仲裁员们通常不制定这样的法律，他们没有统治权，国际仲裁也没有公认的有约束力的先例制度。仲裁员们可能被认为是制定"硬法"的唯一情况是当事人之间的同意。他们的裁决使当事方有义务遵守仲裁庭的裁决，违者将受到制裁。本书考虑的是一种更温和的立法变体。

---

[1] CME Czech Republic B. V. v. The Czech Republic, UNCITRAL, Dissenting opinion of the Arbitrator JUDr Jaroslav Hándl against the Partial Arbitration Award, September 13, 2001, at para. 90.

[2] Glamis Gold, Ltd. v. The United States of America, UNCITRAL, Award, June 8, 2009, at para. 4-5.

使用"立法"这个术语是指规范性规则的发展虽然不具有约束力，但影响未来的裁决，塑造当事人的期望，从而影响仲裁机构和投资者的未来行为。[1]同样，如第一章所述，本书的"先例"不是严格意义上的普通法遵循先例，而是在某种意义上，未来的仲裁庭将在某种程度上感到约束，或倾向于证明偏离已经在先作出决定的单个案例或是一系列案例。这是一个更狭义的立法概念，但它仍然影响着人们的行为，并有助于仲裁判理的不断发展。

越来越多的证据表明，仲裁庭的确受到了过去裁决的影响。实证研究考察了仲裁先例的使用，例如 Jeffery Commission 在 2007 年对国际仲裁机构援引案例的分析，结果表明，仲裁庭越来越多的在自己的裁决中引用了过去的投资仲裁裁决，在某些情况下甚至呈指数性增长。[2]其他研究也承认了这一趋势。[3]从这一趋势中得出的推论是很清楚的，不必费心去援引与最终结果无关的东西。

值得注意的是，对过去裁决的援引本身很可能也不能充分代表过去裁决的先例价值。毫无疑问，在某些情况下，当事人会指示仲裁员，而这些情况可能会影响仲裁员的决定，但这些情况在最终裁决中不会被提及。经验丰富的仲裁员在裁决新案件时，无疑也会考虑到自己过去的裁决，尽管这些裁决可能在新裁决中没有被提及。先例的另一面是裁决对塑造东道国和投资者行为的影响。国家根据案件的发展趋势和新规则不断调整完善国际投资条约和相关立法措施。律师为投资者或政府提供建议时，自然也要考虑投资仲裁案件中的裁决，以建议客户如何最好地定位自己，避免纠纷或在纠纷出现时取胜。

从以上所述，本书认为仲裁员确实制定了"软法"，影响未来仲裁庭的决定以及东道国和投资者的行为。如果是这样，那么接下来的问题是仲裁员造法是否合法。

---

〔1〕　对仲裁先例采取一种比较宽泛的观点，假定"如果裁决与制度参与者未来的行为有某种明显的相关性，仲裁就会产生先例"，See W. Michael Reisman, "Case Specific Mandates" versus "Systemic Implications": How Should Investment Tribunals Decide?: The Freshfields Arbitration Lecture, Arbitration International, Volume 29, 2013, pp. 133-145；也有学者将"先例"描述为"加重了裁决者的决策负担"，See Irene M. Ten Cate, The Costs of Consistency: Precedent in Investment Treaty Arbitration, Columbia Journal of Transnational Law, Volume 51, 2012, p. 421.

〔2〕　See Jeffery P. Commission, Precedent in Investment Treaty Arbitration-A Citation Analysis of a Developing Jurisprudence, Journal of International Arbitration, Volume 24, 2007, pp. 148-153.

〔3〕　See Gabrielle Kaufmann-Kohler, Arbitral Precedent: Dream, Necessity or Excuse?: The 2006 Freshfields Lecture, Arbitration International, Volume 23, 2007, pp. 368-371.

二、仲裁员造法的合法性

仲裁员被视为立法者的合法性问题引起了相当大的讨论。一般从两个角度来探讨这个问题：当事各方期望的范围[1]和对整个仲裁制度裁决一致性的重要性[2]。基于各方同意的论点可能会得出两个相反的结论：要么是虽然签订了条约，但只决定当事方之间的争端，而不考虑过去（更不用说未来）的案例；或者，当事各方同意，意识到并期望他们的争端将在过去有裁决制度的范围内得到裁决。本书认为，大多数当事方的期待可能落在中间的某个地方。他们希望自己的争端成为仲裁裁决的中心焦点，同时也希望之前的案例可以作为仲裁员的指南。投资仲裁中存在大量公开的裁决，因此这些特点变得更为明显。

关注法律一致性重要性的学者认为，有必要为受相关法律制度影响的参与群体创建一个可预测的法律框架。[3]在某种程度上，对仲裁领域内参与者是否希望他们的争端是按照一致的仲裁判理来解决的探究，这与当事方同意的范围密切相关，符合上述以当事方同意为基础的观点。然而，到目前为止，对仲裁裁决本身的合法性基础的审议在很大程度上是不足的。也就是说，仲裁裁决是如何使其成为法律的合适表述，并被后来的仲裁庭和当事方所考虑的？本书建议，仲裁程序本身应使仲裁裁决成为法律的合法表述，值得随后的仲裁庭和当事人考虑。

---

〔1〕 See W. Michael Reisman, "Case Specific Mandates" versus "Systemic Implications": How Should Investment Tribunals Decide?: The Freshfields Arbitration Lecture, Arbitration International, Volume 29, 2013, p. 141; Stephan W. Schill, System-Building in Investment Treaty Arbitration and Lawmaking, German Law Journal, Volume 12, 2011, p. 1107: "最重要的是，仲裁先例已经成为一个焦点，引起了规范的期望：投资者、国家和那些作为顾问和仲裁员的国家期望仲裁庭能够根据以前的情况对未来的案件作出一致的裁决。换句话说，那些受到投资条约仲裁影响的国家会根据投资条约在过去的适用和解释，对投资条约在未来将如何适用和解释产生预期。"

〔2〕 See Susan D. Franck, The Legitimacy Crisis in Investment Treaty Arbitration: Privatizing Public International Law Through Inconsistent Decisions, Volume 73, 2005, p. 1585. 文章论证了一致性对投资仲裁整体合法性的重要性；Irene M. Ten Cate, Fordham Law Review, The Costs of Consistency: Precedent in Investment Treaty Arbitration, Columbia Journal of Transnational Law, Volume 51, 2013, pp. 456-471. 文章提出为了一致性而坚持先例会损害仲裁程序的准确性、诚意和透明度。

〔3〕 See Gabrielle Kaufmann-Kohler, Arbitral Precedent: Dream, Necessity or Excuse?: The 2006 Freshfields Lecture, Arbitration International, Volume 23, 2007, p. 374.

　　仲裁程序有几个独特的特点，有助于实现仲裁庭所作出裁决的合法性。

　　第一，当事人通常指定自己的仲裁员。仲裁员的任命通常是根据候选人以往裁决记录、他们在已发表的著作中表达的意见以及他们在智力和诚信方面的声誉等情况来确定的。当事人通常希望提名他们认为可能会接受他们对与特定案件有关法律观点的仲裁员。在发生争端的情况下，可以预期各方在这方面会有不同的看法。通常情况下，当事各方或当事方指定的仲裁员将根据协议指定仲裁庭的首席仲裁员，他们对关键问题的看法将被期待是中立的。如当事各方或当事方指定的仲裁员对首席仲裁员的任命有不同意见，则被指定的机构或任命机关将介入作出任命。这种选择仲裁员的过程的结果是，对法律不同观点和方法通常将在仲裁庭中得到体现。因此，在作出决定之前，仲裁庭通常会详细地讨论针对争端和适用法律的各种方法，以及这些方法的优缺点，并谨慎周密地形成一个最适合的结果，即使这是一个最初不同潜在观点之间的妥协。〔1〕

　　第二，仲裁程序具有对抗性。当事双方都提出了广泛的书面和口头意见，在这一进程中提出了不同的事实和法律立场。这些意见书中总是会提到过去的仲裁裁决，以及为什么在当前的争端中应该遵循或忽略这些裁决的理由。〔2〕同大多数国内法庭一样，当事各方都有充分的机会提出自己的论点，就其对法律和事实的解释进行辩论，并引导仲裁庭了解其本身和对方论点的利弊。因此，对抗性程序使仲裁庭能够对当事各方提出的各种立场进行是非曲直的检验。这也有助于作出一个经过充分推理和深思熟虑的裁决。甚至有人提出，在质量上仲裁比传统法庭的决断结果更好，因为仲裁员能够利用各种法律制度的最佳特点，而且受到更少认知错觉的影响。〔3〕

　　第三，仲裁庭会达成一致的裁决。因此，在多仲裁人的情况下，三个仲裁

---

　　〔1〕　即使在只有一名仲裁员的情况下，当事人通常也会通过相互协议选择仲裁员，这意味着仲裁员很可能被视为一位深思熟虑、通情达理、公正无私的人，同时也是其所在领域的专家。在双方无法达成一致的情况下仲裁员与仲裁机构指定一个有良好的声誉，并可能是在特定领域的专家。与三名仲裁员的选择程序一样，这一程序的目的是产生公平和合理的裁决。

　　〔2〕　Metal-Tech Ltd. v. Republic of Uzbekistan, ICSID Case No. ARB/ 10/3, Award, October 4, 2013, at para. 115: "为了支持他们的立场，双方依靠以前的决定或裁决，或得出结论，认为在本案件中应采取同样的解决办法，或努力解释为什么本仲裁应背离另一法庭达成的解决办法。"

　　〔3〕　See Christopher R. Drahozal, A Behavioral Analysis of Private Judging, Law and Contemporary Problems, Volume 67, 2004, pp. 105-106.

员，其中两个是当事人指定的，通常会形成一个法律和事实的统一表述。[1]这一意见将由当事各方的严谨陈述和仲裁员自己先前的经验来决定。即使有仲裁员反对，至少有一名不是由胜诉方选择的仲裁员（通常是首席仲裁员）最终会加入变成多数决定，从而有助于该决定的合法性。[2]此外，一项反对意见可作出两项额外的贡献：可以强调裁决的争议方面，这将进一步指导随后的仲裁庭和当事方如何适用裁决；也可以证明持不同意见的仲裁员认为自己和仲裁庭在一个更广泛的制度中是立法者。

第四，裁决之后的程序。投资者与国家之间的争端在提交 ICSID 框架内解决时，各方可以向 ICSID 指定的特设委员会申请撤销。ICSID 公约所阐明的撤销理由是：（1）仲裁庭的不当组成；（2）明显超出权力范围；（3）仲裁员腐败；（4）严重违反基本程序规则；（5）未说明裁决所依据的理由。这些条件的适用范围很窄，只有在有限的情况下才予以废除。

在评估过去裁决的先例价值时，也应考虑到国际投资仲裁的程序限制。例如，就某一特定问题当事方向仲裁庭提出两种不同的观点，并不意味着就某一特定问题的所有观点都得到了代表。所幸，如果法庭之友的意见书能够阐明当事人所不代表的观点，那么该意见可能被采纳。此外，仲裁庭可能对超越当事各方提出的论点或必须作出决定的问题提出意见。[3]一些仲裁员对这种做法提出了警告，但这种方法既不是被禁止的，也不是未知的。没有经过像上述对抗性程序进行检验的裁决同样也可以有决定性。此外，正如已经指出的，仲裁庭作出的裁决并不总是一致的，不一致可以说是投资仲裁机制最严重的问题之一。这并不一定偏离那些使仲裁裁决成为可靠法律表述的要素，特别是相比其他来源，如没有被相同程序审核通过的学术著作，因此仲

---

〔1〕 在一项关于投资条约裁决的调查中，在大约 150 项裁决中发现 34 项有当事人任命的仲裁员提出异议。See Albert Jan van den Berg, Dissenting Opinions by Party-Appointed Arbitrators in Investment Arbitration, in Mahnoush H. Arsanjani et al. eds. , Looking to the Future: Essays on International Law in Honor of W. Michael Reisman, Martinus Nijhoff Publishers, 2011, p. 824.

〔2〕 仲裁庭的首席仲裁员将在特殊情况下提出异议。这种例子很少，See Tokios Tokelés v. Ukraine, ICSID Case No. ARB/02/18, Decision on Jurisdiction , April 29, 2004, at para. 108.

〔3〕 See Plama Consortium Limited v. Republic of Bulgaria, ICSID Case No. ARB/03/24, Award, August 27, 2008, at para. 147；最终裁决以不可受理驳回了所有的索赔要求，但 98 页的裁决书有 55 页陈述了申请人的实质性索赔要求。仲裁庭解释说："在最后一次审讯中详细讨论了事实和法律论据，当事各方和仲裁员也审查了一些证人和专家。因此，仲裁庭决定，鉴于双方所作的努力，它将根据是非曲直审议他们的进一步指控。"

裁庭和当事方应当考虑建立在各个案例基础上的过去裁决。

矛盾的是，一方面，仲裁裁决常常可以被视为法律的合法表述，这正是因为仲裁员们明白他们的主要任务是解决他们面前的争端。三个观点可能不同的人聚在一起，通常是一致地决定在对抗性程序中得到检验的事实和法律论点，决定一项可能在国家法院或其他一些审查程序中得到进一步检验的裁决。在许多情况下，裁决可以合法地被视为有效的法律表述。另一方面，基于同样的理由，那些不在仲裁庭上进行考虑的决定，将破坏裁决的合法性。

事实上遵循先例对裁决一致性的影响

——以投资保护标准为例

　　对 ICSID 裁决的实证调查应提供关于 ICSID 仲裁庭在何种程度上援引过去裁决的信息。许多研究调查表明，最近几十年的裁决越来越多地提到过去的裁决。[1]然而，有关出于何种原因援引了哪些裁决的问题并没有很详细的回答。因此，本书选择对国际投资法中的投资概念和投资保护标准这两个重要的领域进行案例研究，其中投资保护标准包括最惠国待遇原则和安全保障原则。那些通过调解来结束程序的案件不适于本调查的研究内容，因为调解书仅仅是反映了争端当事方的裁定。从这些裁决中，本书选择了对投资概念、最惠国待遇条款和安全保障条款的援引解释，以便更密切地追踪先例价值的问题。为了更广泛、全面地分析投资仲裁中上述条款的援引解释，从而更真实地展示具体情况，斯德哥尔摩商会仲裁院（The Arbitration Institute of Stockholm Chamber of Commerce，以下简称 SCC）、国际商会仲裁院（International Chamber of Commerce International Court of Arbitration，以下简称 ICC）、伦敦国际仲裁院（The London Court of International Arbitration，以下简称 LCIA）等仲裁机构和临时仲裁庭的裁决也会被考虑在内。当然，ICSID 仲裁机构的裁决是最重要的研究对象。对先例效果进行定量和定性的分析之后，接下来的问题将是实践中裁决在何种程度上与所选择的先例相一致。最后，将审查 ICSID 仲裁庭在国际投资法进一步发展中的作用。

---

　　〔1〕　See Jeffery P. Commission, Precedent in Investment Treaty Arbitration-A Citation Analysis of a Developing Jurisprudence, Journal of International Arbitration, Volume 24, 2007, p. 129.

第一节　投资仲裁裁判实践中的先例效果

根据 ICSID 公约的第 53 条第 1 款，ICSID 裁决仅对当事各方有约束力。尽管许多仲裁庭都强调他们不受过去裁决的约束，但几乎所有的裁决都出现了援引的情况。很多研究调查也发现了 ICSID 仲裁庭越来越多地在自身的裁决理由中提到其他裁决。[1]在过去几年的 ICSID 裁决中，基本上已经确认了仲裁裁决的重要性。这不仅体现在仲裁庭近年来不断回顾其他裁决的推理过程，而且也体现在这一现象的讨论已经有意识地超越了个案裁决。[2]有时，这些考虑出现在初步裁决中的一般性导言中，有时作为一个特殊部分出现在裁决的判例研究中，被冠以 "其他 ICSID 仲裁庭对管辖权决定的关联性"[3]、"过去其他 ICSID 决定和裁决的关联性"[4]和 "由其他 ICSID 仲裁庭和其他仲裁庭发展起来的判例法的重要性"[5]。

一些仲裁庭强调，虽然他们不受以往裁决的约束，但他们有义务考虑其他仲裁庭的考虑。一些仲裁员还认识到有义务促进投资法的协调发展，从而在法律确定性方面满足各方的期望。在 Duke Energy v. Ecuador 一案中，仲裁庭陈述如下："虽然仲裁庭认为它不受到过去裁决的约束，但仲裁庭认为它必须适当考虑到其他国际仲裁庭以前所作的裁决。在有令人信服的相反理由的情况下，仲裁庭有责任（duty）审议以前类似案件中一贯确定的解决办法。对既定条约的细节和案件情况进行审查，仲裁庭有责任（duty）寻求为投资法律的和谐发展作出贡献，从而满足国家和投资者的合法预期，并向着建立

---

〔1〕　See Tai-Heng Cheng, Precedent and Control in Investment Treaty Arbitration, Fordham International Law Journal, Volume 30, 2006, p. 1014.

〔2〕　See Jeffery P. Commission, Precedent in Investment Treaty Arbitration-A Citation Analysis of a Developing Jurisprudence, Journal of International Arbitration, Volume 24, 2007, p. 129, p. 131.

〔3〕　Bayindir Insaat Turizm Ticaret Ve Sanayi A. S. v. Islamic Republic of Pakistan（1）, ICSID Case No. ARB/03/29, Decision on Jurisdiction, November 14, 2005, at para. 72.

〔4〕　Camuzzi International S. A. v. The Argentine Republic（1）, ICSID Case No. ARB/03/2, Decision on Objections to Jurisdiction, May 11, 2005, at para. 19.

〔5〕　Pan American Energy LLC and BP Argentina Exploration Company v. The Argentine Republic, ICSID Case No. ARB/03/13, Decision on Preliminary Objections, July 27, 2006, at para. 42.

法治确定性发展。"类似的表述还出现在其他案件的裁决中。[1]

仲裁庭最初否认与其他临时仲裁庭的早期裁决有任何联系，但在进一步的审理过程中又会处理其他的裁决，以促进一致性（consistency）和协调性（harmonisation），以及可预见性（predictability）和法律确定性（legal certainty）。除了经常引用的一致性[2]，协调性[3]、可预测性[4]和法律确定性[5]，也被作为援引过去裁决的原因。例如，Camuzzi v. Argentina 案件的仲裁庭表示，裁决可以被作为一个用以确定国际法的工具。[6]

根据《国际法院规约》第38条，司法判例作为一种辅助手段有助于确立国际法。但以下实证研究表明，过去 ICSID 仲裁庭的裁决已经不仅仅被当作是辅助工具，甚至超越了第38条所讨论的内容。对早期仲裁裁决的援引证明了仲裁判理是一种重要来源。对此，Camuzzi v. Argentina 案件的仲裁庭倾向于不讨论这种现实的情况。[7]但另一方面，仲裁庭也声明，强调了这些援引可以作为进一步发展国际投资法的必要基础，因而可以被特殊分类。[8]仲裁庭在援引

---

〔1〕 Duke Energy Electroquil Partners and Electroquil S. A. v. Republic of Ecuador, ICSID Case No. ARB/04/19, Award, August 18, 2008, at para. 117.

〔2〕 See SGS Société Générale de Surveillance S. A. v. Republic of the Philippines, ICSID Case No. ARB/02/6, Decision of the Tribunal on Objections to Jurisdiction, January 29, 2004.

〔3〕 See Bayindir Insaat Turizm Ticaret Ve Sanayi A. S. v. Islamic Republic of Pakistan（1）, ICSID Case No. ARB/03/29, Award, August 27, 2009.

〔4〕 See ADC Affiliate Limited and ADC & ADMC Management Limited v. Republic of Hungary, ICSID Case No. ARB/03/16, Award, October 2, 2006.

〔5〕 See Bayindir Insaat Turizm Ticaret Ve Sanayi A. S. v. Islamic Republic of Pakistan（1）, ICSID Case No. ARB/03/29, Award, August 27, 2009.

〔6〕 See Camuzzi International S. A. v. The Argentine Republic（1）, ICSID Case No. ARB/03/2, Decision on Objections to Jurisdiction, May 11, 2005, at para. 19.

〔7〕 类似于强调不受过去裁决约束的仲裁庭有 El Paso Energy International Company v. The Argentine Republic, ICSID Case No. ARB/03/15, Decision on Jurisdiction, April 27, 2006.

〔8〕 例如, Fireman's Fund Insurance Company v. United Mexican States, ICSID Case No. ARB（AF）/02/1, Award, July 17, 2006, at para. 172: "但是, 谨慎地依赖在其中一些案例中形成的某些原则作为有说服力的权威, 因为这些原则所涉及的事项与《北美自由贸易协定》的事项相同, 这可能促进法律体系的完善, 而这反过来又可能有利于投资者和东道国的利益的可预测性。" ADC Affiliate Limited and ADC & ADMC Management Limited v. Republic of Hungary, ICSID Case No. ARB/03/16, Award, October 2, 2006, at para. 293: "本案件的当事各方还就有关征用的国际判例法的相关性进行了辩论。仲裁裁决确实不构成有约束力的先例。还有一个事实是, 一些案件是以事实为根据的, 这些案件的调查结果本身不能转到其他案件中去。此外, 一些案件所依据的条约在某些方面与目前的 BIT 有所不同。但是, 谨慎地依赖其中一些案件所发展的某些原则, 作为有说服力的权威, 可能促进法律的整体性, 而这反过来又可能有利于投资者和东道国的利益的可预测性。"

先例时并没有给出很有力的理由，因此对先例重要性的普遍性认定被削弱了。事实上，仲裁庭在援引先例时常常采用这种隐藏的方式进行陈述："仲裁庭同意，它不受到过去裁决的约束，但只要是合适的，肯定会认真考虑这些裁决。"[1]

　　一般来说，即使是当事方在目前的仲裁程序中提出过去的裁决，仲裁庭可以自行决定裁决的相关性问题，并要求当事方一起处理。例如在 Noble Ventures v. Romania 中："在不妨碍仲裁庭对这些问题作最后决定的情况下，仲裁庭请当事各方就下列问题做出评论：'1. 与其他 ICSID 裁决的相关性，特别是 SGS Société Générale de Surveillance S. A. v. Republic of the Philippines（ICSID Case No. ARB/02/6）案件的裁决对 BIT 保护伞条款的解释'。"[2] 类似地，Malaysian Historical Salvors v. Malaysia 案件的当事方被要求对 PSEG v. Republic of Turkey 案件关于管辖权的决定做出回应。[3]

第二节　投资保护标准的一致性

　　理所当然，一致性是任何法律体系的重要组成部分。这是基于平等的一般原则，即平等对待类似的案件。但也有学者在国际投资仲裁中对一致性目标的追求提出了强烈质疑，该问题已经在第一章中做出回答，可以说一致的判例至少是为了统一投资者保护和裁决过程的可预见性，从而获得法律确定性，因而是值得仲裁庭承认的目标。以往的调查表明，仲裁庭常常关心在适用国际投资法的过程中使其保持一致性，并且对国际投资法的进一步发展作出贡献。虽然第一优先事项是个体案件的裁判，但追求法律的一致性和以安全的方法追求一致性也是十分重要的。由于这个原因，目前已经有许多针对某一类问题的既定解决办法。这里的一致性主要来源于对过去一系列裁决的援引，这些裁决也使得后来的仲裁庭更加难以偏离既定的解决办法。毫无疑问，在讨论的领域中仍有许多未解的问题，但仔细考虑后，许多有争议的问题并不妨碍一致性。一方面，这是因为不同的观点并没有太大的差异，或者

---

　　[1]　Bayindir Insaat Turizm Ticaret Ve Sanayi A. S. v. Islamic Republic of Pakistan（1），ICSID Case No. ARB/03/29, Decision on Jurisdiction, November 14, 2005, at para. 76.

　　[2]　Noble Ventures, Inc. v. Romania, ICSID Case No. ARB/01/11, Award, October 12, 2005, at para. 29.

　　[3]　See Malaysian Historical Salvors, SDN, BHD v. The Government of Malaysia, ICSID Case No. ARB/05/10, Award on Jurisdiction, May 17, 2007.

有时涉及与裁决无关的问题。另一方面，从判例法的整体观点来看，一些孤立的决定通常因为"孤立"而被忽视，从而失去其爆发力。

一、投资的概念

根据 ICSID 公约第 25 条第 1 款，ICSID 有资格处理"缔约国之间直接投资产生的任何争议…… 和另一缔约国国民，该国民经争端各方书面同意向中心提出"。管辖权也取决于投资的定义，但公约并没用包含对投资的定义和限制。执行官关于 ICSID 公约的报告解释了这一点："考虑到当事人同意的基本要求和缔约国提前知晓的机制，如果当事人愿意这样做，各种类型的纠纷他们可以考虑或者不考虑提交中心（第 25 条第 4 款），因而没有试图定义'投资'的概念。"[1]虽然该公约在谈判期间试图定义"投资"，由于缺乏缔约方之间的同意，定义最终被省略了。[2]ICSID 公约没有"投资"一词的定义，双边投资条约（以下简称 BIT）的谈判代表和仲裁员自己承担了更详细地描述"投资"一词的任务。

投资条约可以列出关于一项投资的可能内容，也可以规定投资期限。这不是一种定义，而是由各种不同 BIT 产生的大量描述。[3]对此，没有公认的术语可以被使用。由于 ICSID 仲裁庭的实质性管辖权取决于是否存在根据 ICSID 公约第 25 条规定的投资，该术语的定义是必不可少的。[4]第一个在投

---

〔1〕 Report of the Executive Directors on the Convention on the Settlement of Investment Disputes between States and Nationals of Other States, March 18, 1965, p. 4, at para. 27.

〔2〕 See Christoph H. Schreuer, The ICSID Convention: A Commentary, Cambridge University Press, 2009, p. 86.

〔3〕 例如，Mr. Patrick Mitchell v. Democratic Republic of the Congo, ICSID Case No. ARB/99/7, Decision on the Application for Annulment of the Award, November 26, 2006, at para. 26："这个条约（即 BIT）与大多数同类条约一样，《投资协定》对投资采取一种列举性和非详尽无遗的方法，使外国投资者的一系列权利和资产受到该条约的保护成为可能，但准确地说，它没有包含投资本身的定义。"

〔4〕 一项投资的存在也必须得到肯定的评价。Mr. Patrick Mitchell v. Democratic Republic of the Congo 案件的撤销委员会批评了对投资存在的不受约束的假设。Mr. Patrick Mitchell v. Democratic Republic of the Congo, ICSID Case No. ARB/99/7, Decision on the Application for Annulment of the Award, November 1, 2006, at para. 38："然而，在裁决中并没有提到 Mitchell & Associates 律所服务的内容，因此没有理由将其列为投资。"同样在 para. 40："该裁决对于它所认为的投资是不完整的和模糊的：是指各种操作的片段，没有最后的原因表明它认为整体作为一种投资，也就是说，不提供任何解释 Mitchell & Associates 律所和刚果民主共和国之间的关系。如此不充分的原因被认为是特别严重，因为它严重影响推理的连贯性。此外，它为真正的滥用风险打开了大门，在某种程度上，这可以归结为授予任何法律咨询公司或律师事务所成立于国外的投资者资格，从而使其能够利用 ICSID 的特殊仲裁制度。"

资仲裁中涉及投资的定义始于 1997 年的 Fedax v. Venezuela〔1〕，在该案件作出裁决之前，其他仲裁庭也遇到过投资概念的问题，但没有阐述和审查关于投资定义的特定标准。〔2〕这些标准包括一定期间的资本投资、与预期收益同时存在的企业风险和资本投资对东道国经济发展的贡献也被后来的仲裁裁决采纳。〔3〕下面将对这种标准在何种程度上是一致的进行解释。〔4〕首先，对各个仲裁庭提出的主观的投资概念和客观的投资概念进行区分。从主观的投资概念出发，当事人协议居于突出地位。这种判断产生了这样一个结论，缔约方自己可以决定投资这个术语应该包括哪些内容。相反，大多数仲裁庭对这个术语的定义是客观的。各个仲裁庭优先追求的是在不同定义之间得出相同点和不同点，并且确定管辖权问题的一致性。

（一）　主观的投资概念

在 Lanco v. Argentina 案中，仲裁庭强调各方在管辖权问题上达成共识的核心重要性。由于 ICSID 公约缺乏对"投资"的法律定义，相关 BIT 中出现的合意性质的"投资"定义通过以下标准澄清："当事方的同意是管辖权的基石。"〔5〕同样的情况出现在 Generation Ukraine v. Ukraine 的案件裁决中〔6〕，

---

〔1〕　See Fedax N. V. v. The Republic of Venezuela, ICSID Case No. ARB/96/3, Decision on Objections to Jurisdiction, July 11, 1997.

〔2〕　See Katia Yannaca-Small, Definition of Investment: An Open-Ended Search for a Balanced Approach, in Katia Yannaca-Small ed. , Arbitration under International Investment Agreements: A guide to the key issues, Oxford University Press, 2010, p. 243, p. 251: "在这个案子之前，ICSID 仲裁庭根据自己的倡议，在几乎没有进行调查的情况下，审查了是否涉及投资的问题，而没有考虑评估这个问题的任何具体标准。在每一个案件中，这些早期仲裁庭的结论是，《公约》的投资要求已经得到满足。"

〔3〕　Fedax N. V. v. The Republic of Venezuela, ICSID Case No. ARB/96/3, Decision on Objections to Jurisdiction, July 11, 1997, at para. 43: "一项投资的基本特征被描述为涉及一定的期限、一定规律性的利润和回报、承担风险、作出重大承诺和对东道国的发展具有重要意义。"

〔4〕　特别极端的仲裁庭也应当被考虑。See Saba Fakes v. Republic of Turkey, ICSID Case No. ARB/07/20, Award, July 14, 2010, at para. 97: "到目前为止，现行的判例法还没有出现一致的做法。拟议的解决办法即使没有冲突，也是前后矛盾的，而且也没有为今后的法庭提供任何明确的指导。"

〔5〕　Lanco International Inc. v. The Argentine Republic, ICSID Case No. ARB/97/6, Jurisdiction of the Arbitral Tribunal, December 8, 1998, at para. 15.

〔6〕　See Generation Ukraine, Inc. v. Ukraine, ICSID Case No. ARB/00/9, Award, September 16, 2003, at para. 82.

以及 Azurix v. Argentina 和 Camuzzi v. Argentina 案件的决定中[1]。

在 Spyridon v. Romania 一案中，仲裁庭也使用了主观的投资概念，在各方没有争议的基础上确认了投资的存在。[2]2007 年 Fraport AG v. Philippines 案件的仲裁裁决似乎也是基于主观的方法，在缺乏 ICSID 公约对投资定义的情况下，仲裁庭将此留给当事人来提议。[3]仲裁庭的解释是，首先 ICSID 公约对投资的概念尚不清楚，相关的 BIT 对管辖权提供了一定概述，因此 BIT 作为一种特别法（lex specialis）优先于 ICSID 公约。[4]事实上，如果 BIT 相比于 ICSID 公约对投资的定义提供了更多具体的规范文本，并根据特别法优于普通法的原则被优先考虑，那么 ICSID 公约中关于投资的"假设"定义在一开始就不会产生影响。[5]不仅仅是出于上述这个原因，这种特殊关系其实也并不存在。Fraport AG v. Philippines 案件的裁决关于投资概念的陈述非常不清楚，很难将其解释为具有说服力的权威，因此，这一裁决的先例价值并不明显。此外，主张主观投资概念的仲裁庭数量相对较少。

（二）客观的投资概念

另一方面，绝大多数 ICSID 仲裁庭对"投资"一词的定义是客观的，以标准为导向的。[6]根据 Schreuer 所述，Fedax v. Venezuela 案件的裁决首次提

---

[1] See Azurix Corp. v. The Argentine Republic, ICSID Case No. ARB/01/12, Decision on Jurisdiction, December 8, 2003, at para. 59; Camuzzi International S. A. v. The Argentine Republic（1）, ICSID Case No. ARB/03/2, Decision on Objections to Jurisdiction, May 11, 2005, at para. 54.

[2] See Spyridon Roussalis v. Romania, ICSID Case No. ARB/06/1, Award, December 7, 2011, at para. 60.

[3] Fraport AG Frankfurt Airport Services Worldwide v. Republic of the Philippines, ICSID Case No. ARB/03/25, Award, August 16, 2007, at para. 305："ICSID 公约第 25 条没有对投资作出定义，因此，将 ICSID 管辖权纳入其中的缔约方可自行提供定义。"

[4] Fraport AG Frankfurt Airport Services Worldwide v. Republic of the Philippines, ICSID Case No. ARB/03/25, Award, August 16, 2007, at para. 305："本法庭的管辖范围由 BIT 和 ICSID 公约划定……'投资'一词是一个拟定的术语，其内容在每一情况下应由作为 ICSID 公约第 25 条特别法律的有关部分的语言决定。"

[5] Mr. Patrick Mitchell v. Democratic Republic of the Congo, ICSID Case No. ARB/99/7, Decision on the Application for Annulment of the Award, November 1, 2006, at para. 31："因此，我们再次重申，在 IC-SID 仲裁庭之前，ICSID 公约对当事各方之间或双方之间的 BIT 具有优先地位。"

[6] Salini Costruttori S. p. A. and Italstrade S. p. A. v. Kingdom of Morocco, ICSID Case No. ARB/00/4, Decision on Jurisdiction, July 16, 2001, at para. 52："仲裁庭注意到，几乎没有人提出《公约》第 25 条所指的投资概念。但是，如果认为一争端与一项投资有直接关系的规定，'经缔约各方同意而被削

出了对投资定义的标准。[1]很大程度上这些标准基本上被 Salini v. Kingdom of Morocco 案件裁决所采用。[2]这些检测标准被后来的其他仲裁庭称之为"萨利尼测试"（Salini Test，以下简称 Salini 测试）[3]，其检测的具体标准主要包括投资者必须提供出资、投资项目必须存在一定期间、投资者必须承担风险、投资项目必须做出经济贡献来促进东道国的发展。

　　然而，仲裁庭并不会审查所有的这些标准。不再适用 ICSID 公约中的"投资"定义，只是因为在第二阶段"投资"必须按照仲裁协议或 BIT 的标准进行审查。这种"双重考验的测试（double-barrelled test）"[4]阻止仲裁庭仅依据条约内容对其管辖范围单独作出决定。[5]接下来，将对 Salini 测试的具

（接上页）弱'，则是不正确的。相反，ICSID 判例法一致认为，必须将投资要求作为中心管辖的客观条件予以尊重"；SGS Société Générale de Surveillance S. A. v. Republic of the Philippines, ICSID Case No. ARB/02/6, Decision of the Tribunal on Objections to Jurisdiction, January 29, 2004, at para. 157："根据 Oil Platforms 案所规定的基本原则……申请人仅声称存在公平待遇或征用方面的争端是不够的。对管辖权的检验是客观的，其决议可能需要对所依据的条约条款作出最后解释。"

　　〔1〕　See Fedax N. V. v. The Republic of Venezuela, ICSID Case No. ARB/96/3, Decision on Objections to Jurisdiction, July 11, 1997, at para. 43; Christoph H. Schreuer, The ICSID Convention: A Commentary, Cambridge University Press, 2009, p. 372.

　　〔2〕　仲裁庭参考了文献，但没有参考 Fedax v. Venezuela 案的裁决和文中引用 Schreuer 的评论。

　　〔3〕　Saipem S. p. A. v. The People's Republic of Bangladesh, ICSID Case No. ARB/05/7, Decision on Jurisdiction and Recommendation on Provisional Measures, March 21, 2007, at para. 99："为了确定 Saipem 是否按照 ICSID 公约第 25 条的含义进行了投资，仲裁庭将在类似案件中采用由解决投资争端国际中心仲裁庭制定的众所周知的标准，即 'Salini 测试'……"

　　〔4〕　Malaysian Historical Salvors, SDN, BHD v. The Government of Malaysia, ICSID Case No. ARB/05/10, Award on Jurisdiction, May 17, 2007, at para. 55; Ceskoslovenska Obchodni Banka, A. S. （CSOB）v. The Slovak Republic, ICSID Case No. ARB/97/4, Decision of the Tribunal on Objections to Jurisdiction, May 24, 1999, at para. 68; Tokios Tokelés v. Ukraine, ICSID Case No. ARB/02/18, Decision on Jurisdiction, Dissenting Opinion （Chairman Prosper Weil）, April 29, 2004, at para. 14; Toto Costruzioni Generali S. p. A. v. Republic of Lebanon, ICSID Case No. ARB/07/12, Decision on Jurisdiction, September 11, 2009, at para. 66; Malicorp Limited v. Arab Republic of Egypt, ICSID Case No. ARB/08/18, Award, February 7, 2011, at para. 107; ATA Construction, Industrial and Trading Company v. Hashemite Kingdom of Jordan, ICSID Case No. ARB/08/2, Award, May 18, 2010, at para. 111.

　　〔5〕　当然，这种两阶段审查只适用于 ICSID 仲裁程序，因为 ICSID 公约不适用 ICC、SCC 或是 UNCITRAL 仲裁程序。根据这些其他仲裁程序规则运作的仲裁庭只根据有关的双边投资协定审查投资是否存在。然而，一些仲裁庭限制了客观标准所使用的投资条款。例如 Katia Yannaca-Small, Definition of Investment: An Open-Ended Search for a Balanced Approach, in Katia Yannaca-Small ed., Arbitration under International Investment Agreements: A guide to the key issues, Oxford University Press, 2010, pp. 243-250.

体标准，以及客观投资概念中经常要求的定期利润和回报，作详细的描述。[1]通过各种标准的分析，可以区分出案例中不同程度的一致性。

1. 实质性出资

一项投资的先决条件是投资者做出实质性出资。[2]组合投资（portfolio investments）通常不同意被认为是实质性出资。在 Fedax v. Venezuela 一案中，仲裁庭提出 ICSID 公约第 25 条中的"直接"一词是指直接的争议而非直接的投资，[3]从而将有价证券纳入投资的范围。相应地，根据 ICSID 第 25 条提出的基于长期资本流动支付的申请也包括在内，例如贷款、确认的债务和政府债券。在 CSOB v. Slovak Republic 案中，仲裁庭遵循了对投资术语的广泛理解。仲裁庭对该项目进行了全面评估，将其归类为投资。只有这样的总体思考，才能使仲裁庭在该案件中接受为一项投资，因为如果单独考虑个别交易，有争议的项目不构成 ICSID 第 25 条意义上的投资。[4]

偶尔有文献会强调，这些投资为东道国经济提供了资本，但也比直接投资更灵活地可以被扣除；再者，由此带来的发展因素并不明显，因而没有必要平等对待直接投资。[5]SGS v. Pakistan 案件的仲裁庭不否认一般原则下组合投资符合 ICSID 第 25 条之下的投资，这是很明显的。仲裁庭认为 150 万美元的纯资本投资是一项实质性出资。[6]相反，在 Malaysian Historical Salvors

---

〔1〕 See Joy Mining Machinery Limited v. Arab Republic of Egypt, ICSID Case No. ARB/03/11, Award on Jurisdiction, August 6, 2004, at para. 53.

〔2〕 仲裁庭对此没有讨论太多，而是直接对出资进行审查。例如，Bayindir Insaat Turizm Ticaret Ve Sanayi A. S. v. Islamic Republic of Pakistan（1），ICSID Case No. ARB/03/29, Decision on Jurisdiction, November 14, 2005, at para. 131.

〔3〕 Fedax N. V. v. The Republic of Venezuela, ICSID Case No. ARB/96/3, Decision on Objections to Jurisdiction, July 11, 1997, at para. 24. 在一些后续程序，组合投资也被视为 ICSID 公约第 25 条投资的拟定意义。例如 CMS Gas Transmission v. The Argentine Republic, ICSID Case No. ARB/01/8, Decision of the Tribunal on Objections to Jurisdiction, July 17, 2003, at para. 48−51; Enron Creditors Recovery Corporation and Ponderosa Assets, L. P. v. The Argentine Republic, ICSID Case No. ARB/01/3, Decision on Jurisdiction (Ancillary Claim), August 2, 2004, at para. 39−44.

〔4〕 See Ceskoslovenska Obchodni Banka, A. S. （CSOB） v. The Slovak Republic, ICSID Case No. ARB/97/4, Decision of the Tribunal on Objections to Jurisdiction, May 24, 1999, at para. 72.

〔5〕 See Stefan D. Amarasinha, Juliane Kokott, Multilateral Investment Rules Revisited, in: Peter Muchlinski et al. eds., The Oxford Handbook of International Investment Law, Oxford University Press, 2008, p. 119, p. 139.

〔6〕 See SGS Société Générale de Surveillance S. A. v. Islamic Republic of Pakistan, ICSID Case No. ARB/01/13, Decision on Objections to Jurisdiction, August 6, 2003, at para. 136.

v. Malaysia 一案中，仲裁庭没有承认 380 万美元的出资是充分的，是因为该出资对东道国的经济发展不具有重要性。[1]

然而，考虑到预期的程序费用，这种案件在 ICSID 的仲裁实践中几乎不会发生。与此相反的是，仲裁庭承认不存在问题的物质资源、设备、人才和技术的提供是一种值得考虑的出资。[2]

2. 持续时间

投资的持续时间被要求达到一个最短的限制时间。根据 ICSID 的发展历史，在协商期间曾经考虑过以五年作为投资持续时间。[3]但实践中 ICSID 仲裁庭有一种倾向是接受短时间的。在 Jan de Nul v. Egypt 案中，接近于两年的时间就被仲裁庭认为是足够了。[4]一些仲裁庭通常也指出，这一标准不应该过于严格。[5]而 Bayindir v. Pakistan 的仲裁庭要求投资持续一定时间[6]，而 Salini v. Morocco 和 Saipem v. Bangladesh 的仲裁庭则认为投资时间持续至少两

---

〔1〕 Malaysian Historical Salvors, SDN, BHD v. The Government of Malaysia, ICSID Case No. ARB/05/10, Award on Jurisdiction, May 17, 2007, at para. 144：“从合同中获得的利益与从履行任何正常服务合同获得的利益，没有什么不同……虽然仲裁庭肯定了一个简单的出资（para. 109），但它否认了对东道国的重要性。因此，它结合了其他仲裁庭分别审查两个标准。”

〔2〕 Bayindir Insaat Turizm Ticaret Ve Sanayi A. S. v. Islamic Republic of Pakistan（1），ICSID Case No. ARB/03/29, Decision on Jurisdiction, November 14, 2005, Para. 131：“首先，要取得投资资格，有关项目必须由投资方作出重大承诺。在目前的情况下，不能严肃地质疑 Bayindir 在知识、设备和人员以及财政方面都作出了重大贡献。”

〔3〕 See Rudolf Dolzer, Christoph Schreuer, Principles of International Investment Law, Oxford University Press, 2012, p. 68.

〔4〕 在该案件中，合同于 1992 年 7 月 29 日签订，1994 年完成。See Jan de Nul N. V. and Dredging International N. V. v. Arab Republic of Egypt, ICSID Case No. ARB/04/13, Decision on Jurisdiction, January 16, 2006, at para. 94.

〔5〕 Consortium Groupement L. E. S. I. – DIPENTA v. People's Democratic Republic of Algeria, ICSID Case No. ARB/03/8, Award, January 10, 2005, at para. 14；Bayindir Insaat Turizm Ticaret Ve Sanayi A. S. v. Islamic Republic of Pakistan（1），ICSID Case No. ARB/03/29, Decision on Jurisdiction, November 14, 2005, at para. 133：“正如 L. E. S. I. v. Algeria 案件的仲裁庭所提到的，不能把标准定得太高，因为（a）经验表明，这类项目往往需要延长时间，（b）也应考虑到承包商的担保期限。” L. E. S. I., S. p. A. and Astaldi, S. p. A. v. People's Democratic Republic of Algeria, ICSID Case No. ARB/05/3, Decision on Jurisdiction, July 12, 2006, at para. 73.

〔6〕 See Bayindir Insaat Turizm Ticaret Ve Sanayi A. S. v. Islamic Republic of Pakistan（1），ICSID Case No. ARB/03/29, Decision on Jurisdiction, November 14, 2005, at para. 132.

到五年是必要的。[1]在 Saipem v. Bangladesh 案件的决定中，仲裁庭指出该项目被推迟或中断的时间也会被考虑，这是因为投资者在此期间的风险并不低。[2]因此，投资的持续时间通常被认为是从合同的签订到合同的完成。[3]

Malaysian Historical Salvors v. Malaysia 案件的决定分了定性和定量两个组成要素，在该案中四年的救助工作在数量上被认为是足够的。[4]关于定性部分，仲裁庭认为，救助作业的时间不应该被视为对东道主国家经济发展有独立的贡献。[5]对经济发展的贡献越小，项目持续的时间应该越大。由于项目没有对东道国的经济发展作出贡献并且合同最初只提供了 18 个月的定位和救助工作，只是被"意外"地延长到更多的时间范围，即双方自愿地延长合同，仲裁庭认为定性要素并没有被实现。[6]

今后的裁决将表明 Malaysian Historical Salvors v. Malaysia 案件灵活的赔偿模式是否会受到更多的支持，原则上对投资持续时间是否不提出高要求，目前看来是否至少需要两年的持续时间。

---

〔1〕 See Salini Costruttori S. p. A. and Italstrade S. p. A. v. Kingdom of Morocco, ICSID Case No. ARB/00/4, Decision on Jurisdiction, July 16, 2001, at para. 54; Saipem S. p. A. v. The People's Republic of Bangladesh, ICSID Case No. ARB/05/7, Decision on Jurisdiction and Recommendation on Provisional Measures, March 21, 2007, at para. 101.

〔2〕 See Saipem S. p. A. v. The People's Republic of Bangladesh, ICSID Case No. ARB/05/7, Decision on Jurisdiction and Recommendation on Provisional Measures, March 21, 2007, at para. 102.

〔3〕 Jan de Nul v. Egypt 一案的仲裁庭对当事方关于建设项目投资期限已从投标程序开始的论点不提出异议。虽然它同意申请人的意见——期间的标准已得到充分满足，但它对时间上的进展问题却没有明确规定。See Jan de Nul N. V. and Dredging International N. V. v. Arab Republic of Egypt, ICSID Case No. ARB/04/13, Decision on Jurisdiction, January 16, 2006, para. 94.

〔4〕 Malaysian Historical Salvors, SDN, BHD v. The Government of Malaysia, ICSID Case No. ARB/05/10, Award on Jurisdiction, May 17, 2007, at para. 110: "这份合同几乎花了 4 年时间才完成。因此，它符合 Salini 案件中所讨论的最短时间为两至五年的规定。"

〔5〕 Malaysian Historical Salvors, SDN, BHD v. The Government of Malaysia, ICSID Case No. ARB/05/10, Award on Jurisdiction, May 17, 2007, at para. 111: "L. E. S. I. –DIPENTA 案件和 Bayindir 案件的 ICSID 仲裁庭认为，在建筑合同方面，可以考虑在确定合同是否属于第 25 条第 1 款所指的投资时经常需要的时间延长。国际仲裁庭认为，允许考虑延长时间的主要理由是，对期限标准的评估应与合同是否为促进东道国经济和发展的行动有关。据推测，期限越长，经济承诺越大。"

〔6〕 See Malaysian Historical Salvors, SDN, BHD v. The Government of Malaysia, ICSID Case No. ARB/05/10, Award on Jurisdiction, May 17, 2007, at para. 111.

3. 风险

投资者必须为投资项目承担风险也是有争议的。[1] 这一要求是为了确保普通商业交易不会被自动视为一种投资。因为有这样一种共识，并非每一项商业合同都应当被包含在 ICSID 公约第 25 条意义内的投资而受到 ICSID 的保护。[2] 在 Joy Mining v. Egypt 一案中，仲裁庭表明："仲裁庭还注意到，如果普通的销售合同（即使是复杂的）和投资之间没有做出区分，其结果将是涉及国家机构的任何销售或采购合同都有资格成为投资。国际合同是当今国际贸易的一个中心特征，也促进了相关法律的深远发展，其中包括《联合国国际货物销售合同公约》和重要概念的贡献。然而，除特殊情况外，这些合同不是投资合同，为了维护稳定的法律秩序，这些合同应保持独立和区别。否则，每天在国际商会和伦敦国际仲裁院等机构提交的涉及国家履行合同的许多申请又有什么不同呢。"[3] 因此，仅体现典型合同业务的风险，例如通知、终止和解除，是不够的。[4] Malaysian Historical Salvors v. Malaysia 案件的仲裁庭表达了这样的意见："这种风险可能是量化但不定性的。"[5]

另一方面，约定的一年缺陷保修期加上后续四年的责任期限被列为明显

---

　〔1〕　按照规定，投资者和国家共同承担项目的风险。然而，如果它们只是单方面承担，就不能自动否认投资的存在。Malaysian Historical Salvors, SDN, BHD v. The Government of Malaysia, ICSID Case No. ARB/05/10, Award on Jurisdiction, May 17, 2007, at para. 112："合同的所有风险均由申请人承担，这是毫无争议的。与风险共担的投资相比，这些风险完全不由被调查者承担的事实似乎提供了一个更充分的理由，证明该活动是第 25 条第 1 款意义下的一项投资。"

　〔2〕　Fedax N. V. v. The Republic of Venezuela, ICSID Case No. ARB/96/3, Decision on Objections to Jurisdiction, July 11, 1997, at para. 42; Malaysian Historical Salvors, SDN, BHD v. The Government of Malaysia, ICSID Case No. ARB/05/10, Award on Jurisdiction, May 17, 2007, at para. 112："索赔人没有提供任何令人信服的理由，说明合同所承担的风险不是一般的商业风险。根据 ICSID 的惯例和法理，普通商业合同显然不能被视为一项投资。" Global Trading Resource Corp. and Globex International, Inc. v. Ukraine, ICSID Case No. ARB/09/11, Award, December 1, 2010, at para. 57, 仲裁庭拒绝承认投资的存在，因为争议中涉及的法律关系是"纯粹的商业交易"，而"在任何解释下都不能被认为构成 ICSID 公约第 25 条所指的投资"。

　〔3〕　Joy Mining Machinery Limited v. Arab Republic of Egypt, ICSID Case No. ARB/03/11, Award on Jurisdiction, August 6, 2004, at para. 58.

　〔4〕　Joy Mining Machinery Limited v. Arab Republic of Egypt, ICSID Case No. ARB/03/11, Award on Jurisdiction, August 6, 2004, at para. 57："风险可能确实存在，但它与任何商业合同所涉及的风险并无不同，包括合同终止的可能性。"

　〔5〕　Malaysian Historical Salvors, SDN, BHD v. The Government of Malaysia, ICSID Case No. ARB/05/10, Award on Jurisdiction, May 17, 2007, at para. 112.

的重大风险。[1]在所有其他因素中，风险标准大部分是由仲裁庭决定的。例如，一笔约定的保证金被视为一种风险。[2]此外，在 Helnan v. Egypt 案件中，仲裁庭对管理合同中的规定是满意的，即投资者将承担酒店未成功转为五星级酒店的风险。[3]银行担保不足以成为风险是没有争议的，但值得怀疑的是，是否应该在第一次请求时对银行担保适用不同的规则。在 Bayindir v. Pakistan 案中，这一问题是未解决的，该标准是根据另一个方面所承担的风险来确定的。[4]没有进一步的仲裁裁决，因此这个问题迄今为止被认为是悬而未决的。

在一系列案例中，所承担的风险不一定与合同的履行有关，这是毫无争议的。他们只需要超越典型的合同风险。投资者是否自愿承担风险也无关紧要。[5]风险的承担也不因投资者可以选择向国家法院上诉而被排除。[6]综上所述，可以认为风险标准是广泛地、统一地由判例定义的。其结果是，由于缺乏足够的风险承担能力，投资的存在几乎不会被否定。

4. 促进东道国经济的发展

第四个标准来自 ICSID 公约的条文内容，其序言已经要求对促进东道国

---

[1] Bayindir Insaat Turizm Ticaret Ve Sanayi A. S. v. Islamic Republic of Pakistan (1), ICSID Case No. ARB/03/29, Decision on Jurisdiction, November 14, 2005, at para. 136：“仲裁庭无法同意巴基斯坦的反对意见［即所涉及的风险很小，因为 Bayindir 获得了如此巨大的动员资金，它将保留这笔资金（按比例减少），直到合同结束］。除了长期合同的固有风险外，仲裁庭认为，一年的缺陷责任期和四年的付款维持期的存在本身就为 Bayindir 造成了明显的风险。在这种情况下，仲裁庭认为 Bayindir 参与行动的风险是重大的。”

[2] Saipem S. p. A. v. The People's Republic of Bangladesh, ICSID Case No. ARB/05/7, Decision on Jurisdiction and Recommendation on Provisional Measures, March 21, 2007, at para. 109：“孟加拉国的论点似乎更多地……指向这样一个事实，即投资者并没有因为收到预付款而招致任何商业风险。仲裁庭不能同意这一论点。在目前的情况下，1991 年发生的无可争议的停工和重新谈判完工日期的必要性构成了长期合同固有风险的例子。此外，提供保留资金的合同机制为 Saipem 带来了明显的风险，而这一风险实际上已成为现实。”

[3] See Helnan International Hotels A/S v. Arab Republic of Egypt, ICSID Case No. ARB/05/19, Decision of the Tribunal on Objections to Jurisdiction, October 17, 2006, at para. 77.

[4] See Bayindir Insaat Turizm Ticaret Ve Sanayi A. S. v. Islamic Republic of Pakistan (1), ICSID Case No. ARB/03/29, Decision on Jurisdiction, November 14, 2005, at para. 134.

[5] Salini Costruttori S. p. A. and Italstrade S. p. A. v. Kingdom of Morocco, ICSID Case No. ARB/00/4, Decision on Jurisdiction, July 16, 2001, at para. 56：“在这方面，这些风险是否自愿承担的并不重要。承包商的报酬是否与对已完成工作的利用无关也无关紧要。如果一个工程要持续很多年，总成本无法事先确定，这对承包商来说是一个明显的风险。”

[6] See L. E. S. I., S. p. A. and Astaldi, S. p. A. v. People's Democratic Republic of Algeria, ICSID Case No. ARB/05/3, Decision on Jurisdiction, July 12, 2006, at para. 73.

的经济发展作出贡献，"考虑到国际合作促进经济发展的需要，以及私人国际投资在其中的作用……"。因此，Patrick Mitchell v. Congo 案的仲裁庭认为，审查这一标准是合乎逻辑的。[1]然而，Schreuer 认为促进东道主国家的经济发展是"唯一可能表明客观的'投资'一词的含义"[2]，其在仲裁管辖权中的内容并不总是很清楚。[3]Malaysian Historical Salvors v. Malaysia 仲裁庭对该内容的阐述是："113. 在 ICSID 的判理中，对于是否有必要订立一项对东道国经济发展有贡献的合同，似乎存在着分歧。Salini 案件的仲裁庭认为应该对这种经济发展作出贡献，但不强调必须是重大的贡献。不过，根据该案件的事实，仲裁庭很可能会认为这是一项重大的贡献。L. E. S. I. –DIPENTA 案件的仲裁庭认为这个要求甚至不需要考虑，因为它隐含在'投资'的前三个特征中。114. 另一方面，Joy Mining 案件的仲裁庭认为，要成为一项投资，东道国对经济发展的贡献必须是重大的。115. Bayindir 案件的仲裁庭援引了 Joy Mining 案件的内容，认为一项投资'应该对东道国的发展具有重要意义'。随后，Bayindi 案件的仲裁庭又引用了 L. E. S. I. –DIPENTA 案件，认为该要求往往已经包括在'投资'的其他三个标准之中。根据一些事实情况，Bayindir 案件的仲裁庭认为被申请人没有对公路基础设施项目对国家发展的重要性提出异议。Bayindir 案件的仲裁庭对 L. E. S. I. –DIPENTA 案件的解释表示，考虑了这样一种可能性，虽然这一特征通常会被归入投资的前三个特征，但'在某些情况下，它可能不会被如此归类'。一般观点还是支持必须对东道国经济发展作出重要贡献。"[4]

事实上，如果认定投资的前三个标准已经被满足，L. E. S. I. v. Algeria 案件的仲裁庭并不认为促进东道国经济发展是满足投资标准的前提条件。[5]

---

〔1〕 Mr. Patrick Mitchell v. Democratic Republic of the Congo, ICSID Case No. ARB/99/7, Decision on the Application for Annulment of the Award, November 1, 2006, at para. 29："因此，很自然地一致考虑将东道国经济发展的情况，直接或间接地通过 ICSID 仲裁庭在推理时适用公约，并完全独立于任何当事人之间的协议规定或有关双边条约。"

〔2〕 Christoph H. Schreuer, The ICSID Convention: A Commentary, Cambridge University Press, 2009, p. 88.

〔3〕 Saipem S. p. A. v. The People's Republic of Bangladesh, ICSID Case No. ARB/05/7, Decision on Jurisdiction and Recommendation on Provisional Measures, March 21, 2007, at para. 99："最后一个要素的必要性有时会受到质疑。"

〔4〕 Malaysian Historical Salvors, SDN, BHD v. The Government of Malaysia, ICSID Case No. ARB/05/10, Award on Jurisdiction, May 17, 2007, at para. 113.

〔5〕 L. E. S. I., S. p. A. and Astaldi, S. p. A. v. People's Democratic Republic of Algeria, ICSID Case No. ARB/05/3, Decision on Jurisdiction, July 12, 2006, at para. 72.

Bayindir v. Pakistan 案件的仲裁庭适用了这样的观点。[1]在 Malaysian Historical Salvors v. Malaysia 一案中，仲裁庭展开了进一步的讨论："116. Jan de Nul 案件的仲裁庭援引了 Salini 案件、Bayindir 案件和 L. E. S. I. 案件后表示，对东道国发展作出贡献是暗示在第 25 条第 1 款意义内的投资要求。根据事实情况，仲裁庭认为合同对东道国的经济和发展产生了重要作用⋯⋯117. 在 CSOB 案件中，仲裁庭也认定了合同对东道国经济发展产生重要作用。118. 在 Patrick Mitchell 案件中，特设委员会不同于 L. E. S. I. –DIPENTA 案件的做法，委员会认为对东道国经济发展作出贡献，尽管不够充分，是'投资'的一个不容置疑的基本特征⋯⋯但是，特设委员会又补充表示，这不意味着这种贡献是可以衡量多少或是成功的⋯⋯特设委员会还表示，这一行动足以用这样或那样的方式为东道国的经济发展作出贡献，而且无论如何，经济发展的概念是非常广泛的，也因情况而异。119. 与此相反的是，PSEG 案件的仲裁庭⋯⋯在一开始似乎并不认为一个投资应当对东道国经济产生重大贡献⋯⋯仲裁庭认为它对争议具有管辖权，只是因为双方当事人签署了特许合同。因此，它似乎表明，有效合同的存在将导致仲裁庭承担管辖权。仲裁庭没有讨论特许合同是如何构成第 25 条中的投资，也没有引用 Salini 测试来得出结论⋯⋯在本仲裁庭看来，PSEG 案件的仲裁庭没有讨论 Salini 测试的主要原因是，其所涉及的投资是一种易于识别的投资。"[2]关于对东道国经济发展产生贡献所提出的争议最终并不像一开始那么严重，如同 Patrick Mitchell v. Congo 案件的仲裁庭指出的，在仲裁庭不经常审查的情况下，该标准可以被确认。[3]因此，可以合理地假设，很少会有这样的情况，即仲裁庭的管辖权将在是否对东道国经济产生贡献的基础上而确定的。

---

[1] Bayindir Insaat Turizm Ticaret Ve Sanayi A. S. v. Islamic Republic of Pakistan (1), ICSID Case No. ARB/03/29, Decision on Jurisdiction, November 14, 2005, at para. 137："最后，根据 ICSID 公约的序言，ICSID 仲裁庭一般认为，该项目必须对东道国的发展作出重大贡献，才有资格成为一项投资。换句话说，投资应该是国家发展的重要组成部分。如 L. E. S. 仲裁庭所述，通常这个条件已经被包括在 Salini 测试中提出的三个经典条件中了。"

[2] Malaysian Historical Salvors, SDN, BHD v. The Government of Malaysia, ICSID Case No. ARB/05/10, Award on Jurisdiction, May 17, 2007, at para. 113.

[3] Mr. Patrick Mitchell v. Democratic Republic of the Congo, ICSID Case No. ARB/99/7, Decision on the Application for Annulment of the Award, November 1, 2006, at para. 30："因此，可以发现，在另一组案件中，没有明确提到东道国的经济发展，它无疑被所讨论的合同的目的所涵盖——所有这些合同都是国家合同——这对东道国的发展产生了明显的不容置疑的影响。"

最后，如果像 Malaysian Historical Salvors v. Malaysia 案件仲裁庭认为的那样，ICSID 公约第 25 条中的"投资"包含了促进东道国经济发展的标准，这也强调了只有属于经济上的促进才能实现标准。如果对文化或政治层面的影响与经济利益无关，则不应加以考虑。因此，应该审查是否对东道国的经济产生优势——而不是纯粹的商业优势。[1]Patrick Mitchell v. Congo 案件的仲裁庭回避了这种方法的问题，一方面要求对促进东道国的经济发展作出贡献，另一方面却忽视了它的具体影响。[2]通过这种方法，就不再需要对项目进行其他必要深入的经济分析，也就不需要更多地征求专家意见来确定实质性的能力。因此，如果怀疑标准的存在，这是不考虑将某些项目排除在投资概念之外的可能性。在案例中，如果项目中存在公共利益，则对标准的确认是没有问题的。这种情况下，投资者承担的任务通常由公共部门完成。[3]此外，可能对东道国经济发展作出贡献的条款也是认可的。[4]在某些情况下，借款也被 ICSID 仲裁庭承认对促进东道主国家的经济发展产生了足够的贡献。[5]

5. 利润与回报

与上面所提到的其他标准相比，定期从利润和回报中抽成作为投资项目的目标，是非常不重要的。Salini 测试最初不包括第五个标准。[6]而且，根据以往 ICSID 仲裁庭的案例，利润与回报不能被视为一个真正的标准。在无须

---

〔1〕　See Malaysian Historical Salvors, SDN, BHD v. The Government of Malaysia, ICSID Case No. ARB/05/10, Award on Jurisdiction, May 17, 2007, at para. 138.

〔2〕　Mr. Patrick Mitchell v. Democratic Republic of the Congo, ICSID Case No. ARB/99/7 , Decision on the Application for Annulment of the Award, November 26, 2006, at para. 33："然而，特设委员会希望明确指出，对东道国经济发展的贡献是投资的基本特征或无可置疑的标准，但这并不意味着这种贡献必须始终是相当大的或成功的。"当然，ICSID 仲裁庭不必评估有关行动的真正贡献。这种行动只要以某种方式对东道国的经济发展作出贡献就够了，而且这种经济发展的概念在任何情况下都是非常广泛的，但也因情况而异。

〔3〕　例如在公共利益服务或基础设施领域。

〔4〕　See Salini Costruttori S. p. A. and Italstrade S. p. A. v. Kingdom of Morocco, ICSID Case No. ARB/00/4, Decision on Jurisdiction, July 16, 2001, at para. 57.

〔5〕　Ceskoslovenska Obchodni Banka, A. S. （CSOB） v. The Slovak Republic, ICSID Case No. ARB/97/4, Decision on of the Tribunal Objections to Jurisdiction, May 24, 1999, at para. 76："在某些情况下，借贷可对国家的经济发展作出重大贡献 [……]。[这项工作] 涉及 CSOB 在公约意义范围内对斯洛伐克共和国的经济发展作出重大贡献。" Fedax N. V. v. The Republic of Venezuela, ICSID Case No. ARB/96/3, Decision on Objections to Jurisdiction, July 11, 1997, at para. 22-29："借贷符合 ICSID 管辖范围内的投资资格……"。

〔6〕　首次出现在 Joy Mining Machinery Limited v. Arab Republic of Egypt, ICSID Case No. ARB/03/11, Award on Jurisdiction, August 6, 2004, at para. 53.

进一步确认就能定期获得利润与回报的情况下，一些仲裁庭宣布会考虑这些利润与回报。[1]然而，许多仲裁庭并不审查这一标准。Malaysian Historical Salvors v. Malaysia 案件的仲裁庭明确认为该标准不总是那么重要的。[2]因此，在投资仲裁案件中的一致性部分是对这方面做到某种程度上的注意，并且只是以肯定的方式提及。

（三）后续裁决对 Salini 测试的认定

可以这样说，Salini 测试被大多数随后的裁决作为是否构成投资的标准。[3]然而，不可能建立一个包含以后所有裁决的统一标准，因为这一标准以两种平等的不同方法作为基础。Bayindir v. Pakistan 一案裁决的措辞说明了对 Salini 测试开放的解释范围："Salini 案件的仲裁庭认为投资的概念是由以下元素组成的：（a）出资；（b）项目持续了一定的时间；（c）共享的商业风险；（d）对东道国发展的贡献。考虑到这些因素是相互关联的，应当将其作为一个整体进行审查，并且通常将依据每一个案件的具体情况而定。"[4]

但仍然有不清楚的是，Salini 测试是作为一个简单的标准方法来处理，还是

---

〔1〕 See Malaysian Historical Salvors, SDN, BHD v. The Government of Malaysia, ICSID Case No. ARB/05/10, Award on Jurisdiction, May 17, 2007, at para. 108; Joy Mining Machinery Limited v. Arab Republic of Egypt, ICSID Case No. ARB/03/11, Award on Jurisdiction, August 6, 2004, at para. 53; Jan de Nul N. V. and Dredging International N. V. v. Arab Republic of Egypt, ICSID Case No. ARB/04/13, Decision on Jurisdiction, January 16, 2006, at para. 91; Helnan International Hotels A/S v. Arab Republic of Egypt, ICSID Case No. ARB/05/19, Decision of the Tribunal on Objections to Jurisdiction, October 17, 2006, at para. 77.

〔2〕 Malaysian Historical Salvors, SDN, BHD v. The Government of Malaysia, ICSID Case No. ARB/05/10, Award on Jurisdiction, May 17, 2007, at para. 108："仲裁庭首先考虑的是投资的一个特点，在 Joy Mining 中被引用的，即必须有利润和回报的规律性。尽管 Schreuer 书中提到，这种特殊的标记在所谓的 Salini 测试中并没有出现。在目前的情况下，利润和收益是不规律的。然而，仲裁庭接受索赔人的答复，即这一标准不一定总是决定性的。仲裁庭同意这一标准并不总是至关重要。此外，在本裁决所引用的任何其他案例中，这都不被认为是一个基本特征或标准，因此，它的存在或其他情况可能不决定投资问题。"

〔3〕 但仍然有例外。例如直接否认适用 Salini 测试，Abaclat and others（Formerly Giovanna A. Beccafa and others）v. The Argentine Republic, ICSID Case No. ARB/07/5, Decision on Jurisdiction and Admissibility, August 4, 2011; Inmaris Perestroika Sailing Maritime Services GmbH and others v. Ukraine, IC-SID Case No. ARB/08/8, Decision on Jurisdiction, March 8, 2010, at para. 129; 比这两个仲裁庭温和的是，Toto Costruzioni Generali S. p. A. v. Republic of Lebanon, ICSID Case No. ARB/07/12, Decision on Jurisdiction, September 11, 2009, at para. 81, 仲裁庭同意索赔人在目前情况下符合 Salini 测试，但该仲裁庭没有"严格依据测试"确认一项投资的存在。

〔4〕 Bayindir Insaat Turizm Ticaret Ve Sanayi A. S. v. Islamic Republic of Pakistan（1）, ICSID Case No. ARB/03/29, Decision on Jurisdiction, November 14, 2005, at para. 130.

作为事实的先决条件来处理。Malaysian Historical Salvors v. Malaysia 案件的决定中，第一次将"典型特征方法"和"管辖权方法"这两种方法进行比较。[1]

1. 典型特征方法

根据典型特征方法，Salini 测试中的具体标准只能被视为投资的典型特征，这就能够灵活地处理 Salini 测试。因此，基于这样一个整体的方法，一个要素的不存在并不意味着不能被接受为一项投资。如果一个特征不那么明显，而另一个则很明显，那么通过二者的混淆就可以被抵消。然而，如果一个特征根本不存在，那么只有在特殊情况下才可以被认定为投资。[2]

可以在很多决定中发现典型特征方法，例如 CSOB v. Slovak Republic 案件的仲裁庭就遵循了这样一种方法，"仲裁庭注意到，尽管在大多数投资都倾向以此为规则，但这些定义投资的要素并不是正式的先决条件，因为根据 ICSID 公约对这一概念的理解，一笔交易就构成一项投资。"[3]相似地，Jan de Nul v. Egypt 案件的决定只是将 Salini 测试的各项标准作为"一项投资的说明"。[4]另一方面，M. C. I. v. Ecuador 案件的仲裁庭则分析得更进一步，识别这些标准只是投资存在的例子并不是据此而存在。[5]Helnan v. Egypt 案件的仲裁庭援引了 Schreuer 的"仅仅是公约之下投资的典型特征"，也以同样方式去理解这些标准。[6]

---

〔1〕　Malaysian Historical Salvors, SDN, BHD v. The Government of Malaysia, ICSID Case No. ARB/05/10, Award on Jurisdiction, May 17, 2007, at para. 70："下文讨论的一些案例中使用的语言可能被解释为主张投资的定义特征，一方面是典型特征（典型特征方法），另一方面是管辖要求（管辖权方法）。"

〔2〕　Malaysian Historical Salvors, SDN, BHD v. The Government of Malaysia, ICSID Case No. ARB/05/10, Award on Jurisdiction, May 17, 2007, at para. 70："典型特征方法并不一定意味着仲裁庭会发现存在一项投资，即使投资的一个或多个既定特征消失了。支持一个或多个特征的证据较为薄弱，仲裁庭可能会从整体角度来看待这个问题，并确定是否有其他证据支持，投资的某些特点非常突出，则抵消较不明显的其他特征。然而，即使是在典型的特征分析方法下，如果仲裁庭得出结论，认为'投资的一个或多个特征'完全缺失，那也可能是个例外。"

〔3〕　Ceskoslovenska Obchodni Banka, A. S. （CSOB）v. The Slovak Republic, ICSID Case No. ARB/97/4, Decision of the Tribunal on Objections to Jurisdiction, May 24, 1999, at para. 90.

〔4〕　Jan de Nul N. V. and Dredging International N. V. v. Arab Republic of Egypt, ICSID Case No. ARB/04/13, Decision on Jurisdiction, January 16, 2006, at para. 91.

〔5〕　See M. C. I. Power Group, L. C. and New Turbine, Inc. v. Republic of Ecuador, ICSID Case No. ARB/03/6, Award, July 31, 2007, at para. 165："为了表示受条约保护的投资（例如所称投资的期限和风险）而在某些仲裁先例中考虑到的要求必须被视为纯粹的例子，而不一定是其存在所必需的要素。"

〔6〕　See Helnan International Hotels A/S v. Arab Republic of Egypt, ICSID Case No. ARB/05/19, Decision of the Tribunal on Objections to Jurisdiction, October 17, 2006, at para. 67.

然而，在 Biwater Gauff v. Tanzania 案件的决定中，仲裁庭支持灵活地处理 Salini 测试，值得特别注意的是："仲裁庭认为，在每一个案件中都不应死记硬背或过分严格地适用 Salini 测试的五项标准。这些标准并不像法律一样是固定或是强制的。"[1] 仲裁庭基于自己的立场还提出了反对的论据："进一步来说，正如一些仲裁庭所认同的，如果典型特征方法变成了一个固定且僵化的测试，如果交易将会被假定排除在 ICSID 公约之外，除非五项标准被满足，那么 Salini 测试本身就是有问题的。这可能使某些类型的交易被排除在公约的范围之外，还可能导致与个别合同的投资定义相矛盾。同时，关于'投资'概念的共识也正在形成和发展。[2] 如果足够数量的 BIT 所表达的'投资'定义比 Salini 测试更为广泛，而且这已经构成了任何一种国际共识，那么很难看出为什么要去狭义地解释 ICSID 公约呢。"[3]

2. 管辖权方法

另一方面，一些仲裁庭认为 Salini 测试是真实的实质条件，Malaysian Historical Salvors v. Malaysia 案件的仲裁庭称其为"管辖权方法"——如果标准没有被逐步满足，就没有投资，因此 ICSID 仲裁庭就不具有 ICSID 公约第 25 条规定的管辖权。第一个选择这种方法作出裁决来自 Joy Mining v. Egypt 案件的审理过程。在评估银行担保是否属于一项投资时，仲裁庭将 Salini 测试中的四项标准应用于实际情况。[4] 该仲裁庭挑战了 CSOB v. Slovak Republic 案件中表达的观点，并且清楚地表明拒绝任何对投资概念的解释："仲裁庭注意到上述许多 ICSID 和其他仲裁庭的裁决逐渐赋予了投资概念更广泛的含义。但在所有这些案件中，都存在与 ICSID 的特定联系，可能是因为所涉活动毫无疑问是一项投资，也可能是因为其中涉及仲裁条款。"[5] 按照管辖权方法，因为并

---

〔1〕 Biwater Gauff (Tanzania) Limited. v. United Republic of Tanzania, ICSID Case No. ARB/05/22, Award, July 24, 2008, at para. 312.

〔2〕 例如在 BIT 中关于"投资"的表述。

〔3〕 Biwater Gauff (Tanzania) Limited v. United Republic of Tanzania, ICSID Case No. ARB/05/22, Award, July 24, 2008, at para. 314.

〔4〕 See Joy Mining Machinery Limited v. Arab Republic of Egypt, ICSID Case No. ARB/03/11, Award on Jurisdiction, August 6, 2004, at para. 53.

〔5〕 Joy Mining Machinery Limited v. Arab Republic of Egypt, ICSID Case No. ARB/03/11, Award on Jurisdiction, August 6, 2004, at para. 59.

不是四个条件都被满足，仲裁庭最终否定了一项投资的存在。[1]随后，许多仲裁庭援引了 Joy Mining v. Egypt 的裁决。

然而，各个仲裁庭据以判断的标准仍有差异。L. E. S. I. 案件的裁决仅仅提出三个标准[2]，即重要出资、持续时间和投资者承担的风险，而 Patrick Mitchell v. Congo 案件的仲裁庭则根据 Joy Mining v. Egypt 案件基于四个标准来作出裁决的。Malaysian Historical Salvors v. Malaysia 和 Helnan v. Egypt 案件的仲裁庭，甚至审查了五个标准。[3]虽然后者的推理过程清晰地描述了审查项目，但这两个裁决并没有表明这些标准是否应该真正地被遵循。因为它们表明并不是所有的标准必须存在[4]，更确切地说，仲裁庭愿意采取典型特征的方法。一个特别的问题是，仲裁庭把促进东道国经济发展这一有争议的问题作为决定性的标准。仲裁员 Shahabuddeen 写过一个反对意见，他认为 ICSID 公约第 25 条不应该被忽视其重要性。[5]

在某种程度上，Jan de Nul v. Egypt 案件的裁决援引了 Joy Mining v. Egypt 案件，这样做只是为了强调在裁决过程中某个案件特殊的重要性。[6]因此，尽管存在该援引，Jan de Nul v. Egypt 案件还是适用了典型特征方法。另一方

---

　　[1]　Joy Mining Machinery Limited v. Arab Republic of Egypt, ICSID Case No. ARB/03/11, Award on Jurisdiction, August 6, 2004, at para. 56, 值得注意的是，仲裁庭不仅明确表示，不能就本案的是非曲直作出任何裁决。但是，它审查了关于可否受理的其他考虑，同时强调实际上没有必要这样做，参见 para. 63.

　　[2]　另一方面，东道国对经济发展的贡献是无关紧要的，因为它不容易确定，而且在任何情况下都可以肯定符合其他三项标准的所有交易，See Consortium Groupement L. E. S. I. –DIPENTA v. People's Democratic Republic of Algeria, ICSID Case No. ARB/03/8, Award, January 10, 2005, Section II, para. 13; L. E. S. I. , S. p. A. and Astaldi, S. p. A. v. People's Democratic Republic of Algeria, ICSID Case No. ARB/05/3, Decision on Jurisdiction, July 12, 2006, at para. 72.

　　[3]　Helnan International Hotels A/S v. Arab Republic of Egypt, ICSIDARB/05/19, Decision of the Tribunal on Objections to Jurisdiction, October 17, 2006, at para. 77: "作为一项投资，一个项目必须表现出一定的期限、规律性的利润和收益、有风险的成分、作出重大承诺和对东道国的发展作出重大贡献。"

　　[4]　Malaysian Historical Salvors, SDN, BHD v. The Government of Malaysia, ICSID Case No. ARB/05/10, Award on Jurisdiction, May 17, 2007, at para. 111. 申请人认为，项目的期限实际上并不足够，但不能得出项目不构成第 25 条第 1 款所指的投资的结论。此外，仲裁庭根据 para. 130 声明本项目不构成 ICSID 公约第 25 条所指的投资："投资的其他典型特征不是决定性的，就是表面上看起来满足。"

　　[5]　See Malaysian Historical Salvors, SDN, BHD v. The Government of Malaysia, ICSID Case No. ARB/05/10, Dissenting Opinion of Judge Mohamed Shahabuddeen, February 19, 2009, at para. 7.

　　[6]　See Jan de Nul N. V. and Dredging International N. V. v. Arab Republic of Egypt, ICSID Case No. ARB/04/13, Decision on Jurisdiction, January 16, 2006, at para. 91.

面，Bayindir v. Pakistan[1]、Saipem v. Bangladesh[2]、Ioannis v. Georgia[3]则适用了管辖权方法。

（四）评价

投资法的核心概念还没有一个统一的定义，这主要是因为投资法是由不同的参与者塑造的。首先，各个国家寻求确保他们在 BIT 中的利益。其次，还有私人投资者不希望保护的门槛设置过高。最后，仲裁庭的任命仅仅是对个案作出裁决。

投资定义的丰富性决定了仲裁裁决的方式和解决方法的不同。仔细审查后发现只有少数孤立的分歧。事实上，可以被认为是一致的部分是非常广泛的。因此，没有任何一个仲裁庭怀疑一项投资可以起源于任何经济活动。出资、风险和期限这三个标准在一系列案例的审议中几乎同样地有争议。[4]这些不同的方法可以在整体观点和个案中得以体现。一定程度上，能不能接受 ICSID 公约第 25 条是有争议性的。此外，关于是否需要为促进东道国的经济发展作出贡献这一最具争议性的问题在以前的案例中并不是决定性的。一方面，这些标准的相互依赖性得到了广泛承认；另一方面，标准的定义相对宽泛，因此不应将这一争论点视为投资法进一步发展的障碍。当然，上述这些方法确实存在差异，但是必须正确看待它们。首先，这适用于投资的主观概念和客观概念。当考虑所有那些涉及投资概念的决定时，在投资调查中基于各方合意的决定是不重要的。

此外，典型特征方法和管辖权方法并没有很大的区别，适用同样的标准，即 Salini 测试。只有在没有提供标准的情况下，这种区别才重要，尽管这两种方法并没有太大的区别。同样在典型特征方法的情况下，只有在特征缺失的

---

〔1〕 See Bayindir Insaat Turizm Ticaret Ve Sanayi A. S. v. Islamic Republic of Pakistan, ICSID ARB/03/29, Decision on Jurisdiction, November 14, 2005.

〔2〕 See Saipem S. p. A. v. The People's Republic of Bangladesh, ICSID Case No. ARB/05/7, Decision on Jurisdiction and Recommendation on Provisional Measures, March 21, 2007.

〔3〕 See Ioannis Kardassopoulos v. The Republic of Georgia, ICSID Case No. ARB/05/18, Award, March 3, 2010.

〔4〕 See Pierre-Emmanuel Dupont, The Notion of ICSID Investment: Ongoing "Confusion" or "Emerging Synthesis"?, The Journal of World Investment and Trade, Volume 12, 2011, p. 245, p. 260.

特殊情况下才会进行适用。因此，这个问题的实际相关性是有限的。[1]虽然这两种方法之间的差异不是不可克服的，但未来的仲裁实践是倾向于典型特征方法还是倾向于管辖权方法仍然是未知的。无论如何，可以肯定的是，Salini 测试的标准已成为仲裁庭的标准审查程序，这主要是由于上述先例的影响。[2]在这方面，可以假定这些标准在未来仍将是决定性的。

目前还不能说 Salini 测试是否也将成为一个统一定义的基础。Biwater Gauff v. Tanzania 案的仲裁庭对这一定义提出了批评："鉴于公约没有对'投资'作出严格、客观的定义，因此，审理个别案件的仲裁庭是否应该强加一个这样的定义，以适用于所有案件和所有目的，是值得怀疑的。"[3]Hunter and Barbuk 也表达了同样的担忧："一种新的、更有限制性的方法来定义投资，'可能会解决问题（挑选条约、使用不同的 BIT）；但同样，它可能会阻止商业投资者进入高风险的国家'。"[4]ICSID 公约的缔约国不太可能就这样一个定义达成一致。更有可能的是，通过随后仲裁庭的定义来发展一种经常适用的判理。但是，只要 BIT 有不同的要求，就很难形成一个完整的关于投资概念的判例体系。但是，无论将来是否应该有一个统一的定义，在许多与投资概念有关的问题方面已经达成了合意。因此，有了统一的 Salini 测试，国际投资法关于投资概念的碎片化既不应被陈述，也不应被恐惧。

二、最惠国待遇原则

几个世纪以来，最惠国待遇原则得到了普遍认可。该原则通过 19 世纪的友好通商航行条约进入国际商法，而友好通商航行条约被认为 BIT 和世界贸

---

〔1〕　Malaysian Historical Salvors, SDN, BHD v. The Government of Malaysia, ICSID Case No. ARB/05/10, Award on Jurisdiction, May 17, 2007, at para. 105："无论如何，这两种方法的区别可能是学术上的。在实践中，法律分析上的任何差异不太可能对仲裁庭的最终裁决产生任何重大影响。存在两种可能的方法可能是由于仲裁庭对每一个因素强调了不同的重点，因为事实（或律师的提交）在一个案例中可能需要（或鼓励）仲裁庭将比另一个案件更加强调某一个因素。"

〔2〕　值得注意的是 Salini 测试已经在 ICSID 管辖中被广泛地使用。

〔3〕　Biwater Gauff（Tanzania）Ltd. v. United Republic of Tanzania, ICSID Case No. ARB/05/22, Award, July 24, 2008, at para. 313.

〔4〕　Martin Hunter and Alexei Barbuk, Reflections on the Definition of an Investment, in Gerald Aksen et al. eds., Global Reflections on International Law, Commerce and Dispute Resolution: Liber Amicorum in Honour of Robert Briner, ICC, 2005, p. 381, p. 397.

易法的前身。这对投资法意味着，东道国不得对那些可以从东道国与母国之间签订的双边投资协定中援引最惠国条款的投资者比对其他国家的投资者差一点。因此，如果另一个投资条约给予比原来条约更高或不同的保护标准，可以援引最惠国原则来转让这一标准。这首先假定了两件事，首先，就如何对待两项投资而言，必须存在可比的情境。对两项投资条约的比较必须表明，可能更为有利的条款规定了一种法律关系，而这种法律关系也包括在原条约的最惠国条款中。此外，不属于该约的资本投资获得了更好的待遇。如果外国投资者可以证明其实际获得的待遇是不一样的，该外国投资者可以要求获得像其他外国投资者享有的更为优惠的待遇。虽然这一概念得到了承认，但仲裁庭对在解决投资争端中如何适用最惠国条款似乎产生了分歧。因此，仲裁庭产生了两种明显不同的方向。[1]下文根据不同的案例试图对这些裁决进行分析，表明投资仲裁在一定程度上表现出高度的一致性和均衡性。[2]最惠国条款没有统一制定，许多投资条约也没有明确规定这些条款的适用范围。这也是相关案件备受争议的一个重要原因。以下对不同问题的分类讨论体现了最惠国条款适用在细节上有争议的和实践中达成统一的部分。

（一）实体问题的适用

关于最惠国条款在实体问题的适用，可以将案例分为三类：第一类是通过最惠国条款适用其他 BIT 中更为有利的保护标准；第二类是通过最惠国条款适用原合同中根本不存在的保护条款；第三类是通过最惠国条款在扩大原合同的管辖权。

第一类是许多案件通过最惠国条款适用了来自其他 BIT 中更为有利的保护标准。适用的投资条约存在期待的保护标准，但对投资者来说没有其他 BIT 中规定的适用范围更为有利。在 AAPL v. Sri Lanka 一案中，申请人要求依据

---

〔1〕 Stephan W. Schill, Multilateralizing Investment Treaties Through Most‐Favored‐Nation Clauses, Berkeley Journal of International Law, Volume 27, 2009, p. 496, p. 548: "虽然有一种判理支持广泛地适用最惠国条款，例如 Maffezini 案件、Siemens 案件、Gas Natural 案件等其他裁决，但也存在另一种判理，即 Salini 和 Plama 案件的裁决，采取了更严格的立场。"

〔2〕 See Zachary Douglas, The International Law of Investment Claims, Cambridge University Press, 2009, p. xxvi‐I.

另一个投资条约适用更严格的责任条款。[1]申请人的生产设施被斯里兰卡对抗泰米尔叛军的军队毁坏，后者希望通过最惠国条款适用瑞士与斯里兰卡 BIT 中的"战争条款"或"内乱豁免条款"。仲裁庭不反对将最惠国条款适用于实质性的保护标准，特别是适用于充分保护和安全的要求。[2]这里申请人失败的原因是未能证明另一方的条款实际上是更有利的。[3]

公平公正待遇也被用作最惠国条款的参考点。在 ADF v. United States[4]一案中申请人试图适用美国和阿尔巴尼亚之间 BIT 中的条款，以及美国和爱沙尼亚之间的 BIT，从而替代 NAFTA 第 1105 条第 1 款的适用。这些 BIT 不受自由贸易委员会（FTC）限制性解释的约束。仲裁庭驳回其申诉，因为没有证据表明上述 BIT 实际上包含了更为有利的保护标准，也不能证明美国违反了这些保护标准。[5]因此，在上述两个请求中，申请人要求适用的类似但更有利的规定没有得到认可。然而，仲裁庭并没有拒绝将通过最惠国条款适用其他 BIT 中更有利的保护条款。

还有一种情况是原条约中的最惠国条款被用来规避或消除原条约中的个别条款。不是替代适用与第三国缔结的 BIT 中的更为有利的条款，而恰恰是

---

〔1〕　See Asian Agricultural Products Limited（AAPL）v. Democratic Socialist Republic of Sri Lanka, IC-SID Case No. ARB/87/3, Final Award, June 27, 1990, at para. 54.

〔2〕　Asian Agricultural Products Limited（AAPL）v. Democratic Socialist Republic of Sri Lanka, ICSID Case No. ARB/87/3, Final Award, June 27, 1990, at para. 54："援引斯里兰卡–瑞士条约中类似第 4 条的案文，规定'战争条款'或'国内动乱'豁免于充分保护和安全标准，索赔人的论点是基于两个隐含的假设……"。

〔3〕　Asian Agricultural Products Limited（AAPL）v. Democratic Socialist Republic of Sri Lanka, ICSID Case No. ARB/87/3, Final Award, June 27, 1990, at para. 54："仲裁庭没有理由相信斯里兰卡–瑞士条约采取了严格责任的标准，仲裁庭认为，在本身具有特别法性质的条约缺乏特定的规则规定时，一般国际法规则必须承担作为一般法的作用。因此，没有证据证明斯里兰卡–瑞士条约所载的规则比斯里兰卡–英国条约所规定的规则更为有利，因此，在目前的情况下不能有理由援引斯里兰卡–英国条约第 3 条。"

〔4〕　ADF Group Inc. v. United States of America, ICSID Case No. ARB（AF）/00/1, Award, January 9, 2003.

〔5〕　ADF Group Inc. v. United States of America, ICSID Case No. ARB（AF）/00/1, Award, January 9, 2003, at para. 194："投资者的理论假设其自身对阿尔巴尼亚和爱沙尼亚相关条款的解读是有效的。如前所述，该解读是两项条约的'公平和公正待遇'和'充分保护和安全'条款确立了广泛的、规范性的待遇标准，与习惯国际法最低待遇标准的具体要求相区别和分离。然而，我们已经得出结论，投资者还不能令人信服地记录这样的自主标准的存在，即使仲裁庭的假设前提存在，投资者并没有表明美国措施合理描述为违反这些标准。"

其他 BIT 没有包含具体的不利条款。在指出阿根廷缔结的其他 BIT 中不存在一些条款之后，CMS v. Argentina 案件的申请人要求适用美国和阿根廷缔结的 BIT 中的紧急条款。仲裁庭对此作出了否定的裁决："尽管申请人援引了该条约中的最惠国条款，但阿根廷缔结的其他条约没有类似于第 11 条的规定，仲裁庭不认为该条款在本案中有任何作用。因此，如果这些条约期待对投资者有类似第 11 条类型的更为有利的待遇，那么可以对最惠国条款的适用进行辩论。但是，其他条约中仅仅是没有这一条款并不能支持该论点，正如被申请人指出的那样，根据同类解释原则（ejusdem generis rule），这一点无论如何都会失败。"[1]

虽然给出的理由很难令人信服，但结果是可以接受的。事实上，因为紧急情况条款规定了原条约的适用范围，如果原条约不再具有关联，那么最惠国条款将不再适用。在这一点上，以同类解释原则作为论证的基础是不可理解的，很难展示有说服力的权威。但无论如何，未来的仲裁庭可能会以不同的论据引用 CMS v. Argentina 仲裁庭的结果。

第二类是通过最惠国条款适用原条约中甚至没有规定的保护条款。首先需要讨论的是 MTD v. Chile 案件[2]。以智利和马来西亚之间 BIT 的最惠国条款为基础，仲裁庭支持投资者，适用了智利和丹麦之间投资条约中的保护条款（第 3 条第 1 款）以及智利与克罗地亚之间投资条约中的保护条款（第 3 条第 3、4 款）。仲裁庭作出该决定的理由是："仲裁庭的结论是，根据 BIT，必须以最有利于实现 BIT 目标的方式来解释公平公正待遇标准，保护投资并为投资创造有利条件。仲裁庭认为，将丹麦 BIT 第 3 条第 1 款和克罗地亚 BIT 第 3 条第 3 款和第 4 款所列的内容作为 BIT 保护的一部分是符合这一目的的。根据以下事实，仲裁庭进一步确信这一结论，最惠国条款中的例外条款涉及税收待遇和区域合作，与 BIT 不相关，但由于最惠国条款的一般性质，缔约方认为应谨慎排除。从相反的意义上讲，本条款将包括其他可被解释为公平

---

〔1〕 CMS Gas Transmission Company v. The Argentine Republic, ICSID ARB/01/8, Award, May 12, 2005, at para. 377.

〔2〕 MTD Equity Sdn. Bhd. and MTD Chile S. A. v. Republic of Chile, ICSID Case No. ARB/01/7, Award, May 25, 2004; 但是撤销委员会并没有反对最惠国待遇条款的适用, See MTD Equity Sdn. Bhd. and MTD Chile S. A. v. Republic of Chile, ICSID Case No. ARB/01/7, Decision on Annulment, March 21, 2007, at para. 64.

公正对待投资者的部分内容。"〔1〕

　　Bayindir v. Pakistan 案件也涉及公平公正待遇的适用。〔2〕在决定管辖权时，仲裁庭认为这一原则可以适用于原条约，即巴基斯坦和土耳其之间缔结的 BIT，〔3〕后来仲裁庭以不同的方式得出这一结论，通过缔结于 1995 年 3 月的原条约中的最惠国条款，可以适用缔结于 1995 年 7 月的巴基斯坦和瑞士条约中的公平公正待遇条款。由于包含了更有利的条款，所以可以适用较晚签订的条约。〔4〕

　　与上述决定相反，申请人在 Impregilo v. Pakistan 中的请求被驳回。〔5〕然而，仲裁庭不反对通过最惠国条款适用巴基斯坦和瑞士之间 BIT 中的保护条款。因为投资者尚未与巴基斯坦签订合同，最惠国条款被宣布不能适用。〔6〕在该案中巴基斯坦和意大利之间的投资条约不能作为原条约，因此也没有最惠国条款可以适用。因此，Impregilo v. Pakistan 案件的裁决与 Bayindir v. Pakistan 案件的裁决并不冲突。

　　最后一类是通过最惠国条款扩大原条约的管辖范围。ICSID 案件中有一系列这样适用最惠国条款的请求被拒绝了。例如，在 Tecmed v. Mexico 案中，仲裁庭拒绝适用澳大利亚—墨西哥 BIT 中更有利的条款。〔7〕申请人寻求对原条约中最惠国条款时间范围扩大到墨西哥政府在原条约生效之前的措施。仲裁

---

　　〔1〕　MTD Equity Sdn. Bhd. and MTD Chile S. A. v. Republic of Chile, ICSID Case No. ARB/01/7, A-ward, May 25, 2004, at para. 104.

　　〔2〕　See Bayindir Insaat Turizm Ticaret Ve Sanayi A. S. v. Islamic Republic of Pakistan, ICSID Case No. ARB/03/29, Decision on Jurisdiction, November 14, 2005.

　　〔3〕　See Bayindir Insaat Turizm Ticaret Ve Sanayi A. S. v. Islamic Republic of Pakistan, ICSID Case No. ARB/03/29, Decision on Jurisdiction, November 14, 2005, at para. 227.

　　〔4〕　See Bayindir Insaat Turizm Ticaret Ve Sanayi A. S. v. Islamic Republic of Pakistan, ICSID Case No. ARB/03/29, Award, August 27, 2009, at para. 163.

　　〔5〕　See Impregilo S. p. A. v. Islamic Republic of Pakistan, ICSID Case No. ARB/03/3, Decision on Jurisdiction, April 22, 2005.

　　〔6〕　Impregilo S. p. A. v. Islamic Republic of Pakistan, ICSID Case No. ARB/03/3, Decision on Jurisdiction, April 22, 2005, at para. 223: "仲裁庭认为，鉴于这些合同是 Impregilo 与 WAPDA 签订的，而不是与巴基斯坦签订的，Impregilo 对 BIT 第 3 条的依赖就不再重要。即便通过最惠国条款和 Swiss-Pakistan 条约，巴基斯坦对遵守合同的保证，已经涉及了意大利投资者，这样保证不会覆盖当前合同——因为并没有进入这些协议。相反，这些合同是单独和不同的实体订立的。"

　　〔7〕　See Técnicas Medioambientales Tecmed, S. A. v. United Mexican States, ICSID Case No. ARB (AF)/00/2, Award, May 29, 2003.

庭认为，很重要的一点是扩大西班牙与墨西哥之间达成的 BIT 的时间范围有悖于 BIT 本身。最后，必须假定这种扩张是缔约双方特别谈判的结果。[1]然而，假设双方已经协商过的具体事务是有问题的。那么原条约已经在一定程度上表明了最惠国条款在时间上的适用范围，是值得无条件认可的。

M. C. I. v. Ecuador 案件中的申请人也将原条约适用的时间范围扩大了。通过最惠国条款适用阿根廷–厄瓜多尔 BIT 来分析厄瓜多尔在原条约成立之前的措施。然而，仲裁庭援引了 Tecmed v. Mexico 案件的裁决，并拒绝扩大原条约的时间适用范围：“根据阿根廷–厄瓜多尔 BIT 第 7 条的措辞，仲裁庭认为，按照《维也纳条约法公约》第 31 条的解释规则，条文内容中涉及的‘任一缔约方’‘缔约方之间’‘缔约方与另一缔约方的投资者’‘其他缔约方’无疑都是指阿根廷–厄瓜多尔 BIT 的缔约双方。因此，仲裁庭拒绝考虑在申请人要求的条件和效果下适用最惠国条款的可能性。”[2]在这类案件中，仲裁庭根本不适用最惠国条款，因为只有包含最惠国条款的原条约适用于案件本身，最惠国条款才能生效。

（二）程序问题的适用

最惠国条款是否也适用于程序问题，主要取决于相关条款的设计。然而，只有少数条款对这方面进行了明确的阐述。在 Maffezini v. Spain 案件之后，该问题开始形成规则。在其他案件中，措辞没有任何进一步的变化，因此，如果有模棱两可的规定，就必须使用其他的解释方法。通过对一系列案件的研究可以发现，在一定程度上仲裁庭在模棱两可的情况下通过《维也纳条约法公约》处理问题。

---

〔1〕 Técnicas Medioambientales Tecmed, S. A. v. United Mexican States, ICSID Case No. ARB（AF）/00/2, Award, May 29, 2003, at para. 69：“根据这样的原则，仲裁庭不会详细审查这样的条约规定。因为有关协议的适用程序，随着时间的推移，涉及更多的实质性规定中时间维度的适用程序，而不是过程或管辖的问题。由于其意义和重要性，问题的核心必须被视为由缔约双方具体协商。这些协议的决定因素的接受，因为这直接关系到实质性的识别适用于外国投资者保护机制，特别是一般（国内或国际）法律环境中这样的政权运作，以及访问的外国投资者的实质性规定这样的政权。因此，最惠国条款所包含的原则不能妨碍它们的适用。”

〔2〕 M. C. I. Power Group, L. C. and New Turbine, Inc. v. Republic of Ecuador, ICSID Case No. ARB/03/6, Award, July 31, 2007, at para. 84：“关于当事各方对 Tecmed 诉墨西哥一案所采取的各种立场，仲裁庭认为，唯一可能的解释是符合适用于该案件的国际法。鉴于此，有争议的是，Tecmed 仲裁庭根据在条约生效后发生的国际不法行为的指控来确定其管辖权。因此，仲裁庭的理解是，为了确定其管辖权，它应该考虑在条约生效后根据 BIT 条款所引起的争端的必要存在。仲裁庭认为，在条约生效之前发生的事件或情况可能与在该日期之后发生的争端有关。”

　　最惠国条款适用于程序规则的案件通常分为两类：一方面是遵循 Maffezini v. Spain 裁决的案件，另一方面是遵循 Plama v. Bulgaria 裁决的案件。这两类裁决可以追溯到两组案件的形成，可以区分为最惠国条款是否适用于受理条件，以及是否通过适用该条款来建立仲裁庭的管辖权。[1]这种区别清楚地表明最惠国条款对程序规则的适用问题，某种程度上来说，在仲裁判理中已经产生了一致的答案。原则上关于可受理问题的最惠国条款适用是肯定的，而关于管辖权问题的最惠国条款适用是否定的。[2]在上述预期之下，有必要对可受理性问题进行具体的案例分析。

　　大多数 BIT 包含等待条款，即在仲裁发生之前双方有一段时间来协商争议。只有在此期间未能达成和解的情况下，才可以提起仲裁程序。这样的等待条款被分类为受理条件。这一类条款是 Maffezini v. Spain 案的讨论点之一。[3]这个裁决是仲裁庭第一次对可受理性问题是否适用最惠国条约做出决断。虽然有关最惠国条款没有明确涵盖争端解决问题，但有充分理由将这些方面视为投资者保护的一部分。[4]仲裁庭接受了原条约规定但原告未遵守的18 个月的"等待期"："可以得出结论，如果第三方条约包含解决争端规定比基础条约更有利于保护投资者的权益，这些规定可能扩展到最惠国条款的受益者，因为它们是完全符合同类解释原则（ejusdem generis rule）的。当然，第三方条约必须涉及与基础条约相同的主题，不论是保护外国投资或促进贸易，因为解决争端的规定将在这些事项范围内运作；否则就违反了这一原则。"[5]

---

　　〔1〕　Stephan W. Schill, Multilateralizing Investment Treaties Through Most‑Favored‑Nation Clauses, Berkeley Journal of International Law, Volume 27, 2009, p. 496, p. 540："受理涉及法院或法庭作出某项决定的条件，而管辖权则涉及法院或法庭就某一特定案件对当事各方的权力。"

　　〔2〕　See Stephan W. Schill, Multilateralizing Investment Treaties Through Most‑Favored‑Nation Clauses, Berkeley Journal of International Law, Volume 27, 2009, p. 496, p. 528.

　　〔3〕　See Emilio Agustín Maffezini v. Kingdom of Spain, ICSID Case No. ARB/97/7, Decision of the Tribunal on the Objections of Jurisdiction, January 25, 2000.

　　〔4〕　See Emilio Agustín Maffezini v. Kingdom of Spain, ICSID Case No. ARB/97/7, Decision of the Tribunal on the Objections of Jurisdiction, January 25, 2000, at para. 54.

　　〔5〕　Emilio Agustín Maffezini v. Kingdom of Spain, ICSID Case No. ARB/97/7, Decision of the Tribunal on the Objections of Jurisdiction, January 25, 2000, at para. 56. 然而，仲裁庭也对最惠国条款的这种宽泛理解做出了限制，认为其中一些条款是不可逾越的，例如，在 para. 63："第一，如果一个缔约国同意仲裁的条件是用尽当地补救办法……第二，如果各方同意一项解决争端的安排，其中包括所谓的岔路口……第三，如果协议规定了一个特定的仲裁论坛，如 ICSID……最后，如果当事各方同意一个高度制度化的仲裁制度，其中包括精确的程序规则，例如，关于《北美自由贸易协定》和类似的安排……"。

　　同样在 Siemens v. Argentina 案中，投资者希望通过最惠国条款来克服 18 个月的谈判期。[1]德国和阿根廷之间投资条约的受理要求（第 10 条第 2、3 款）可通过最惠国条款连接到智利-阿根廷 BIT 中的规定（第 3 条第 1、2 款），从而予以排除，因为在智利-阿根廷 BIT 中的投资保护条款未规定这样的受理要求。仲裁庭回应了申请人的请求，[2]认为申请人可以适用另一个投资条约更为有利的条款，从而排除不利的规定："即使最惠国条款在本质上是一般性的，其适用将只针对援引条约授予的在一定程度上被认为是有利的。"[3]

　　Gas Natural v. Argentina 案件[4]、Suez v. Argentina 案件[5]、Camuzzi v. Argentina 案件[6]的仲裁庭都允许通过最惠国条款适用更加有利的受理条件。在 Gas Natural v. Argentina 一案中，仲裁庭同意了申请人的请求，通过最惠国条款适用阿根廷与第三国达成的 BIT，以便能够直接启动仲裁程序。[7]仲裁庭强调进入独立的国际仲裁是"一个重要——可能在投资者保护中最重要的元素"[8]，其补充道："除非 BIT 的缔约国或某一特定投资条约的缔约国

---

　　[1]　See Siemens A. G. v. The Argentine Republic, ICSID Case No. ARB/02/8, Decision on Jurisdiction, August 3, 2004.

　　[2]　See Siemens A. G. v. The Argentine Republic, ICSID Case No. ARB/02/8, Decision on Jurisdiction, August 3, 2004, at para. 120.

　　[3]　Siemens A. G. v. The Argentine Republic, ICSID Case No. ARB/02/8, Decision on Jurisdiction, August 3, 2004, at para. 120.

　　[4]　See Gas Natural SDG, S. A. v. The Argentine Republic, ICSID Case No. ARB/03/10, Decision of the Tribunal on Preliminary Questions on Jurisdiction, June 17, 2005.

　　[5]　See Suez, Sociedad General de Aguas de Barcelona S. A. , and InterAguas Servicios Integrales del Agua, S. A. v. The Argentine Republic, ICSID Case No. ARB/03/17, Decision on Jurisdiction, May 16, 2006.

　　[6]　See Camuzzi International S. A. v. The Argentine Republic, ICSID Case No. ARB/03/2, Decision of the Tribunal on Objections to Jurisdiction, May 11, 2005.

　　[7]　Gas Natural SDG, S. A. v. The Argentine Republic, ICSID Case No. ARB/03/10, Decision of the Tribunal on Preliminary Questions on Jurisdiction, June 17, 2005, at para. 28："[……]没有公共政策理由不执行关于最惠国条款涉及的直接进行国际仲裁权利"。

　　[8]　Gas Natural SDG, S. A. v. The Argentine Republic, ICSID Case No. ARB/03/10, Decision of the Tribunal on Preliminary Questions on Jurisdiction, June 17, 2005, at para. 49. 类似的还有以下案例，Siemens A. G. v. The Argentine Republic, ICSID Case No. ARB/02/8, Decision on Jurisdiction, August 3, 2004, at para. 102："利用这些程序机制是条约所提供的保护的一部分"；Suez, Sociedad General de Aguas de Barcelona S. A. , and InterAguas Servicios Integrales del Agua, S. A. v. The Argentine Republic, ICSID Case No. ARB/03/17, Decision on Jurisdiction, May 16, 2006, at para. 57："从促进和保护投资的角度来看，Argentina-Spain 条约目的所表述的那样，争端解决其他事项一样重要，是投资保护制度的重要组成部分。"

就可能出现的争端的不同解决方法做出明确规定，否则应将 BIT 中的最惠国条款理解为适用于争端解决。"[1]

Suez v. Argentina 案的申请人同样关心直接进入仲裁程序的问题。根据阿根廷与英国签订的 BIT 中的最惠国条款，仲裁庭在此案件中适用了阿根廷与法国之间的投资条约中较为有利的规定。[2]Camuzzi v. Argentina 案的裁决不同于上述裁决，因为被申请人不反对原告关于适用最惠国条款的要求，因此仲裁庭原则上不作决定。为了澄清，仲裁庭指出，阿根廷认为可受理要求得到了满足。[3]

然而，Wintershall v. Argentina 案件的裁决就与上述这些裁决完全相反。[4]该仲裁庭认为最惠国条款在程序性问题上的适用与国际法原则相违背，国家只能通过同意受管辖："此外，国际法的一般原则是，国际法院和仲裁庭只能在一个国家同意的情况下对其行使管辖权。这一原则经常被描述为国家主权和独立的必然结果。推定同意不能被认为是充分的，因为法院不能对独立国家（未同意时）的任何限制进行……"。[5]作为阿根廷提交 ICSID 仲裁的一部分，投资者必须遵守 18 个月的等待期。[6]因此，仲裁庭原则上不能将程序性规定纳入最惠国条款下的"待遇"，"除非基础条约中的最惠国条款清晰而明确地表明它应该这样解释，在当前情况下并非如此。"[7]仲裁庭认为，

---

〔1〕　Gas Natural SDG, S. A. v. The Argentine Republic, ICSID Case No. ARB/03/10, Decision of the Tribunal on Preliminary Questions on Jurisdiction, June 17, 2005, at para. 49.

〔2〕　See Suez, Sociedad General de Aguas de Barcelona S. A. , and InterAguas Servicios Integrales del Agua, S. A. v. T The Argentine Republic, ICSID Case No. ARB/03/17, Decision on Jurisdiction, May 16, 2006, at para. 60.

〔3〕　Camuzzi International S. A. v. The Argentine Republic, ICSID Case No. ARB/03/2, Decision of the Tribunal on Objections to Jurisdiction, May 11, 2005, at para. 120：　"阿根廷共和国没有反对 Camuzzi 和 Sempra 提出的要求，一旦先前的谈判期间结束，仲裁庭就没有必要就该条款在这方面的相关性作出决定。阿根廷共和国认为 Camuzzi 提交仲裁，这意味着 18 个月的时期过去了没有达成一个解决方案，在任何情况下从而为仲裁打开路径。"

〔4〕　See Wintershall Aktiengesellschaft v. The Argentine Republic, ICSID Case No. ARB/04/14, Award, December 8, 2008, at para. 158.

〔5〕　Wintershall Aktiengesellschaft v. The Argentine Republic, ICSID Case No. ARB/04/14, Award, December 8, 2008, at para. 160.

〔6〕　See Wintershall Aktiengesellschaft v. The Argentine Republic, ICSID Case No. ARB/04/14, Award, December 8, 2008, at para. 160.

〔7〕　Wintershall Aktiengesellschaft v. The Argentine Republic, ICSID Case No. ARB/04/14, Award, December 8, 2008, at para. 167.

争端解决条款不适用最惠国条款，因为条款的明确措辞不允许。[1]Wintershall v. Argentina 案件的裁决从整一个 ICSID 仲裁中来看是孤立的。因此，除了个别案件的裁决外，可以认为这些裁决在总体上是一致的。因此，最惠国条款原则上适用于受理条件。

另一方面，仲裁庭一般不适用最惠国条款来确立其管辖权。然而，最惠国条款不适用于所有程序性问题并不意味着案件的不一致。[2]区分可受理条件和管辖可以理解两个不同的分支。在这两个分支中，都可以看到案例的明显趋势。因此，ICSID 仲裁庭暂且没有对最惠国条款确立管辖权。

Salini v. Jordan、Plama v. Bulgaria 和 Telenor v. Hungary 案件的有关决定有一个共同的论点，即只要原条约中没有明确规定，就不能假定双方的意图相同。[3]同样，在斯德哥尔摩商会仲裁机构（SCC）进行的 Berschader v. Russia 案件也是如此。[4]在 Plama v. Bulgaria 中，仲裁员还讨论了必须在最惠国条款的框架内进行比较的问题，以便在不同的仲裁机构之间进行选择时能够找到更有利的待遇："有选择总比没有选择好。但是，如果一个 BIT 规定了 UNCI-TRAL 仲裁，而另一个 BIT 规定了 ICSID 怎么办，哪个更有利?"[5]仲裁庭的结论是："基本条约中的最惠国条款不包含引用另一个条约全部或部分的争端解决条款，除非基本条约中的最惠国条款可以毫无疑问认定缔约双方打算纳

---

〔1〕 这种方法的问题在于，宽泛的措辞基本上不需要任何额外的言语。特别是，如果像这里一样，所有事项都包括在最惠国条款中，那么就需要付出更大的努力来证明限制性解释的合理性。See Impregilo S. p. A. v. The Argentine Republic, ICSID Case No. ARB/07/17, Award, January 21, 2011, at para. 99.

〔2〕 See Stephan W. Schill, Multilateralizing Investment Treaties Through Most-Favored-Nation Clauses, Berkeley Journal of International Law, Volume 27, 2009, p. 496, p. 540.

〔3〕 See Salini Costruttori S. p. A. and Italstrade S. p. A. v. Hashemite Kingdom of Jordan, ICSID Case No. ARB/02/13, Decision of the Tribunal on Jurisdiction, July 31, 2001, at para. 223; Plama Consortium Limited v. Republic of Bulgaria, ICSID Case No. ARB/03/24, Decision on Jurisdiction, Febuary 8, 2005, at para. 200; Telenor Mobile Communications A. S. v. Republic of Hungary, ICSID Case No. ARB/04/15, Award, September 13, 2006, at para. 90.

〔4〕 See Vladimir Berschader and Moïse Berschader v. The Russian Federation, SCC Case No. 080/2004, Award, April 21, 2006, at para. 177.

〔5〕 Plama Consortium Limited v. Republic of Bulgaria, ICSID Case No. ARB/03/24, Decision on Jurisdiction, Febuary 8, 2005, at para. 208.

入争端解决条款。"〔1〕

乍一看，这措辞与 Gas Natural v. Argentina 案件的内容完全相反。该案件认为最惠国条款通常适用于争端解决条款，除非有明确相反的规定。Plama v. Bulgaria 仲裁庭则认为最惠国条款不能适用于争端解决条款，除非有相反的明确规定。然而，这些初步的相互矛盾的陈述是可以调和的：在受理性问题上，案件一般遵循 Maffezini 裁决中表达的观点，而在管辖权问题上，一般遵循 Plama 裁决的观点。

也有仲裁庭通过诉诸最惠国条款确立了自己的管辖权，其中包括 SCC 的 RosInvest v. Russia 案件。〔2〕该仲裁庭排除了 ICSID 仲裁庭的相关裁决，指出自己的方法是"一个正常适用最惠国条款的结果"〔3〕，其理由是："如果这一影响在实质性保护的范围内得到普遍接受，仲裁庭就没有理由在诸如仲裁条款这样程序条款的范围内不接受它。相反，可以认为，如果它适用于实质性保护，那么它应该更多地适用于'程序性保护'。然而，仲裁庭认为后一种观点不能被认为是决定性的，相反，正如上面进一步的争论，至少在征收的情景下，仲裁条款也像 BIT 第 5 条这样提供实质性保护的适用条款那样具有相同的保护价值。"〔4〕

总的来说，至少在投资法案例中可以看出一个明显的趋势。在 ICSID 仲裁案件中，最惠国条款不应该适用于争端解决条款是更占优势的。

（三）评价

上述案例分析表明，关于最惠国条款的案件在许多领域可以被视为是统一的。〔5〕从另一个 BIT 中适用更有利的保护标准或者适用原条约中不提供的

---

〔1〕　Plama Consortium Limited v. Republic of Bulgaria, ICSID Case No. ARB/03/24, Decision on Jurisdiction, Febuary 8, 2005, at para. 223.

〔2〕　See Vladimir Berschader and Moïse Berschader v. The Russian Federation, SCC Case No. 080/2004, Award, April 21.

〔3〕　RosInvestCo UK Ltd. v. The Russian Federation, SCC Case No. V079/2005, Award on Jurisdiction, October 1, 2007, at para. 131.

〔4〕　RosInvestCo UK Ltd. v. The Russian Federation, SCC Case No. V079/2005, Award on Jurisdiction, October 1, 2007, at para. 132.

〔5〕　同样的观点，See Alejandro Faya Rodriguez, The Most-Favored-Nation Clause in International Investment Agreements: Agreements A Tool for Treaty Shopping?, Journal of International Arbitration, Volume 25, 2008, p. 89, p. 101.

保护标准，这些在案例中是一致的。仲裁庭还认同，不应以最惠国条款扩大原条约中时间或者对物的适用范围，ICSID 实践一致认为该条款适用于争端解决规则。[1] 除了一个相反的裁决，最惠国条款适用于程序规则时，对适用仲裁的可受理性条件是普遍接受的。最后，该部分的仲裁实践在很大程度上是统一的，即拒绝最惠国条款在仲裁管辖权的适用。[2]

因此，管辖权问题的两方面发展对判理的一致性和连贯性没有造成问题。其分化是可以追溯到不同的案件情况。然而，整体案例的一致性、法律确定性和可预见性受到 RosInvest v. Russia 和 Wintershall v. Argentina 两个案件的影响。[3] 因此，预计在未来的发展中，这两个案件仍属于特殊情况。对上述案件的说服力权威的预测不能超过未来仲裁庭对其进行援引或是提出反对的事实范围，但针对这些裁决的争议至少不会优先于遵循 Maffezini 或 Plama 裁决的讨论。总的来说，最惠国条款适用的两个决定性的标准必须是——是否存在可比的情况和是否存在更优惠的待遇。这种方法很容易产生更易理解和可预期的裁决，也有助于国际投资法一致性和连贯性的发展。

三、充分保护和安全要求

在充分保护和安全原则下，仲裁判理在一般条款式制定的保护标准具体化中也发挥着重要的作用。[4] 正如在其他领域的国际投资法，仲裁判理在一定程度上是一致的。关于充分保护和安全要求的裁决，其一致性的发展也受

---

〔1〕 例如，Impregilo S. p. A. v. The Argentine Republic，ICSID Case No. ARB/07/17，Award，January 21，2011，at para. 106："然而，判例法并不完全一致，因为至少有一个案件，尽管最惠国条款包括所有事项，但仲裁庭认为这不足以使该条款适用于争端解决。但应该指出，Berschader 案件中一名仲裁员强烈反对这一点，还有一些特殊因素促成了这一结果。"

〔2〕 然而，绝对不能忽视的是，从孤立的角度来看，ICSID 的裁决实践似乎存在这种情况——至少在这个问题上是这样。到目前为止，唯一偏离的决定并非来自 ICSID 仲裁。

〔3〕 Stephan W. Schill，Allocating Adjudicatory Authority：Most-Favored-Nation Clauses as a Basis of Jurisdiction-A Reply to Zachary Douglas，Journal of International Dispute Settlement，Volume 2，2011，p. 353，p. 371："最后，我和 Zachary Douglas 似乎同意，各国在其条约实践中所表达的一种可能的未来判例和正在形成的协商一致意见必须澄清和解决这一争论激烈的问题。在此之前，有必要对各种论点进行批判性的考虑，并对潜在的偏好进行辩论。在这种情况下，分歧将推动辩论向前发展，带来更好的结果。"

〔4〕 Jeswald W. Salacuse，The Law of Investment Treaties，Oxford University Press，2010，p. 209："只有通过判理才能充分理解本标准的内容。"

到事实上的阻碍，即大多数 BIT 所载的这一保护标准没有一个统一的提法。在一定程度上条约条文中不同的措施会产生不同的裁决，但也没有理由担心国际投资法会因此支离破碎。除此之外，对于一个法律体系来说，分歧的决策本身是没有问题的，除非决策显得武断或完全不可预测。

另一方面，仲裁庭常常在各自的条约措辞之外，就是否存在违反充分保护和安全原则的情况作出裁决，这也值得怀疑。尽管 BIT 仍然被认为是决定性的标准，但在极少数情况下，保护标准的确切措辞与案件的事实相关联。[1]这种重要方法还出现在不同的问题解决中，比如公平公正待遇原则与充分保护和安全原则之间的关系[2]，或者援引的过去裁决是否基于不同的 BIT。[3]这将在下文中进行讨论。

（一）　与习惯国际法之间的关系

充分保护和安全要求与习惯国际法之间的关系并没有得到最后的澄清。仲裁案件中无可争议的是[4]，充分保护和安全原则在任何情况下不低于习惯法提供的保护。[5]根据习惯国际法，外国人及其财产享有一定程度的保护。但是，该国际最低标准的具体内容没有明确规定。1926 年的 Neer 案件曾谈论

---

〔1〕　Guiditta Cordero Moss, Full Protection and Security, in August Reinisch, ed., 〔Standards of Investment Protection〕, Oxford University Press, 2008, pp. 131-134：“在解释给予充分保护和安全的义务时，仲裁惯例似乎并不十分重视适用条约的措辞。条约的措辞通常是法庭推理的出发点，但它似乎并没有在结果中起决定性作用。”

〔2〕　See Azurix Corp. v. The Argentine Republic, ICSID Case No. ARB/01/12, Award, July 14, 2006, at para. 408；Occidental Exploration and Production Company v. The Republic of Ecuador, LCIA Case No. UN3467, Award, July 1, 2004, at para. 187.

〔3〕　See Compañía de Aguas del Aconquija S. A. and Vivendi Universal S. A. v. The Argentine Republic, ICSID Case No. ARB/97/3, Award（II）, August 20, 2007.

〔4〕　只有一个仲裁庭对此产生了怀疑, See Noble Ventures, Inc. v. Romania, ICSID Case No. ARB/01/11, Award, October 12, 2005, at para. 164：“似乎值得怀疑的是，这项规定是否可以被理解为比外国人习惯国际法中规定的保护和保障外国人的一般责任范围更广。”

〔5〕　American Manufacturing & Trading, Inc. v. Republic of Zaire, ICSID Case No. ARB/93/1, Award, Febuary 21, 1997, at para. 6.06：“AMT 受益的 BIT 条款所要求的保护和投资安全的这些处理必须符合其适用的国家法律，而且不得低于国际法所认可的那些。对仲裁庭来说，这最后一项要求是确定 Zaire 责任的基本条件。因此，这是一项客观的义务，绝不应低于国际法所要求的保持警惕和注意的最低标准。” Asian Agricultural Products Limited（AAPL）v. Democratic Socialist Republic of Sri Lanka, ICSID Case No. ARB/87/3, Final Award, June 27, 1990, at para. 69：“因此，任何外国投资者，即使其本国没有同斯里兰卡缔结一项双边投资条约，其中载有类似第 2（2）条的规定，也有权得到东道国，即斯里兰卡的保护。不遵守习惯国际法所规定的这一义务就意味着东道国的责任。”

过："对外国人的待遇若构成国际违法行为，则应构成一种暴行、一种恶意、一种故意玩忽职守，或一种政府行为的不足，如此简短的国际标准以至于每一个理性和公正的人都会承认其不足之处"。[1]

可能会怀疑早期裁决来决定当前习惯国际法的有用性[2]，但只要习惯国际法找到在 BIT 中的位置[3]以及一些条款保持其设置[4]，那么习惯国际法原则依然是重要的。这更适用于如果将充分保护和安全要求与国际最低标准联系起来。有些条款将保护和安全原则与国际习惯法等同起来。[5]然而，仲裁实践表明 BIT 各自不同的措辞没有很重要。[6]仲裁庭几乎脱离了各条约内容的条款，对最低国际标准与保护和安全要求之间的要求进行分析。

实践中一般认为，在任何情况下，充分保护和安全原则并不意味着保护水平低于习惯法。下文将讨论三种描述二者之间关系的观点：第一种观点认为国际最低标准是底线，第二种观点认为国际最低标准是最高线，第三种观点把充分保护和安全要求与习惯国际法的最低标准等同起来。仲裁庭在 AAPL v. Sri Lanka 案中适用国际最低标准，含蓄地将充分保护和安全要求设定为这

---

〔1〕 L. F. H. Neer and Pauline Neer（U. S. A. ）v. United Mexican States，Decision，October 15，1926.

〔2〕 Mondev International Ltd. v. United States of America ，ICSID Case No. ARB （AF）/99/2，Award，October 11，2002，at para. 123："今天最低标准的内容不能局限于 20 世纪 20 年代仲裁裁决所承认的习惯国际法的内容。"

〔3〕 Asian Agricultural Products Limited（AAPL）v. Democratic Socialist Republic of Sri Lanka，ICSID Case No. ARB/87/3，Final Award，June 27，1990，at para. 72："国际投资仲裁和权威学说明确表明这是公认的国际法规则：（i）一个国家的领土内发生暴动，不对国投资者遭受的损失负责，除非可以表明，通过条约或一般的习惯法，该国家的政府未能提供所需的保护标准视情况而定；（ii）未能提供所需的保护标准将使国家对所遭受的损失承担国际责任，不论这些损失是发生在叛乱分子的进攻行动中还是由于政府的反叛乱活动而造成的。"

〔4〕 Helge Elisabeth Zeitler，Full Protection and Security，in Stephan Schill eds. ，International Investment Law and Comparative Public Law，Oxford University Press，2010，pp. 183–185："广泛的传统措辞条款保证保护和安全条款将在任何情况下小于需要根据国际法，这已经很让人惊讶，考虑到双边和多边投资条约快速扩张的主要原因之一是应该避免习惯国际法的不确定性。"

〔5〕 例如，2005 年 USA –Uruguay BIT 第五条："1. 各方应根据国际习惯法给予有保障的投资待遇，包括公平和公正的待遇以及充分的保护和安全。2. 为了更确切地说明，第 1 款规定了习惯国际法对外国人的最待遇标准，作为对所涉投资的最低待遇标准。'公平和公平待遇'和'充分保护和安全'的概念不需要在该标准所要求的待遇之外的待遇，也不产生其他实质性权利。第 1 款规定：……（b）充分保护和安全的义务要求每一当事方提供习惯国际法所要求的保护水平。"

〔6〕 See Guiditta Cordero Moss，Full Protection and Security，in August Reinisch eds. ，Standards of Investment Protection，Oxford University Press，2008，p. 131，p. 136.

一标准,〔1〕单独援引了国际法庭适用国际最低标准的 ELSI 案件。〔2〕Noble Ventures v. Romania 案件的仲裁庭也展现出对两个保护标准之间的"共生关系"〔3〕:"该规定是否可以理解为比习惯国际法中规定对外国人提供保护和安全的一般责任范围更广,这似乎值得怀疑的。"〔4〕

另一方面,充分保护和安全原则是一种独立的保护标准。〔5〕有必要的话习惯法可以作为一般法填补条约文本的空白。〔6〕因此,各个条约规定的措施是首要考虑的。如果缔约国同意"充分保护和安全",那么假定它们指的是"习惯法下的最低标准"就不能令人信服。〔7〕

北美自由贸易协定委员会已表明对 2001 年 NAFTA 第 1105 条第 1 款(《北美自由贸易协定》现已更改为《美墨加协定》)的解释将理解国际最低标准为"上限":"公平公正待遇和充分保护与安全的概念不需要在习惯国际法对外国人最低待遇标准之外或更高的待遇。"〔8〕但是,自由贸易委员会根据 NAFTA 第 1131 条第 2 款对 NAFTA 的解释只对 NAFTA 的案件具有约束力,并

---

〔1〕　Asian Agricultural Products Limited (AAPL) v. Democratic Socialist Republic of Sri Lanka, ICSID Case No. ARB/87/3, Final Award, June 27, 1990, at para. 67; American Manufacturing & Trading, Inc. v. Republic of Zaire, ICSID Case No. ARB/93/1, Award, February 21, 1997, at para. 6. 06.

〔2〕　仲裁庭在裁决中援引了 ELSI 案件的判决, See Asian Agricultural Products Limited (AAPL) v. Democratic Socialist Republic of Sri Lanka, ICSID Case No. ARB/87/3, Final Award, June 27, 1990.

〔3〕　Campbell McLachlan, Investment Treaties and General International Law, Cambridge University Press, 2008, p. 361:"习惯构成了条约权利的内容;以及投资条约下的国家惯例有助于一般国际法的发展。"

〔4〕　Noble Ventures, Inc. v. Romania, ICSID Case No. ARB/01/11, Award, October 12, 2005, at para. 164.

〔5〕　例如 Siemens A. G. v. The Argentine Republic, ICSID Case No. ARB/02/8, Award, January 17, 2007, at para. 291; Occidental Exploration and Production Company v. The Republic of Ecuador, LCIA Case No. UN3467, Award, July 1, 2004, at para. 192; Azurix Corp. v. The Argentine Republic, ICSID Case No. ARB/01/12, Award, July 14, 2006, at para. 361; Compañía de Aguas del Aconquija S. A. and Vivendi Universal S. A. v. The Argentine Republic, ICSID Case No. ARB/97/3, Award (Ⅱ), August 20, 2007, at para. 7. 4. 7.

〔6〕　Asian Agricultural Products Limited (AAPL) v. Democratic Socialist Republic of Sri Lanka, ICSID Case No. ARB/87/3, Final Award, June 27, 1990, at para. 67:"一旦被证明未能提供充分的保护和安全(根据斯里兰卡-英国第 2 条第 2 款)条约或类似的条款下其他双边投资条约中存在的相同的标准扩展到第三国国民,国家责任的建立和赔偿是根据一般国际法规则和标准之前开发的关于国家未能遵守,尽职调查的义务在国际习惯法的最低标准。"

〔7〕　Christoph Schreuer, Full Protection and Security, Journal of International Dispute, Volume 1, 2010, p. 12.

〔8〕　NAFTA Free Trade Commission, Notes of Interpretation of Certain Chapter 11 Provisions, 2001.

不能约束 Siemens v. Argentina 和 Occidental v. Ecuador 案件的仲裁庭。[1]

Azurix v. Argentina 案件的仲裁庭则认为国际最低标准应当被作为最低标准，即"下限"："现在转到第 2 条 2（a），本款规定：'投资在任何时候都应得到公平和平等的待遇，应享有充分的保护和安全，在任何情况下都应得到国际法所要求的待遇。'……起草的这一条款允许将公平和平等待遇和充分保护与安全解释为高于国际法所要求的标准。第三句的目的是规定一个最低限度，而不是最高限度，以避免对这些标准的解释可能低于国际法的要求。虽然这一结论是根据对这一条款的文本分析得出的，但国际法庭认为，对案件事实适用公平和平等待遇的标准并无重大意义。"[2]

涉及公正公平待遇时，Vivendi v. Argentina 案件的仲裁庭也更倾向于一个独立的标准，并没有回答究竟是"上限还是下限"的问题："仲裁庭认为没有任何可以将国际法原则与最低待遇标准等同起来的基础。第一，支持对国际法原则更广泛的解读，能够促使人们考虑比最低标准更广泛的国际法原则。第二，第 3 条的措辞要求公平公正待遇符合国际法的原则，但是，符合这些要求可以很容易地为条约的公平待遇标准规定一个最高限度或是最低限度。第三，该条款的措辞表明，人们还应该关注当代国际法原则，而不仅仅是近一个世纪前的原则。"[3]

关于国际最低标准与必要的充分保护和安全之间关系，案例中没有指明前进方向的趋势。然而，由于这个问题没有对实践产生重大影响，其重要性仍需保留。[4]

（二）对公平公正待遇的限制

公平公正待遇原则不仅是投资仲裁实践中谈论的主题，也是理论分析会涉及的主题。虽然该原则项下有许多有争议的问题，但至少在最近几十年很

---

[1] See Siemens A. G. v. The Argentine Republic, ICSID Case No. ARB/02/8, Award, January 17, 2007, at para. 291; Occidental Exploration and Production Company v. The Republic of Ecuador, LCIA Case No. UN3467, Award, July 1, 2004, at para. 192.

[2] Azurix Corp. v. The Argentine Republic, ICSID Case No. ARB/01/12, Award, July 14, 2006, at para. 361.

[3] Compañía de Aguas del Aconquija S. A. and Vivendi Universal S. A. v. The Argentine Republic, ICSID Case No. ARB/97/3, Award (II), August 20, 2007, at para. 7. 4. 7.

[4] See Guiditta Cordero Moss, Full Protection and Security, in August Reinisch eds., Standards of Investment Protection, Oxford University Press, 2008, p. 131, p. 136.

多一系列案件的产生使保护标准的适用范围更具体，因为留给仲裁庭一个没有问答的问题，即能否预设违反公平公正原则也违反了充分保护和安全要求。

因为公正公平待遇和充分保护与安全两个保护标准常常结合在一个条款〔1〕，仲裁庭有时把后者视为公平公正待遇的一部分，例如 Wena Hotels v. Egypt 案件的仲裁庭在分析这两个保护标准时并没有进行区分或是谈论二者之间的关系〔2〕，在一些案件中违反必要的充分保护与安全要求明确地被认为是违反了公平公正待遇原则。除了 Azurix v. Argentina 一案〔3〕的仲裁裁决外，Occidental v. Ecuador 案件的仲裁庭在确认违反公平公正待遇后，其声明也说明了这一点："在这一背景下，关于是否存在违反本条规定的充分保护和安全的问题变得毫无意义，因为不公平公正的待遇必然导致投资缺乏充分保护和安全。"〔4〕但是，如果条约中有两个单独的条款，这种方法就不是特别有说服力。〔5〕对此，Jan de Nul v. Egypt 的仲裁庭还强调这点："持续保护和安全的概念在这里与公平公正标准有所区别，因为它们被置于 BIT 的两项不同规定中，即使这两项保证可能重叠。"〔6〕

文义解释和体系解释导致这两个条款内容的不同。此外，不能假定在一项条约中的条款所维持的保护标准应包含另一个条款的内容。〔7〕即使这两个保护标准出现在一个条款中，这两个保护标准都有属于自己的独立意

〔1〕　例如，USA-Uruguay BIT（2005）第五条："1. 每一缔约方应根据习惯国际法给予有保障的投资待遇，包括公平和平等的待遇和充分的保护与安全。"

〔2〕　See Wena Hotels Limited v. Arab Republic of Egypt, ICSID Case No. ARB/98/4, Award, December 8, 2000, at para. 84–95.

〔3〕　Azurix Corp. v. The Argentine Republic, ICSID Case No. ARB/01/12, Award, July 14, 2006, at para. 408："法庭相信公平和公正待遇与向投资者提供充分保护和安全的义务之间的相互关系……综上所述，仲裁庭认为答辩人未能公平、公正地对待投资，认为答辩人也违反了 BIT 的充分保护和安全标准。"

〔4〕　Occidental Exploration and Production Company v. The Republic of Ecuador, LCIA Case No. UN3467, Award, July 1, 2004, at para. 187.

〔5〕　Azurix Corp. v. The Argentine Republic, ICSID Case No. ARB/01/12, Award, July 14, 2006, at para. 407："在一些双边投资条约中，公平和平等待遇和充分保护与安全似乎是一个单一标准，在另一些条约中则是单独的保护。" BIT 属于最后一类；描述对投资的保护的两个措辞依次作为第 2 条第 2 (a) 款中的不同义务："投资应始终得到公平和平等的待遇，应享有充分的保护和安全……"

〔6〕　Jan de Nul N. V. and Dredging International N. V. v. Arab Republic of Egypt, ICSID Case No. ARB/04/13, Award, November 6, 2008, at para. 269.

〔7〕　Christoph Schreuer, Full Protection and Security, Journal of International Dispute, Volume 1, 2010, p. 13："假定同一文件中分别列出的两个标准具有相同的含义，似乎不能令人信服。剥夺条约条款意义的解释是不合理的。"

义。[1]公平公正待遇条款要求东道国避免不公平和不公正的行为，充分保护与安全要求则要求东道国采取措施来保护投资。[2]后者可能需要深入的保障，例如警察保护或补救措施[3]，前者的解释往往会设置一个广泛的最低标准。[4]关于这两种保护标准之间的关系，不可能建立统一的实践，还是对案件裁决的趋势做进一步的观察。

（三）适用范围

关于充分保护和安全条款的适用范围，案例中有两个点可以被看作是一致的：一方面，承认这些是对国家和第三方的措施提供保护；另一方面，东道国应当干预任何事项以保护投资者及其投资免于攻击。[5]

首先，如果国家对投资者或投资造成损害，应承担赔偿责任。[6]除了

---

〔1〕 Christoph Schreuer, Full Protection and Security, Journal of International Dispute, Volume 1, 2010, p. 14：“从本质上讲，这两个标准的内容是可以区分的。” See Guiditta Cordero Moss, Full Protection and Security, in：August Reinisch ed. , Standards of Investment Protection, Oxford University Press, 2008, p. 131, p. 150；参见 Plama Consortium Limited v. Republic of Bulgaria, ICSID Case No. ARB/03/24, Award, August 27, 2008, at para. 184：“然而，本仲裁庭认为，虽然这些标准在某些问题上可能重叠，但它们也可以分开界定。不合理的或武断的措施，它们有时在其他投资工具中被提及，不是基于理性或事实，而是基于反复无常、偏见或个人偏好。关于歧视，它对应于平等待遇原则的消极提法。它导致人们在类似的情况下被以不同的方式对待，没有合理或正当的理由。”

〔2〕 Christoph Schreuer, Full Protection and Security, Journal of International Dispute, Volume 1, 2010, p. 14.

〔3〕 Christoph Schreuer, Full Protection and Security, Journal of International Dispute, Volume 1, 2010, p. 14：“相反，通过承担充分保护和安全的义务，东道国承诺提供一个给予安全的事实和法律框架，并采取必要措施保护投资不受私人和国家机构的不利行动。这特别需要针对影响投资的不利行动建立法律补救措施，并建立有效维护投资者权利的机制。”

〔4〕 See Ioana Tudor, The Fair and Equitable Treatment in the International Law of Foreign Investment, Oxford University Press, 2008, pp. 182-202.

〔5〕 参见以下案例 Asian Agricultural Products Limited（AAPL）v. Democratic Socialist Republic of Sri Lanka, ICSID Case No. ARB/87/3, Final Award, June 27, 1990, at para. 72；American Manufacturing & Trading, Inc. v. Republic of Zaire, ICSID Case No. ARB/93/1, Award, Febuary 21, 1997, at para. 6. 05；Wena Hotels Limited v. Arab Republic of Egypt, ICSID Case No. ARB/98/4, Award, December 8, 2000, at para. 84；Ronald S. Lauder v. The Czech Republic, UNCITRAL, Final Award, September 3, 2001, at para. 308；Rumeli Telekom A. S. and Telsim Mobil Telekomunikasyon Hizmetleri A. S. v. Republic of Kazakhstan, ICSID Case No. ARB/05/16, Award, July 29, 2008, at para. 668.

〔6〕 Biwater Gauff（Tanzania）Ltd. v. United Republic of Tanzania, ICSID Case No. ARB/05/22, Award, July 24, 2008, at para. 730：“仲裁庭也不认为，充分安全的标准仅限于一个国家未能阻止第三方采取行动，但也适用于这个国家本身的机构和代表采取的行动。” Christoph Schreuer, Full Protection and Security, Journal of International Dispute, Volume 1, 2010, pp. 1-5：“关于保护和安全的条约规定对东道国机关直接攻击投资者的人身和财产的适用是毫无疑问的。”

AAPL v. Sri Lanka 和 AMT v. Zaire（Congo）案件[1]，Parkerings v. Lithuania 案件的仲裁庭也声明了："如果国家未能防止损害、恢复以前的情况或未能惩罚造成损害的当事人，就可能出现违反充分保护和安全标准的情况。损害可以由东道国、其机构或个人承担。"[2]Eastern Sugar v. Czech Republic 一案的仲裁裁决，将东道国造成的损害单独排除在相关 BIT 中充分保护与安全条款的保护范围之外。[3]公平公正待遇应与国家行为有关。公平公正待遇与充分保护和安全待遇要求之间的界限并不能令人信服，因为国家如果对私人行为负责，就必须首先对自己的错误负责。然而，从这一点来看，Eastern Sugar v. Czech Republic 的裁决在仲裁实践中是孤立的，尽管其他许多案例在这方面仍然是一致的。此外，国家也可以对个人的行为负责。[4]迄今为止，在发生非国家行为的情况下，没有被认定为违反充分保护与安全要求。正如 Schreuer 解释的，这是对其他责任标准的声明。[5]

对投资或投资规范的攻击，首先需要跨越一个重要性阈值。关于企业管理的骚扰，例如 Eureko v. Poland 案件，仲裁庭不接受存在任何违反充分保护和安全要求的行为，但明确表示防御和预防措施当然可以是必要的，如果这个行为是重复和维护，即超过一定强度，那么违反义务可能因此确认。[6]

BIT 中可能会更明确地同意更广泛的保护措施。在一些情况下，BIT 中的

---

[1]　上述案件涉及武装冲突。Asian Agricultural Products Limited（AAPL）v. Democratic Socialist Republic of Sri Lanka，ICSID Case No. ARB/87/3，Final Award，June 27，1990，at para. 85；American Manufacturing & Trading，Inc. v. Republic of Zaire，ICSID Case No. ARB/93/1，Award，Febuary 21，1997，at para. 6.08："Zaire 没有采取任何措施来确保有关投资的保护和安全，这是违反其义务的。Zaire 有责任防止这些事件对扎伊尔有义务保护的 AMT 的投资产生不利影响的灾难性后果。"at para. 6.10："Zaire 显然没有遵守国际法所要求的最低标准。"at para. 6.11："Zaire 没有采取一切必要措施来保护和确保 AMT 在其领土内的投资的安全，毫无疑问这一事实本身就承担责任。"

[2]　Parkerings-Compagniet AS v. Republic of Lithuania，ICSID Case No. ARB/05/8，Award，September 11，2007，at para. 354.

[3]　Eastern Sugar B. V. v. The Czech Republic，SCC Case No. 088/2004，Partial Award，March 27，2007，at para. 203："仲裁庭理解 BIT 的第 3 条标准涉及国家有义务保护投资者免受第三方，在当事人援引的案件中，暴乱、叛乱分子，支持暴乱和其他对投资者的暴力，违反了国家武力的主权。"

[4]　Biwater Gauff（Tanzania）Ltd. v. United Republic of Tanzania，ICSID Case No. ARB/05/22，Award，July 24，2008，at para. 730.

[5]　Christoph Schreuer，Full Protection and Security，Journal of International Dispute，Volume 1，2010，p. 5. Schreuer 的话在仲裁裁决中也被引用，See Wena Hotels Limited v. Arab Republic of Egypt，ICSID Case No. ARB/98/4，Award，December 8，2000.

[6]　Eureko B. V. v. Poland，Ad hoc，Partial Award，August 19，2005，at para. 236.

充分保护与安全条款的保护范围在法律保护方面是具体的。〔1〕例如，Siemens v. Argentina 案件的仲裁庭在援引 1991 年阿根廷－德国 BIT 第 4 条第 1 款后，采用了更广泛的保护，其中就包括了法律保护。〔2〕但是，条约没有对保护范围作更详细的规定。同公平公正待遇原则一样，该条款的含糊性导致对其适用范围的分歧。特别是，由此产生了一个问题，全面保护和安全条款的保护范围是否也可以指非物理攻击。大多数仲裁庭都表示赞成，有些表示反对，有些则没有明确回答这个问题。例如，Plama v. Bulgarias 和 Jan de Nul v. Egypt 的仲裁庭仅表明，违反充分保护与安全待遇是不可能的，不管适用领域的确切定义是什么。〔3〕又例如，BG v. Argentina 的仲裁庭提倡一种狭义的保护范围，促进该领域的传统理解〔4〕："仲裁庭指出国际法中'保护和持续安全'和'充分保护与安全'的概念历来与投资或其投资的物理安全受到损害的情况有关。"〔5〕

其他仲裁庭没有像 BG v. Argentina 案那样激烈地捍卫这个狭义的范围。〔6〕相反，大量的仲裁庭同时发出这样一种信号，即他们基本上是不反对免于实

---

〔1〕　Germany–Argentina BIT 第 4 条。

〔2〕　See Siemens A. G. v. The Argentine Republic, ICSID Case No. ARB/02/8, Award, January 17, 2007, at para. 286–303.

〔3〕　Jan de Nul N. V. and Dredging International N. V. v. Arab Republic of Egypt, ICSID Case No. ARB/04/13, Award, November 6, 2008, at para. 271："虽然标准是在实体安全的范围内制订的，但一些仲裁庭也包括关于法律安全的保护。在这最后一方面，标准与公平和公正待遇的概念密切相关。"

〔4〕　See PSEG Global Inc. and Konya Ilgin Elektrik Üretim ve Ticaret Limited Sirketi v. Republic of Turkey, ICSID Case No. ARB/02/5, Award, January 19, 2007, at para. 258; Enron Creditors Recovery Corporation and Ponderosa Assets, L. P. v. The Argentine Republic, ICSID Case No. ARB/01/3, Award, May 22, 2007, at para. 286; BG Group Plc. v. The Argentine Republic, UNCITRAL, Final Award, December 24, 2007, at para. 324; Sempra Energy International v. The Argentine Republic, ICSID Case No. ARB/02/16, Award, September 28, 2007, at para. 323.

〔5〕　BG Group Plc. v. The Argentine Republic, UNCITRAL, Final Award, December 24, 2007, at para. 324, at para. 326："仲裁庭注意到其他仲裁庭的发现，'保护和经常安全'的标准包括适用于投资的法律框架的稳定性。通过将这些仲裁庭的标准、保护和持续安全以及公平和公正待遇联系起来，可以发现东道国有义务提供一个安全的投资环境。但是，根据上面引用的决定，仲裁庭认为偏离最初所理解的保护和经常安全的标准是不妥当的。"

〔6〕　Saluka Investments B. V. v. The Czech Republic, UNCITRAL, Partial Award, March 17, 2006, at para. 483："当外国投资受到国内冲突和人身暴力的影响时，充分保护和安全的标准基本适用。'全面安全与保护'条款并不意味着仅涵盖投资者投资的任何形式的损害，而是更具体地保护投资的实体完整性，免受使用武力的干扰。"

体攻击保护的延伸。[1]对此，也有表示担心太过宽泛的解释将导致公平公正待遇和征收之间不存在实践上的界限。[2]

大多数仲裁庭主张广泛的保护范围，部分以有效保护投资为基础，例如 Azurix v. Argentina 案："上述案件表明，充分保护与安全被理解为超出了警察所确保的保护和安全。这不仅仅是一个实体安全的问题，从一个投资者角度来说，提供投资环境的稳定安全一样重要。"[3]援引上述案件的决定后，Biwater Gauff v. Tanzania 案的仲裁庭强调了保护标准的措辞，即"充分"一词的含义："仲裁庭坚持 Azurix 案的原则，即当'保护'和'安全'的条款符合'充分'条件时，该标准的内容可以扩展到实体安全以外的其他事项。它意味着一个国家在安全的环境中保证稳定，包括物质、商业和法律环境。仲裁庭认为，将'充分安全'的概念仅局限于'安全的一个方面'是不恰当的，特别是考虑到'充分安全'一词在 BIT 中是用于保护商业和金融投资的。"[4]

Siemens v. Argentina 案的仲裁庭也进行了系统的考虑，宣布对投资概念的广泛解释与对保护的广泛理解是相辅相成的："作为一般事项，根据投资（包括有形和无形资产）的定义，仲裁庭认为提供充分保护与安全的义务比有形

---

〔1〕　例如 PSEG Global Inc. and Konya Ilgin Elektrik Üretim ve Ticaret Limited Sirketi v. Republic of Turkey, ICSID Case No. ARB/02/5, Award, January 19, 2007, at para. 258："仲裁庭注意到，这一特定标准是在人身和设施人身安全的范围内制定的，只有在特殊情况下才会与 CME 中提到的更广泛的范围相联系。在这种特殊情况下，公平和公正待遇就变得非常重要。" Enron Creditors Recovery Corporation and Ponderosa Assets, L. P. v. The Argentine Republic, ICSID Case No. ARB/01/3, Award, May 22, 2007, at para. 286："毫无疑问，从历史上看，这一特定标准是在公司官员、员工或设施的人身保护和安全的背景下制定的。仲裁庭不能排除的原则，可能会有一个更广泛的解释的情况可能是合理的，但是很难从一个导致违反公平、公正对待，甚至从某种形式的征收来区分这种情况。"

〔2〕　例如 Enron Creditors Recovery Corporation and Ponderosa Assets, L. P. v. The Argentine Republic, ICSID Case No. ARB/01/3, Award, May 22, 2007, at para. 286; Sempra Energy International v. The Argentine Republic, ICSID Case No. ARB/02/16, Award, September 28, 2007, at para. 323.

〔3〕　Azurix Corp. v. The Argentine Republic, ICSID Case No. ARB/01/12, Award, July 14, 2006, at para. 408; Ceskoslovenska Obchodni Banka, A. S. (CSOB) v. The Slovak Republic, ICSID Case No. ARB/97/4, Award, December 29, 2004, at para. 170："斯洛伐克共和国拒绝索赔委员会的要求，即索赔委员会的损失得到补偿，将使索赔委员会对其贷款得不到任何有意义的保护，从而违反斯洛伐克共和国关于让索赔委员会享受第 2 条第 2 款所述的充分保护和安全的承诺。"

〔4〕　Biwater Gauff (Tanzania) Ltd. v. United Republic of Tanzania, ICSID Case No. ARB/05/22, Award, July 24, 2008, at para. 729.

的保护和安全更为广泛。很难理解无形资产的实物安全是如何实现的。"〔1〕值得注意的是,该案仲裁庭完全可以依赖 BIT 的措辞,而 BIT 的适用范围明确延伸至投资的法律保护。〔2〕还没有其他仲裁庭对此提出的推理。这一系统的论点在仲裁实践中会发展到什么程度,还有待观察。

此外,National Grid v. Argentina〔3〕和 Vivendi v. Argentina 的仲裁庭也支持广泛的理解,Vivendi v. Argentina 的仲裁庭指出缺乏适用范围的限制:"如果 BIT 的当事方打算将义务限制在'实体干扰'方面,他们可以通过在本节中列入与此有关的词语来做到这一点。没有此类限制的话,第 5 条(1)保护的范围应该适用于按照条约的具体措施提供的,任何剥夺投资者的投资保护和充分安全的行为或措施,这种行为或措施也构成了不公平的公正待遇。"〔4〕最后,仲裁庭补充说:"因此,保护与充分安全(有时是充分保护与安全)适用超过投资者或其财产的实体安全,因为实体上没有伤害或查封也可能受到骚扰。"〔5〕

这些考虑因素最终根本没有适用到所争论的案件中,这一事实使这些观察结果显得模棱两可。今后援引的性质将表明,这一广泛保护范围的请求究竟是否具有不同的意义。例如该决定,Siag v. Egypt 案的仲裁庭也考虑到投资者期待对给予的保护达成广泛理解:"埃及的行为远远低于申请人可以合理预期的保护标准,不仅体现在允许征用发生,并且随后也未能采取措施返还申

---

〔1〕 Siemens A. G. v. The Argentine Republic, ICSID Case No. ARB/02/8, Award, January 17, 2007, at para. 303.

〔2〕 Sergei Paushok, CJSC Golden East Comp. and CJSC Vostokneftegaz Co. v. The Government of Mongolia, UNCITRAL, Award on Jurisdiction and Liability, April 28, 2011, at para. 326: "'法律保护'条款在许多 BIT 案例中被提出,有时被解释为一个独立的条款;旨在保护人身或财产不受第三方非法行为的侵害。此外,一些 BIT 只是提供了对投资的完全实物保护和安全保障。但是,在目前情况下,该条约明确规定对缔约另一方投资者的投资给予充分的法律保护。因此,没有理由把保障的保护限于仅仅是实体保护。"

〔3〕 National Grid P. L. C. v. The Argentine Republic, UNCITRAL, Award, November 3, 2008, at para. 189: "国际法庭的结论是,'保护和经常安全'一词与条约的主题事项有关,并不意味着这种保护在本质上限于对实物资产的保护和安全。"

〔4〕 Compañía de Aguas del Aconquija S. A. and Vivendi Universal S. A. v. The Argentine Republic, ICSID Case No. ARB/97/3, Award (II), August 20, 2007, at para. 7.4.15.

〔5〕 Compañía de Aguas del Aconquija S. A. and Vivendi Universal S. A. v. The Argentine Republic, ICSID Case No. ARB/97/3, Award (II), August 20, 2007, at para. 7.4.17.

请人的出资，没有遵循埃及自身法院反复认定征收是非法的判决。"[1]

一些案件已经对投资法律环境的保护是否也包括在充分保护与安全要求中进行过讨论。[2]1989 年国际法院对 ELSI 案件的判决已经支持这种保护。[3]CME v. Czech Republic 案的仲裁庭也证实了这样的保护："东道国有义务确保，不论通过其法律的修订，还是通过其行政机构的行动，对外国投资者投资已经同意和批准的保护与安全是不能撤回或减少的。"[4]

其他仲裁裁决援引了该裁决。在这种情况下，必须讨论一下 Lauder v. Czech Republic 案的裁决，因为该案件是基于与 CME v. Czech Republic 案相同的事实，却得出相反的结论。然而，关于充分保护与安全要求的范围，Lauder v. Czech Republic 仲裁庭也认为这种保护延伸到投资的法律保护。[5]只是小前提导致仲裁庭的认定结果不同于 CME v. Czech Republic 案的仲裁庭。[6]如果前一个案件的法律保护被认为是通过提供国家法院系统而实现的，后一个案件被认为国家对 CME 投资的目标立法，导致确认违反了竞购全面保护与安全。

---

　　[1]　Waguih Elie George Siag and Clorinda Vecchi v. Arab Republic of Egypt, ICSID Case No. ARB/05/15, Award, January 1, 2009, at para. 448.

　　[2]　例如，CME Czech Republic B. V. v. The Czech Republic, UNCITRAL, Partial Award, September 13, 2001; Ronald S. Lauder v. The Czech Republic, UNCITRAL, Final Award, September 3, 2001; Azurix Corp. v. The Argentine Republic, ICSID Case No. ARB/01/12, Award, July 14, 2006; Siemens A. G. v. The Argentine Republic, ICSID Case No. ARB/02/8, Award, January 17, 2007; Sergei Paushok, CJSC Golden East Comp. and CJSC Vostokneftegaz Co. v. The Government of Mongolia, UNCITRAL, Award on Jurisdiction and Liability, April 28, 2011.

　　[3]　Elettronica Sicula S. p. A. (ELSI) (U. S. v. Italy), 1989 I. C. J. 15 (July 20).

　　[4]　CME Czech Republic B. V. v. The Czech Republic, UNCITRAL, Partial Award, September 13, 2001, at para. 613.

　　[5]　Ronald S. Lauder v. The Czech Republic, UNCITRAL, Final Award, September 3, 2001, at para. 314："根据该条约，被申请人的唯一职责是保持其司法制度对索赔人及其控制的任何实体提出索赔……"。

　　[6]　从该方面来看，CME 案件关于充分保护与安全的先例效果不会必然地因为与 Lauder 案件的不同而有所限制。See Jeswald W. Salacuse, The Law of Investment Treaties, Oxford University Press, 2010, p. 213："CME 决定可以被视为一个强有力的先例，将全面保护和安全条款扩大到涵盖投资者遭受的非身体伤害。然而，它的先例力量似乎被两个因素削弱了。首先，Lauder 诉捷克共和国一案中，涉及的当事人与 CME 案件中涉及的事实相同，仲裁庭没有发现任何违反全面保护和安全条款的行为。第二，CME 仲裁庭没有提供一个对充分保护和安全历史概念的分析，不给任何明确的理由，为什么要离开历史传统解读而选择将概念扩大到涵盖非现实的行动和伤害。尽管如此，其他一些案件还是遵循了 CME 的做法。"

在 Total v. Argentina 一案中，仲裁庭还根据充分保护与安全原则将投资的法律保护包括在内："根据第 31 条 VCLT，对 BIT 第 5 条第 1 款中使用的术语进行简单的解读就会发现，第 5 条第 1 款对受保护投资者及其资产的保护不仅限于实体保护，还包括法律保护。该标准与公平公正待遇标准的明确联系支持了这一解释。这似乎与采用不同措辞 BIT 条款的仲裁庭的解释是一致的，即使不是统一的。"[1]

这些仲裁裁决总体显示出一种非常强烈的倾向，即过度保护。[2]在这方面可以建立一定共识，特别是 CME v. Czech Republic、Lauder v. Czech Republic、Biwater Gauff v. Tanzania、Siemens v. Argentina、National Grid v. Argentina、Vivendi v. Argentina 和 Siag v. Egypt 案件的裁决都被视为具有广泛保护范围的先驱。而像 Azurix v. Argentina、Occidental v. Ecuador 和 Wena v. Egypt 也对充分保护与安全要求有广泛的适用。然而，这些仲裁裁决将公平公正待遇和充分保护与安全待遇相等同或混同了。[3]到如今，BG v. Argentina 和 Saluka v. Czech Republic 案件的决定单独建立在传统基础上的狭义保护范围是孤立的。这表明习惯国际法和保护与安全条款适用之间的关系，不论是过去还是现在都存在一个基本的问题，即充分保护与安全的必要性是否需要进一步的解释取决于它是否被认为是一个独立的保护标准。[4]

---

〔1〕 Total S. A. v. The Argentine Republic, ICSID Case No. ARB/04/1, Decision on Liability, December 27, 2010, at para. 343; Ceskoslovenska Obchodni Banka, A. S. （CSOB）v. The Slovak Republic, ICSID Case No. ARB/97/4, Award, December 29, 2004, at para. 170.

〔2〕 Rudolf Dolzer, Christoph Schreuer, Principles of International Investment Law, Oxford University Press, 2012, p. 149："目前的理解超越了实体保护，延伸到担保不受东道国法律和条例的实施侵犯投资者的权利。" Christoph Schreuer, Full Protection and Security, Journal of International Dispute, Volume 1, 2010, p. 10; Jeswald W. Salacuse, The Law of Investment Treaties, Oxford University Press, 2010, p. 213, p. 217："公平和公正待遇与充分保护和安全之间的相互关系可能使充分保护和安全受到破坏，而不会造成人身暴力或损害；然而，这种趋势的力量和持久性还不清楚或确定。"

〔3〕 Azurix Corp. v. The Argentine Republic, ICSID Case No. ARB/01/12, Award, July 14, 2006, at para. 408："综上所述，仲裁庭认为被申请人未能公平及公平地对待该项投资，故认为被申请人亦违反了《投资协定》下的充分保护与安全标准。" Occidental Exploration and Production Company v. The Republic of Ecuador, LCIA Case No. UN3467, Award, July 1, 2004, 仲裁庭首先声明一个稳定的法律和经济环境是 FET 保护的重要组成部分，这必须由东道国来确保（para. 183），然后认为充分保护和安全的要求也违反了（para. 187）。最后，有义务不改变法律和经济环境（para. 191）；Wena Hotels Limited v. Arab Republic of Egypt, ICSID Case No. ARB/98/4, Award, December 8, 2000, para. 94-95, 仲裁庭认为这两种保护标准都被违反了，但不确定哪一种行为违反了各自的保护标准。

〔4〕 在 CME 案件中就被认为是独立的保护标准，而在 Saluka v. Czech Republic 案件中则不是。

（四）　责任标准

如果投资者或其投资受到损害的威胁或造成损害，东道国有义务在充分保护与安全条款的框架内采取保护和安全措施。国家不是对所有攻击外国利益都负责的。这不是一般的国家保证责任[1]，被预设的一个义务是采取必要、合理的预防措施。因此，如果这要求勤勉，国家必须启动对投资者及其投资的保护和安全的措施和投资。[2]这是一种努力，但不是具体的成功保护。[3]习惯国际法中已经确立了这一勤勉义务，并成为一些索赔委员会争论的主题。[4]由于缺乏定义清晰的义务，仲裁庭适用该义务和适用习惯国际法一样。[5]作为不确定的法律概念，勤勉义务要求具体化。

---

〔1〕　在以下案件中明确提出。See Asian Agricultural Products Limited（AAPL）v. Democratic Socialist Republic of Sri Lanka, ICSID Case No. ARB/87/3, Final Award, June 27, 1990, at para. 49; Ronald S. Lauder v. The Czech Republic, UNCITRAL, Final Award, September 3, 2001, at para. 308; AES Summit Generation Limited and AES－Tisza Erömü Kft. v. The republic of Hungary, ICSID Case No. ARB/07/22, Award, September 23, 2010, at para. 13. 3. 2; Saluka Investments B. V. v. The Czech Republic, UNCITRAL, Partial A-ward, March 17, 2006, at para. 484; Técnicas Medioambientales Tecmed, S. A. v. United Mexican States, ICSID Case No. ARB（AF）/00/2, Award, May 29, 2003, at para. 177; Noble Ventures, Inc. v. Romania, ICSID Case No. ARB/01/11, Award, October 12, 2005, at para. 163; Spyridon Roussalis v. Romania, ICSID Case No. ARB/06/1, Award, December 7, 2011, at para. 322.

〔2〕　Técnicas Medioambientales Tecmed, S. A. v. United Mexican States, ICSID Case No. ARB（AF）/00/2, Award, May 29, 2003, at para. 177: "仲裁庭同意被申请人及其所引用的判例法，即充分保护和安全的保证不是绝对的，也不对给予这种保证的国家施加严格的责任。" Noble Ventures, Inc. v. Romania, ICSID Case No. ARB/01/11, Award, October 12, 2005, at para. 164: "后者并不是一个严格的标准，但它要求国家做出应有的努力。" Wena Hotels Limited v. Arab Republic of Egypt, ICSID Case No. ARB/98/4, Award, December 8, 2000, at para. 84; Saluka Investments B. V. v. The Czech Republic, UNCITRAL, Partial Award, March 17, 2006, at para. 484; M. C. I. Power Group, L. C. and New Turbine, Inc. v. Republic of Ecuador, IC-SID Case No. ARB/03/6, Award, July 31, 2007, at para. 245; Plama Consortium Limited v. Republic of Bul-garia, ICSID Case No. ARB/03/24, Award, August 27, 2008, at para. 181; Rumeli Telekom A. S. and Telsim Mobil Telekomunikasyon Hizmetleri A. S. v. Republic of Kazakhstan, ICSID Case No. ARB/05/16, Award, July 29, 2008, at para. 668; Waguih Elie George Siag and Clorinda Vecchi v. Arab Republic of Egypt, ICSID Case No. ARB/05/15, Award, January 1, 2009, at para. 447.

〔3〕　See Christoph Schreuer, Full Protection and Security, Journal of International Dispute, Volume 1, 2010, p. 4.

〔4〕　See Helge Elisabeth Zeitler, Full Protection and Security, in Stephan Schill eds. , International In-vestment Law and Comparative Public Law, Oxford University Press, 2010, p. 183, p. 188.

〔5〕　Helge Elisabeth Zeitler, Full Protection and Security, in Stephan Schill eds. , International Investment Law and Comparative Public Law, Oxford University Press, 2010, p. 183, p. 193: "大多数仲裁员对投资条约中 FPS 条款的尽职调查标准与习惯国际法相同。"

在仲裁实践中，人们通常会考察东道国是否采取了符合"合理标准"的措施。[1] Tecmed v. Mexico 案的仲裁庭认为，申请人没有提供表明东道国没有"合理地"回应的证据。[2] Saluka v. Czech Republic 仲裁庭仅指出，东道国的行为并非"完全不合理和没有道理的"。[3] 这种方式考了东道国的国家主权，但同时也回避了哪些行为符合"合理标准"的问题。在 AAPL v. Sri Lanka 中，仲裁庭也没有冒风险去定义，但明确表示在这种情况下东道国家的失败违反了勤勉义务，因为国家没有尽一切并合理期待的可能来避免伤害："在这方面，仲裁庭注意到，如果考虑到这些措施属于政府正常行使固有权力的范围，即作为一个公共当局，有权命令不受欢迎的人离开安全敏感地区，那么没有采取这种预防措施就具有更大的意义。当公司最高执行官员在他愿意遵守政府在这方面任何要求的十天前再次确认时，失败变得特别严重。因此，仲裁庭认为被申请人通过上述不作为和疏忽违反了其应尽的勤勉义务，即要求采取一切可以合理预期的可能措施，以防止伤害和财产破坏的最终发生。"[4]

如果在 Lauder v. Czech Republic 案中，仲裁庭认为东道国的措施是"合理的"，因而拒绝违反充分保护与安全的要求，那么仲裁庭将采用与所述不同的标准。虽然仲裁庭基于同样的假设[5]，但它并没有考察国家的保护性反应，而是考察国家所采取的措施相对于其监管利益而言是否"合理"。在这方面，

---

〔1〕 例如 American Manufacturing & Trading, Inc. v. Republic of Zaire, ICSID Case No. ARB/93/1, A-ward, Febuary 21, 1997, at para. 6. 05："仲裁庭通过关注必要的措施来限制国家的评估特权。因此，Zaire 没有采取'一切必要措施，确保充分享受保护和安全'而产生责任。"

〔2〕 Técnicas Medioambientales Tecmed, S. A. v. United Mexican States, ICSID Case No. ARB（AF）/00/2, Award, May 29, 2003, at para. 177："无论如何，仲裁庭认为没有足够的证据支持墨西哥当局的指控……"。

〔3〕 Saluka Investments B. V. v. The Czech Republic, UNCITRAL, Partial Award, March 17, 2006, at para. 490："不能说捷克共和国没有为 Saluka 的投资提供充分的保护和安全。CSC 暂停上市决定背后的原因，不能说是完全出于与证券市场相关的合理担忧。IPB 股票停牌至少在监管方面是合理的。此外，股东上诉权的取消本身并不超越立法者自由裁量权的限制……根据某些合理的法律政策，不能说《捷克证券法》的修正是完全不合理和不合理的。"

〔4〕 Asian Agricultural Products Limited（AAPL）v. Democratic Socialist Republic of Sri Lanka, ICSID Case No. ARB/87/3, Final Award, June 27, 1990, at para. 85.

〔5〕 Ronald S. Lauder v. The Czech Republic, UNCITRAL, Final Award, September 3, 2001, at para. 308："仲裁庭认为，在当前情况下，条约规定各方有义务在保护外国投资方面进行合理的尽职调查。"

Lauder v. Czech Republic 的仲裁裁决以及 Saluka v. Czech Republic〔1〕案件的裁决，明显不同于其他案件。由于特殊的位置，总体来说这些相关仲裁裁决不那么重要。

　　尽管很难确定哪些行动是"合理的"，但也出现了是否必须考虑到东道国各自情况的问题。在确定一个东道国可能需要作出何种努力时，可以考虑到该国的发展程度。在 Freeman 看来，勤勉可以被理解为一个客观的最低标准，要求东道国"采取合理的预防措施"，"一个管理良好的政府可以在类似的情况下采取这些措施"。〔2〕 AAPL v. Sri Lanka 的仲裁裁决援引了 Freeman〔3〕的观点，同样 Paushok v. Mongolia 案件的仲裁庭也援引了〔4〕。根据 Freeman 的观点，国家的发展程度没有发挥作用。但另一方面早期的案件对此赋予较高的重要性。例如，1923 年对 Great Britain v. Spain 案件中，裁决者确定东道国义务的范围取决于其可能性。〔5〕因此，防御措施必须被认为是合理的。同样，在评估东道国将采取的措施时，也可以考虑到国家的现有资源，包括内部事项。

　　2009 年 Pantechniki v. Albania 案件的裁决，也是基于这样一种理解。仲裁庭区分了两类案件：实体攻击案件中适用的标准不同于法律保护问题中的。〔6〕前者可以考虑国家的发展程度〔7〕，这在后者中被排除了，因为建立和维护法

---

　　〔1〕　Saluka Investments B. V. v. The Czech Republic, UNCITRAL, Partial Award, March 17, 2006, at para. 490："CSC 作出暂停上市决定的原因，并非完全没有涉及证券市场的合理考虑。IPB 股票停牌至少在监管方面是合理的。此外，股东上诉权的取消本身并不超越立法者自由裁量权的限制。股东权利在不同的司法管辖区差异很大。捷克证券法的修正不能被某些合理的法律政策说成是完全不合理和不合理的。"

　　〔2〕　Alwyn V. Freeman, Responsibility of States for the Unlawful Acts of Their Armed Forces, A. W. Sijthoff, 1957, p. 261.

　　〔3〕　See Asian Agricultural Products Limited (AAPL) v. Democratic Socialist Republic of Sri Lanka, IC-SID Case No. ARB/87/3, Final Award, June 27, 1990, at para. 77.

　　〔4〕　See Sergei Paushok, CJSC Golden East Comp and CJSC Vostokneftegaz Co. v. The Government of Mongolia, UNCITRAL, Award on Jurisdiction and Liability, April 28, 2011, at para. 323.

　　〔5〕　See Great Britain v. Spain, Ad hoc, Spanish Zone of Morocco Claims, Report Ⅲ (1924), p. 615, p. 644.

　　〔6〕　See Pantechniki S. A. Contractors & Engineers v. Republic of Albania, ICSID Case No. ARB/07/21, Award, July 30, 2009, at para. 76.

　　〔7〕　Pantechniki S. A. Contractors & Engineers v. Republic of Albania, A-ward, July 30, 2009, at para. 77："一个法律制度及其产生的倾向是经过长期慎重选择和发展或忽视的行为的产物。鉴于法治的巨大价值，最低要求并不高。这是其一贯适用的理由。相反，保护和安全的失败很可能出现在一个不可预测的公民动乱的情况中，这种动乱本来可以由一个强大的国家随时加以

律结构功能的激励不能被摧毁。[1]一方面，在涉及实体攻击方面去考虑实际可用的资源是令人信服的，因为投资者也很清楚情况，不能指望从欠发达国家得到与高度发达国家同样的保护。[2]然而，欠发达国家不能低于最低的勤勉义务，国家最终做出了对某种保护标准的承诺。[3]另一方面，在国际习惯法中已经可以发现这种区别。[4]在这种背景下，很明显的是缓和的客观标准在案件中更有优势。[5]因此，未来可以期待仲裁庭是否能对问题进行一致的回答，特别是关于东道国发展状况将在多大程度上被考虑。

（五）评价

上述分析表明，仲裁庭在充分保护安全要求方面的观点有一定的一致

（接上页）控制，但却使一个贫穷和脆弱的国家的有限能力无法应付。对于不可预见的公共秩序崩溃，不存在激励或抑制的问题；一个政府没有在前所未有的地方为前所未有的规模空前的麻烦做好计划，这似乎很难让它承担国际责任。"

〔1〕 Pantechniki S. A. Contractors & Engineers v. Republic of Albania, ICSID Case No. ARB/07/21, Award, July 30, 2009, at para. 76: "在否认正义方面，这种比例因素没有得到普遍接受。有两个明显的原因。第一，国际责任与实体基础设施无关；各州不需要为拒绝司法公正负责，因为它们负担不起将宽敞的建筑或电脑化的信息银行置于公众的处置之下。真正重要的是人对法治的服从。进入贫穷国家的外国人没有权利认为他们会得到所有司法程序的逐字记录，但他们有权作出既不排外也不武断的决定。第二，相对论的标准将是根本没有。国际法院或法庭必须根据它们对每个国家在其发展的某一特定时刻的能力所作的评估作出特别评估。因此，国际法不会为一个国家提供改进的动力。事实上，这样做会产生相反的效果：一个将更多资源投入到司法系统的国家，可能会面临向一个更严格的类别发展的风险。"

〔2〕 Andrew Newcombe, Lluís Paradell, Law and Practice of Investment Treaties: Standards of Treatment, Kluwer Law International, 2009, p. 309: "虽然东道国必须执行一项客观的最低限度的尽职调查标准，但尽职调查的标准是东道国在有关情况下和在有关国家资源情况下的标准。这表明，尽职调查是一种经过修改的客观标准——东道国必须在其特定情况下行使东道国的尽职调查水平。在实践中，法庭可能会将国家的发展和稳定水平作为相关情况来确定是否进行了尽职调查。在一个内乱和治理不善的地区投资的投资者，不可能像在伦敦、纽约或东京投资的投资者那样，对人身安全抱有同样的期望。"

〔3〕 在相关 BIT 缺乏明确的条款规定时，仲裁庭建立了一种可能找到模仿的平衡。See American Manufacturing & Trading, Inc. v. Republic of Zaire, ICSID Case No. ARB/93/1, Award, Febuary 21, 1997, 仲裁庭对 Zaire 违反保护标准的行为表示肯定，但减少了该国当时所处的特殊情况下应支付的损害赔偿。

〔4〕 Helge Elisabeth Zeitler, Full Protection and Security, in Stephan Schill eds., International Investment Law and Comparative Public Law, Oxford University Press, 2010, pp. 183–189.

〔5〕 Andrew Newcombe, Lluís Paradell, Law and Practice of Investment Treaties: Standards of Treatment, Kluwer Law International, 2009, p. 309.

性。如果是个别方面，例如投资的法律环境是否也受到保护，存在不同的看法，这不会导致严重的前后不一致。在这些情况下由于采用了不同的保护标准，通常是公平公正待遇原则，因此解决了这种分歧。[1]例如，仲裁庭认为实体攻击是受到必要的充分保护与安全要求保护的，在非实体攻击的情况下则适用公平公正待遇原则。即使这两种保护标准之间的相互关系以及在哪种情况下适用哪一种保护标准都不够严格，实践中也不应认为这一问题产生了不确定性。这同样适用于充分保护和充分安全的要求与习惯国际法之间的关系。此外，利用不同法律制度的现行决策进行勤勉地审查和比较，可以促进高度的一致性。Zeitler 认为，全面适用一般法律原则"将有助于建立一个更加同质和可预测的投资法律秩序"。[2]因此，碎片的国际投资法不担心这些不一致，同样在充分保护和安全要求方面也是如此。

第三节　法律发展

国际投资法仍然是一个较新的法律领域，现阶段当然会带来一些相互矛盾的决定和法律上的不确定性。该领域的法律在许多方面仍然是可塑的。可以认为，新观点的创造并不完全是在个案基础上进行的。尽管 2700 多个 BIT 构成了国际投资法的基础，但这已经不是国际投资法的形状了，因为国际投资法已不再处于以条约为主的初始阶段。

虽然不同的 BIT 和多边投资协议在投资争端中扮演了重要的角色，一方面新协议对一系列实践案例做出反应，尤其是制定针对案件的相应规定[3]；

---

　　〔1〕　Andrew Newcombe, Lluís Paradell, Law and Practice of Investment Treaties: Standards of Treatment, Kluwer Law International, 2009, p. 313: "在实践中，由于大多数国际投资协定已给予公平和公平的待遇，因此，保护和安全义务是否延伸至法律保障以及监管框架的稳定性和可预见性不太可能影响案件的结果。"

　　〔2〕　Helge Elisabeth Zeitler, Full Protection and Security, in Stephan Schill eds., International Investment Law and Comparative Public Law, Oxford University Press, 2010, p. 183, p. 212.

　　〔3〕　例如 UK Model BIT 2005 第 3 条："为免生疑问，兹确认上文第（1）和（2）款规定的［最惠国］待遇应适用于本协定第 1 至 11 条的规定。"Austrian Model BIT 2008 第 3 条："每一缔约方应符合缔约另一方的投资者投资或返回治疗有利不比它协议以自己的投资者及其投资或任何第三国投资者及其投资或回报的管理、操作、维护、使用、享受，销售和清算以及争端解决他们的投资和回报，哪个更有利于投资者。"

另一方面过去 BIT 中的众多条款至少是基本一致。[1]这是问题反复出现的结果，因此，仲裁庭求助于过去的决定是可能和明显的。这一点尤其适用于投资保护标准的具体解释，因为条款中制定的保护标准是含糊不清的，因此需要管辖权进行具体规定。国际投资法的这些特点，特别是援引过去的决定，在很大程度上可能促进仲裁法的进一步发展。Commission 认为国际投资法是"倾向于判例法发展的法律体系"，这不无道理。[2]在这方面，仲裁裁决对投资法实体发展的重要性再也不容忽视。在 1993 年之前，即 ICSID 仲裁案件大爆发前，Rayfuse 已经强调了仲裁裁决的重要性："尽管它们的数量可能不会很多，但它们对国际投资的实体法律与国际仲裁程序的贡献是相当重要的。"[3]

所有投资法领域中的讨论都可以指出判理的巨大贡献。特别是，仲裁庭在个别条约之外寻求解决办法的倾向得到了表达。从方法学的观点来看，如果不解释作为基础的条约内容，而主要是参考以前的裁决，这种做法就有问题。然而，条约的条款通常是一般公式化的规定，需要这样一致的判理。只要在裁决方法中对条约具体条款的解释不失去其应有的地位，这种方法是值得欢迎的。过去的裁决既不取代相关条约和法律，也不取代对条约和法律的解释。[4]尽管缺乏等级结构，仲裁庭也可以对其他仲裁的裁决做进一步的发展，从而为法律的进一步发展真正作出贡献。

仲裁实践中形成了投资的具体概念。ICSID 仲裁庭以明确的前提条件充实了 Salini 测试的具体内容，从而超越了对 ICSID 公约第 25 条投资概念的纯粹解释。[5]在这种情况下，为了确认一项投资，对项目最短期限的具体规定将作为实践中的例子加以引用。案件对最惠国待遇原则也进行了进一步的规定。

---

〔1〕　See Antonio R. Parra, Applicable Substantive Law in ICSID Arbitrations Initiated under Investment Treaties, ICSID Review—Foreign Investment Law Journal, Volume 16, 2001, pp. 20-21: "这些条约的实质性规定基本上在形式和内容上是相似的。"

〔2〕　Jeffery P. Commission, Precedent in Investment Treaty Arbitration—A Citation Analysis of a Developing Jurisprudence, Journal of International Arbitration, Volume 24, 2007, p. 129, p. 141.

〔3〕　Rosemary Rayfuse, Reports of Cases Decided under the Convention on the Settlement of Investment Disputes between States and Nationals of Other States, ICSID Reports, Volume 1, 1993, p. 9.

〔4〕　See J. Romesh Weeramantry, The Future Role of Past Awards in Investment Arbitration, Foreign Investment Law Journal, Volume 25, 2010, p. 111, p. 124.

〔5〕　Julian Davis Mortenson, The Meaning of "Investment": ICSID's Travaux and the Domain of International Investment Law, Harvard International Law Journal, Volume 51, 2010, p. 257, p. 273: "除了增加 Schreuer 对常规利润的观察和回归分析外，这些仲裁庭还加强了对许多个别因素的审查。"

实践证明，案件是司法法律适用的推动力量。[1]作为一个相对标准的结构，该原则被设计成跨条约适用的，不但协调影响投资者的保护，而且越来越具有影响力。[2]这样，东道国赋予第三方的高水平保护可以通过最惠国条款适用。然而，在实践中也有限制性适用的案例，例如，当另外要求对仲裁的同意必须是"明确的"。[3]在充分保护与安全要求下，许多仲裁庭给予一个免于实体攻击的过度保护。在某些情况下，这种保护规定在充分保护与安全条款中。然而，大多数条款的表述方式是不能通过语法解释就保护的范围作出明确的说明。如果仲裁庭给予广泛的保护，这将在法律上以详尽无遗的方式行事。

---

〔1〕　See Pierre Duprey, Do Arbitral Awards constitute Precedents? Should Commercial Arbitration be Distinguished in this Regard from Arbitration Based on Investment Treaties?, in Emmanuel Gaillard et al. eds. , Towards a Uniform International Arbitration Law?, JurisNet, LLC and International Arbitration Institute, 2005, p. 251.

〔2〕　Stephan W. Schill, Multilateralizing Investment Treaties Through Most‐Favored‐Nation Clauses, Berkeley Journal of International Law, Volume 27, 2009, p. 496, pp. 518‐520："此外，根据最惠国条款纳入更有利的实质性权利表明，这些条款是使投资保护的实质性标准多边化和协调的工具。"

〔3〕　Plama Consortium Limited v. Republic of Bulgaria, ICSID Case No. ARB/03/24, Decision on Jurisdiction, Febuary 8, 2005, at para. 198; Wintershall Aktiengesellschaft v. The Argentine Republic, ICSID Case No. ARB/04/14, Award, December 8, 2008, at para. 167, pp. 187－189; Telenor Mobile Communications A. S. v. Republic of Hungary, ICSID Case No. ARB/04/15, Award, September 13, 2006, at para. 90; Vladimir Berschader and Moïse Berschader v. The Russian Federation, SCC Case No. 080/2004, Award, April 21, at para. 181.

上海合作组织国家所涉国际投资
仲裁的研究

　　上合组织一直走在时代前列，秉持人类命运共同体理念，弘扬"上海精神"，构建上合组织命运共同体。当今世界变乱交织，百年变局加速演进，人类社会面临前所未有的挑战。作为世界上最大的综合性地区组织，上合组织也应当肩负其使命，在欧亚地区的政治经济格局中发挥重要作用，秉持创新、协调、绿色、开放、共享的新发展理念，对接各国发展战略和区域合作倡议，促进各国经济协同联动发展。

　　在投资方面，通过对上合组织国家所涉国际投资仲裁的研究，能够更加详细地了解区域内国家存在的法律问题、面临的共同困难；通过对过去经典案例的分析，验证国际投资仲裁中事实上遵循先例的效果和影响，充分利用案例的先例价值，尝试提出解决类似问题的方案，为投资者和东道国提供指引；最终将这些经验总结用于推进上合组织区域内的投资发展，在进一步促进投资便利化的同时，结合当前 ISDS 改革，提出构建上合组织内多边国际投资争端解决机制的设想。

第一节　上海合作组织概述

　　上海合作组织（SCO）是由哈萨克斯坦共和国、中华人民共和国、吉尔吉斯共和国、俄罗斯联邦、塔吉克斯坦共和国、乌兹别克斯坦共和国于 2001 年 6 月 15 日在中国上海宣布成立的永久性政府间国际组织。[1] 宗旨是加强各

---

　　〔1〕　上海合作组织官网：https://chn.sectsco.org.

成员国之间的相互信任与睦邻友好；鼓励成员国在政治、经贸、科技、文化、教育、能源、交通、旅游、环保及其他领域的有效合作；共同致力于维护和保障地区的和平、安全与稳定；推动建立民主、公正、合理的国际政治经济新秩序。上合组织经过二十多年的努力发展，其规模在不断扩大，国际地位和影响也在不断提升。一方面在当前纷繁复杂的国际形势之下，上合组织面临着众多挑战和难题；另一方面，基于过去多年所积累的成果和经验，上合组织也能把握很多潜在机遇。

一、上海合作组织国家

截至 2024 年 10 月 26 日，上合组织国家包括九个成员国、三个观察员国和十四个对话伙伴。2023 年 7 月上合组织成员国元首理事会第二十三次会议接收伊朗为成员国，签署白俄罗斯加入上合组织义务的备忘录。

九个成员国分别是印度共和国、伊朗伊斯兰共和国、哈萨克斯坦共和国、中华人民共和国、吉尔吉斯共和国、巴基斯坦伊斯兰共和国、俄罗斯联邦、塔吉克斯坦共和国、乌兹别克斯坦共和国。

三个观察员国分别是阿富汗伊斯兰共和国、白俄罗斯共和国、蒙古国。2022 年撒马尔罕峰会启动了给予白俄罗斯成员国地位的进程，目前白俄罗斯正履行相关程序。

十四个对话伙伴分别是阿塞拜疆共和国、亚美尼亚共和国、巴林、阿拉伯埃及共和国、柬埔寨王国、卡塔尔国、科威特、马尔代夫、缅甸、尼泊尔、阿联酋、沙特阿拉伯王国、土耳其共和国、斯里兰卡民主社会主义共和国。

二、上海合作组织的发展历程

上合组织已从成立初期的实践共同体发展成为较为紧密的价值共同体与利益共同体。根据成员国的主要任务和实践成效，上合组织的发展呈现出比较清晰的阶段性特征，大体可分为初步合作、全面合作和扩大合作三个发展阶段。[1]从上合组织的发展脉络来看，成员国的共同实践推动上合组织从最初实现实体化走向务实合作，进而向高质量发展平稳前进。

---

〔1〕　参见陈亚州：《上海合作组织的区域特色与发展前景》，载《区域与全球发展》2022 年第 4 期。

（一）初步合作的发展阶段（2001～2007年）

上合组织成立初期的当务之急是提高组织的实体化和制度化水平。为此，成员国主要从理念创新、机制建设和合作方向规划等方面，稳步推进上合组织的建设。具体而言，一是确立了共同的价值与规范，为上合组织的发展奠定较为一致的思想基础。"上海精神"是地区国家在合作进程中积累的宝贵财富。作为一种国际规范，"上海精神"是对冷战思维框架下旧的地区合作理念的创新，是成员国持续合作的重要规范性力量。二是建章立制，设立基本的组织结构。在成员国和上合组织国家协调员理事会的努力下，上合组织签署了《上海合作组织宪章》，建立了定期的元首会晤机制和总理会晤机制，全面启动了地区反恐怖机构和上合组织秘书处，基本完成了上合组织—阿富汗联络组的筹建及实业家委员会的组建工作，同时启动了成员国间国际问题磋商机制。这些正式与非正式机制的成立和运转，极大地提高了上合组织的实体化水平。三是协调政策，为初步开展合作确定方向、设置合作议题。上合组织将打击"三股势力"和遏制跨国毒品贩运等列为优先任务，并完成《上海合作组织成员国关于合作打击非法贩运麻醉药品、精神药物及其前体的协议》草案的制定。尤其是成员国签署的《打击恐怖主义、分裂主义和极端主义上海公约》，是地区安全合作的法律基础。上合组织也确定了区域经济合作的主要任务在于加强成员国贸易投资便利化，批准了《上海合作组织成员国多边经贸合作纲要》及其落实措施计划、《上海合作组织银行间合作（联合体）协议》等。在人文领域，成员国提出了交流与合作的初步意向。由此可见，上合组织利用第一个五年时间，将自身建设成了一个具有较高实体性与广泛影响力的地区组织，为成员国开展全面合作提供了理念、机制和法律方面的基本保障。

（二）全面合作的发展阶段（2007～2017年）

在完成基本的组织建设后，从2007年开始，上合组织将发展重心转移至地区合作，这一阶段一直持续到2017年。进入全面合作阶段后，为实现可持续发展，上合组织不断凝聚成员国政治与战略共识。2007年，《上海合作组织成员国长期睦邻友好合作条约》签署，正式确立了成员国世代友好的相处理念。截至2017年12月底，上合组织已完成了该条约2013～2017年的实施纲要。截至2013年12月底，中国与俄罗斯、乌兹别克斯坦、哈萨克斯坦、吉尔吉斯斯坦、塔吉克斯坦五国均建立了战略伙伴关系，意味着中国与上合组织成员国的关系实现了区域性整体升级。上合组织的安全合作注重战略性与阶段性的有机统一，成员国通过不同层级的安全合作，日益成为一个安全共同体。打击恐怖主义、分裂主义和极端主义的合作纲要，是上合组织安全合作的阶段性规划。

2007～2017 年，以三年为一个周期，上合组织已完成了三个合作纲要的实施进程。通过创新安全合作理念、举行联合军事演习、扩大安全化范围、构筑安全合作法律和机制体系，上合组织有效维护了地区安全和稳定。2007年以来，上合组织的经贸合作进程加快。"2015 年，中国同其他成员国贸易总额，是上海合作组织成立之初的 7 倍。上海合作组织不断加强利益融合，形成了你中有我、我中有你的利益共同体。"[1]除此之外，上合组织还始终致力于扩大与观察员国和对话伙伴国之间的利益交融格局。同时，成员国多彩多样的人文交流与合作，增进了不同文明、不同群体之间的互学互鉴，为上合组织的发展奠定了较为广泛的社会基础。整体来看，2007～2017 年，上合组织成为当代国际体系中颇具影响力的行为体，其发展更加突出战略性、综合性和均衡性。

（三）扩大合作的发展阶段（2017 年至今）

2017 年的顺利扩员，使上合组织进入扩大合作的发展阶段。在 2017 年阿斯塔纳峰会上，上合组织实现了成立以来的首次扩员，印度和巴基斯坦被授予成员国地位。这对于提升上合组织的发展潜力，进一步激励上合组织与观察员国、对话伙伴国之间的合作具有重要作用。印度和巴基斯坦的加入，使成员国的领土总面积超过欧亚大陆的 60%，人口占世界近一半，国内生产总值占全球的 20% 以上。以扩员为契机，上合组织致力于构建广泛、开放、互利、共赢、平等的地区合作空间，促进地区合作向高质量、立体化发展。2019 年 11 月，成员国批准了新版《上海合作组织成员国多边经贸合作纲要》，成为 2020～2035 年推动区域经济合作的重要纲领性文件。新纲要以五年为一个实施周期，分为三个阶段，旨在加强成员国间的互联互通，构建互利

---

〔1〕《习近平在上海合作组织成员国元首理事会第十六次会议上的讲话（全文）》，载《新华网》，http://www.xinhuanet.com/politics/2016-06/241c_1119108815.htm，最后访问时间：2016 年 6 月 24 日。

共赢的新发展格局，以及培育创新合作的新动能。[1]以该文件为行动指南，上合组织在促进贸易便利化、推进"一带一路"建设同欧亚经济联盟对接、扩大成员国地方合作及加强技术创新合作等方面，均取得了显著成效。

2019年7月，中国批准通过了中国—上合组织地方经贸合作示范区，在区域多边贸易的规则和制度创新方面，为探索建立上合组织自贸区提供了试验场。不过，自2020年以来，上合组织的区域合作在一定程度上受到新冠肺炎疫情的影响。为应对疫情冲击，成员国守望相助、稳步探索跨国疫情防控的地区合作模式，在建立应对流行病威胁的协调理事会、制定共同行动计划方面迈出了实质性步伐。[2]为了抗击新冠肺炎疫情，上合组织也与欧洲安全与合作组织等机构和组织保持定期的交流与合作，力图将疫情的负面影响降至最低。

值得注意的是，2022年9月，撒马尔罕峰会成功举办，上合组织迎来新一轮最大规模扩员：接收伊朗为成员国，支持启动白俄罗斯加入程序，批准埃及、沙特、卡塔尔为对话伙伴国，同意巴林、马尔代夫、阿联酋、科威特、缅甸为新的对话伙伴。2023年7月，上合组织成员国元首理事会第二十三次会议接收伊朗为成员国，签署白俄罗斯加入上合组织义务的备忘录。算上伊朗，上合组织成员总面积为约3600万平方公里，约为亚欧大陆总面积的3/5；人口约34亿，约为世界总人口的43%；GDP总额占全球24%。总体来看，扩员后，上合组织更加注重政治、安全、经济和人文交流与合作各领域之间的平衡发展，更加注重促进形成透明、公正的多边贸易规则和制度。

过去二十余年，成员国较为成功的共同实践提高了上合组织的实体化和制度化水平，使上合组织成为维护地区安全与促进地区经济合作的可靠力量，也成为参与欧亚地区治理的重要行为体。主要原因在于：上合组织的地区实践能够不断顺应国际风云变化与地区发展大势，能够沉着应对地区发展过程中出现的风险挑战，及时回应成员国的共同利益诉求。上合组织成为冷战后发展中国家独立自主探索地区合作的典范。

---

〔1〕 参见肖斌：《解析新版〈上合组织成员国多边经贸合作纲要〉》，载《世界知识》2019年第23期。

〔2〕 参见《上海合作组织成员国元首理事会关于共同应对新冠肺炎疫情的声明》，载中华人民共和国外交部网：https://www.fmprc.gov.cn/web/ziliao_674904/1179_674909/202011/t20201110_9869240.shtml.

三、上海合作组织区域经济合作面临新挑战

上合组织成立以来，区域经济合作便是上合组织合作框架下的主要内容，与安全合作一同成为推动上合组织向前发展的两翼。[1]经过二十多年的发展，区域经济合作在制度保障、贸易投资、贸易便利化以及平台建设等方面取得了重要突破，促进了区域经济发展水平的整体提升。然而，俄乌冲突发生后，受地区安全形势动荡和区域发展进程剧烈调整的影响，上合组织内外部环境不可避免地发生深刻变化，区域内经济合作面临多重挑战。[2]

（一）宏观投资环境恶化

俄罗斯作为上合组织的重要主导国以及中亚成员国最重要的贸易伙伴，因冲突和大规模经济制裁而面临一系列经济和安全风险，波及上合组织区域经济合作。首先，俄罗斯经济衰退对中亚成员国经济发展造成冲击。据俄罗斯联邦国家统计局数据，2022年俄罗斯GDP下降2.1%。[3]对俄依赖较深的哈萨克斯坦和塔吉克斯坦等国均遭受了风险外溢的持续影响。[4]据世界银行2023年1月发布的《全球经济前景报告》，受俄乌冲突战事延续和多重风险外溢影响，2022年欧亚地区经济增长放缓至0.2%，多数国家在2022年的经济增长几乎减半。[5]上合组织区域经济合作将面临成员国内部发展动力不足的问题。其次，一些国家对俄制裁的连带效应对区域内贸易投资合作造成消极影响。由于俄罗斯经济衰退，购买力下降，2022年1-7月，中国对俄出口

---

〔1〕　参见须同凯：《稳步推进上海合作组织区域经济合作》，载《中国经贸》2008年第1期。

〔2〕　参见陈小鼎、罗润：《俄乌冲突背景下上合组织区域经济合作——新形势与新思路》，载《国际展望》2023年第3期。

〔3〕　参见《俄罗斯经济2022年萎缩2.1%》，载http://world. people. com. cn/n1/2023/0221/c1002-32628167. html，最后访问时间：2023年9月20日。

〔4〕　哈萨克斯坦作为中亚地区的重要经济增长极，受俄罗斯经济崩溃溢出效应影响，坚戈贬值近17%；塔吉克斯坦由于高度依赖与俄罗斯的进出口贸易和侨汇收入，经济面临下行风险，参见World Bank Group, "War in the Region: Europe and Central Asia Economic Update, Spring 2022", 载https://open-knowledge. worldbank. org/handle/10986/37268，最后访问时间：2023年9月20日。

〔5〕　See World Bank Group, "Global Economic Prospects", 载https://openknowledge. worldbank. org/bitstream/handle/10986/38030/GEP-January-2023. pdf，最后访问时间：2023年9月20日。

只同比增长 5.2%[1]。同时，中俄两国在高科技产业领域的贸易往来以及在北极地区的能源开发合作已受到西方对俄制裁的连带影响，在油气资源贸易领域的合作也因金融制裁而随时面临风险。[2]

（二）地缘政治风险上升

俄乌冲突发生后，地区安全形势严峻，区域经济合作面临地缘对抗带来的风险。当前，上合组织区域内的部分贸易通道已受到影响。俄乌冲突发生后，中欧班列欧洲业务大幅萎缩，严重时货运量同比下降 50%。[3]目前中欧班列运行状况虽有所恢复，但由于国际局势和俄乌冲突的不确定性仍然存在，依旧面临生产企业供应链不稳定、货量浮动和物流成本攀升等影响。[4]同时，中亚成员国之间原来存在的一些矛盾有所激化。2022 年 9 月，吉塔两国边境爆发严重冲突，甚至持续至上合组织撒马尔罕峰会期间。正在推进中的中国—中亚天然气管道 D 线项目以及中吉乌铁路建设也因此面临一定隐患。其他成员间同样存在着或隐或现的冲突性因素，很可能受到俄乌冲突的影响而有所恶化。当前，上合组织区域经济合作在内部利益协调上的难度有所增强。此外，美国试图借助俄乌冲突加强针对上合组织、"一带一路"及"大欧亚伙伴关系"等由中、俄主导的合作行动，地区合作框架正面临更加激烈的地缘政治竞争。在愈演愈烈的地缘政治对抗下，各国参与多边框架的战略回旋空间正在收缩。随着成员国在中、美、俄间平衡难度的持续加大，上合组织区域经济合作的发展空间面临受到挤压的风险。

（三）外部力量干扰加剧

俄乌冲突发生后，俄罗斯主导的欧亚一体化进程受到重创，对相关国家

---

[1] 参见《1—7 月中俄贸易额同比增长 29%》，载 http://ru. mofcom. gov. cn/article/jmxw/202208/20220803340505. shtml，最后访问时间：2023 年 9 月 20 日。

[2] 巴殿君等：《"俄乌冲突与东北亚地区政治经济形势新变化"笔谈》，载《东北亚论坛》2022 年第 4 期。

[3] 参见《俄乌冲突下中欧班列的机遇与挑战》，载 http://www. landbridge. com/wenku/2022-07-12/110822. html，最后访问时间：2023 年 9 月 20 日。

[4] 马拉舍维奇货运站位于波兰和白俄罗斯的交界处，是中欧班列各线进入欧洲的重要分拨枢纽点和铁路换装点，受俄乌危机影响，2022 年 5 月份，该货运站集装箱及货物堆放比 2 月减少了约 50%。由于担心连带制裁和其他风险，多数公司已将途经俄罗斯的中欧班列货物运输改道哈萨克斯坦、阿塞拜疆、格鲁吉亚和土耳其线路，在巴库转道里海航运。

的影响力减弱，其他国际势力开始加速对中亚成员国的渗透。上合组织区域经济合作本来就因美、欧、日等外部力量在中亚的介入，使成员国"注意力"分散而受困于区域内多层次经济合作机制的交叉牵制〔1〕，当下这一问题更显突出。〔2〕与此同时，俄乌冲突发生后土耳其趁势推进其欧亚战略，哈萨克斯坦、吉尔吉斯斯坦、乌兹别克斯坦、土库曼斯坦和阿塞拜疆参与了土倡导建立的特定背景的国家组织，并表现出对推动这些国家合作进程的参与热情。这些地区组织的项目议程虽规模有限，但无疑将进一步分散成员国的"注意力"，会对上合组织区域经济合作产生一定的稀释作用。印度作为新成员国，对上合组织则缺乏足够认同，加之美国近年来极力拉拢印度，强化对华遏制，进一步阻碍了上合组织区域一体化的发展进程。2022年撒马尔罕峰会期间，印度是唯一没有参与签署上合组织在维护能源、粮食以及供应链安全领域三份核心文件的成员国。俄乌冲突发生后，欧亚地区形势进入调整期，其他国际势力对成员国的拉拢和分化有所加剧，上合组织区域经济合作面临更加严峻的形势。

四、上海合作组织区域经济合作看到新机遇

俄乌冲突发生后，欧亚地区局势及部分上合组织成员国遭到一定冲击，全球能源市场以及大国关系也在经历一系列变动和调整，上合组织区域经济合作面临现实挑战。但同时，也正是在全球能源贸易格局的剧烈变动和欧亚地区形势的深刻调整中，上合组织区域经济合作的比较优势和战略空间正在扩大。上合组织在应对全球能源危机以及产业链、供应链危机方面显现了重

---

〔1〕 参见韩璐：《深化上海合作组织经济合作：机遇、障碍与努力方向》，载《国际问题研究》2018年第3期。

〔2〕 2022年3月，乌兹别克斯坦作为首个呼吁俄罗斯停止"入侵行为"的中亚国家，正式启动实施"欧盟和乌兹别克斯坦2021-2027年扩大合作指导纲要"。2022年4月15日，日本外相林芳正与中亚五国外长举行视频会议，强调日本要与中亚继续合作。2022年5月14日，美国国际开发署（US-AID）宣布正式启动扩大与中亚国家间贸易合作。2022年6月举办东方经济论坛期间，哈萨克斯坦表示有意加强与欧美的能源贸易合作，甚至计划与欧洲建立新的能源通道。参见《欧盟和乌兹别克斯坦启动实施2021-2027年扩大合作指导纲要》，载 http://uz.mofcom.gov.cn/article/jmxw/202203/20220303284804.shtml，最后访问时间：2023年9月20日；"The 8th Foreign Ministers' Meeting of the 'Central Asia Plus Japan' Dialogue（Online）"，载 https://www.mofa.go.jp/press/release/press4e_003115.html，最后访问时间：2023年9月20日。

要优势，内生发展动力进一步增强，并彰显了"上海精神"在推动互利共赢、开放包容的多边合作方面的强大吸引力。上合组织在资源潜能、市场空间、成员战略协调和机制效能等方面也看到了新的发展机遇。

（一）优势潜能再度激活

能源和交通两大领域一直是上合组织区域经济合作的重点，也是比较优势所在。当前，世界能源危机加剧，同时全球能源贸易格局和地缘政治经济格局也在深刻调整。在俄罗斯能源贸易东转和区域产业链、供应链加速重组的趋势下，上合组织能源贸易合作的活跃度上升，成员国在强化区域基础设施"硬联通"方面的积极性进一步增强。

2022 年 9 月，俄罗斯宣布无限期停止对欧天然气供应，俄欧关系跌至冰点，这势必加快俄东向能源贸易的整体布局。中、印等上合组织成员国中的能源消费大国已成为俄东向能源贸易的主要合作伙伴，2022 年上半年，俄罗斯对中、印能源贸易额的快速增长体现了这一趋势。[1]同时，上合组织区域内的能源运输通道建设也开始加速布局。撒马尔罕峰会期间，中、蒙、俄元首会晤就"积极推进中俄天然气管道过境蒙古铺设项目"达成共识。[2]中国——中亚天然气管道 D 线建设也在中国与相关国家领导人的多次会晤中逐步加快进程。[3]面对日益复杂的国际能源安全形势，保障能源安全在国家发展战略中的地位不断上升，上合组织能源合作将在维护区域能源安全上发挥重要

---

〔1〕 2022 年前 7 个月，俄罗斯经"西伯利亚力量"管道对中国出口天然气同比增长近 60.9%，第三次刷新历史记录；2022 年 5 月，中国从俄罗斯进口的原油达到 842 万吨，同比增加 55%；参见《俄媒：俄"西伯利亚力量"天然气管道对华输气量大增》，载 http://intl. ce. cn/qqss/202208/02/t20220802_37926278. shtml，最后访问时间：2023 年 9 月 20 日。发生以来，印度从俄罗斯进口的原油从 2 月的每天 10 万桶增加到 4 月的每天 37 万桶、5 月的每天 87 万桶，到 12 月增长至每日 120 万桶，相较于一年前的进口量增长了 33 倍。根据大宗高品数据公司 kpler 统计，截至 2022 年，印度已消耗近 6000 万桶俄罗斯石油，而 2021 年全年仅为 1200 万桶。参见："India, China growing markefs for shunned Russian oil"，载 https：//www. insights-global. com/india-china-grawing-mafkets for shunned-russian-oil/.
〔2〕 参见《习近平出席中俄蒙元首第六次会晤》，载 https://www. mfa. gov. cn/web/gjhdq_676201/gj_676203/yz_676205/1206_676740/xgxw_676746/202209/t20220916_10766746. shtml，最后访问时间：2023 年 9 月 20 日。
〔3〕 参见《"中国+中亚五国"外长会晤联合声明（摘要）》，载 http://www. scio. gov. cn/31773/35507/htws35512/Document/1725244/1725244. htm，最后访问时间：2023 年 9 月 20 日；丁晓星：《中国中亚合作对地区至关重要》，载 http://www. chinareform. org. cn/2022/0916/36703. shtml，最后访问时间：2023 年 9 月 20 日。

作用。鉴于能源贸易涉及上合组织区域经济合作的诸多方面，能源基础设施、能源技术以及能源金融等领域合作的相继展开将进一步促进区域经济的整体发展。[1]

　　在区域基础设施"硬联通"方面，全球产业链、供应链的区域化重组为上合组织区域互联互通建设提供了重要契机。提升互联互通水平，保障区域内的产业链、供应链安全稳定已成为成员国重要共识。《上海合作组织成员国元首理事会撒马尔罕宣言》正式提出加强中亚与南亚的互联互通建设[2]，旨在进一步发掘上合组织区域联通的巨大潜能。目前，乌兹别克斯坦已开始规划连接巴基斯坦、乌兹别克斯坦和阿富汗的铁路干线（马扎里沙里夫—喀布尔—白沙瓦铁路）；[3]哈萨克斯坦与中国的第三条跨境铁路建设也已提上日程。[4]作为上合组织的观察员国，蒙古自2019年以来投资实施了多个铁路修建项目，进一步完善了上合组织区域内煤炭和金属等大宗商品的内陆贸易网络。[5]塔温陶勒盖—宗巴彦铁路已于2021年竣工；宗巴彦—杭吉铁路于2022年底建成通车，为蒙中两国开辟铁路运输新通道奠定了基础。[6]2023年3月下旬，蒙古已为解决塔旺陶拉盖—嘎顺苏海图铁路与中国铁路的连接点问题启动准备工作[7]，上合组织区域的空间整合度正在逐步提高。随着"硬联通"的加速推进，上合组织区域经济合作在能源合作政策、区域贸易规则以及互联互通技术标准方面的"软联通"也有望得到进一步提升。

　　（二）市场空间和规模进一步扩大

　　俄乌冲突发生后，东西方力量间的地缘对抗不断加剧，但全球再区域化

---

　　[1]　See Kuangran Li, Wei Shen, "Does SCO Need its Own Energy Charter Treaty? From the Perspective of Chinese BITs", The Journal of World Energy Law and Business, Vol. 15, No. 2. , 2022, pp. 114-135.

　　[2]　参见《上海合作组织成员国元首理事会撒马尔罕宣言》，载 https://www. fmprc. gov. cn/zyxw/202209/t20220917_10767328. shtml，最后访问时间：2023年9月20日。

　　[3]　参见《乌兹别克斯坦和巴基斯坦加快推进跨境铁路建设》，载 http://uz. mofcom. gov. cn/jmxw/art/20232f5f2f5f9b2f4ad7b4fba23ab3ccc45h. html，最后访问时间：2023年9月20日。

　　[4]　参见《哈萨克斯坦驻华大使：哈中将建第三条边境铁路》，载 https://www. ccpit. org/kazakh-stan/a/20220708/20220708d6r2. html，最后访问时间：2023年9月20日。

　　[5]　参见《2022年蒙古将实施总投资约6-7亿美元的4个铁路修建项目》，载 http://www. sohu. com/a/510711797_120404645，最后访问时间：2023年9月20日。

　　[6]　参见《蒙古国宗巴彦—杭吉铁路建成通车》，载 http://world. people. com. cn/n1/2022/1125/c1002-32574722. html，最后访问时间：2023年9月20日。

　　[7]　See Lkhagvadulam. I: "Prepare for the Completion of the Mongolian-Chinese Railway Connection Point", 载 https://montsame. mn/cn/read/315030，最后访问时间：2023年9月20日。

进程有所强化。面对美国不断鼓动其同盟国家推动国际社会走向阵营化和集团化的分裂态势，上合组织始终积极践行真正的多边主义，不断显现强大的吸引力，更多成员的加入拓展了上合组织区域经济合作的空间。

2022 年撒马尔罕峰会期间，上合组织批准伊朗成为正式成员国，同时启动白俄罗斯加入上合组织成员国的正式程序，并批准埃及、沙特、卡塔尔成为对话伙伴国，同意巴林、马尔代夫、阿联酋、科威特、缅甸为新的对话伙伴国，成为上合组织历史上扩员规模最大，出席领导人最多的一次峰会。新成员的加入将促使上合组织的合作区域延伸覆盖至东北亚、东南亚、中亚、南亚、西亚地区，也意味着将有超过地球陆地面积四分之一、人口总数三分之一的区域参与到上合组织区域经济合作中。[1]伴随成员国数量的增多和消费体量的增加，上合组织将拥有巨大的市场和消费人口。这一方面意味着上合组织推动建立包容、开放和多边合作的地区经济秩序将拥有更大影响力和更强话语权；另一方面更多成员的加入也意味着更多优势资源的汇聚，从而为上合组织区域经济合作带来更多新的可能。

（三）战略协作不断加强

在俄罗斯与西方矛盾全面激化，欧亚地区力量博弈复杂化的趋势下，中国、俄罗斯及中亚国家作为推动上合组织发展的重要力量，在欧亚区域合作中的战略协作不断加强，将巩固上合组织区域经济合作的政治基础。

乌克兰危机爆发后，为拓展外交回旋空间、巩固大国地位，俄罗斯将目光转向非西方世界。在非西方世界中，中国和印度是俄罗斯亟需加强战略合作的两个重要对象。俄罗斯与中印合作，不仅能助其突破西方的战略围堵、防止腹背受敌，更为重要的是，中印对俄罗斯来说具有很强的经济互补性，如吸纳能力强、市场潜力大，是俄罗斯打破西方制裁、摆脱经济困境的希望所在。因而，中印俄共处的上合组织也被俄罗斯视为挣脱旧有国际秩序束缚的可依托多边平台。上合组织对外倡导建立多极世界和国际关系民主化，致力于建立公正合理的国际政治经济新秩序，在一定程度上与俄罗斯的外交目标不谋而合。由此，俄罗斯积极推动上合组织做大做强，将其作为缓解制裁压力、摆脱经济困境和构建新国际体系的希望之一。

---

[1] 参见王四海、周筠松：《上合国家经济合作前景广阔》，载 https://theory.gmw.cn/2022-09/19/content_36032955.htm.

对于中亚国家而言，面对欧亚地区日趋激烈的大国博弈，深化与中国的全面合作既可以分享中国发展红利，加强国家能力建设，还可以避免因过多接触西方而面临俄罗斯方面的压力。2022年撒马尔罕峰会期间，习近平主席开启疫情后的首次出访，首站就选择了哈萨克斯坦，并同时访问乌兹别克斯坦。撒马尔罕峰会是近年来中国同时与中亚国家签署联合声明密集度最高的一次，全面深化了中国与中亚国家在政治、经济、安全和人文方面的互信与合作。中亚国家不仅是上合组织的创始成员国，也是上合组织区域经济合作的关键区域，中国与中亚国家战略协调力度的提升和成果的扩大符合上合组织的根本利益。

（四）　机制效能逐步释放

当前，国际地缘竞争持续升级，上合组织面临的外部压力增强，内部利益协调也更趋复杂化。面对这一形势，上合组织区域经济合作倡导开放、互利、包容、共享的机制理念与模式，为成员国对外发展合作提供了有效选项，并最大限度地团结和融合了各方力量，使区域经济合作在彰显开放理念、强化制度认同方面的机制效能进一步释放。

俄乌冲突爆发以来，欧亚地区的整体格局加速重构，正在向基于地缘政治零和博弈这一冷战思维的"集团政治""小圈子外交"模式回归，制度竞争和制度对抗成为新的场域。[1]对上合组织而言，坚决反对通过集团化、意识形态化和对抗性思维解决国际和地区问题，推动构建相互尊重、公平正义、合作共赢的新型国际关系是始终坚持遵循的原则和宗旨，以"互信、互利、平等、协商，尊重多样文明，谋求共同发展"为核心的"上海精神"则更加明确倡导摒弃冷战思维，建立非对抗性国际关系。上合组织区域经济合作所秉持的互利共赢、开放合作的理念无疑更有助于在当前形势下强化上合组织开放、包容、互惠、共赢的发展观，彰显"上海精神"的价值理念，进一步巩固和深化上合组织作为综合性区域多边合作平台的职能定位。同时，区域经济合作的理念模式也为协调内部利益提供了有力抓手。撒马尔罕峰会期间，新、老成员国均对上合组织区域经济合作充满期待。各成员国为保障地区发展和稳定，围绕能源安全、粮食安全、供应链多元稳定和气候变化问题等领域签署四项相关声明，达成重大成果。在新形势下，强化区域经济合作已成

---

〔1〕　参见冯玉军等：《我国周边地区安全态势正在发生何种变化》，载《世界知识》2022年第8期。

为上合组织成员国应对外部地缘压力和增强内部认同的重要支撑。

第二节　上海合作组织国家所涉国际投资仲裁案件的具体分析

通过联合国贸易和发展会议（UNCTAD）有关投资的数据库[1]、IA Reporter 数据库[2]和 ISLG 数据库[3]的查询，作者整理了以下上合组织内有关国际投资仲裁案件的数据，并形成最终的表格。这些案件既包括以条约为基础的国际投资仲裁案件，也包括以合同为基础的国际投资仲裁案件，还有一些案件以国内法作为国际投资仲裁的依据。所有数据整理的截止时间为 2023 年 9 月 20 日。

总的来说，案件被分成了两大类：一是上合组织内九个成员国、三个观察员国和十四个对话伙伴各自所涉及的国际投资仲裁案件（以下简称上合组织国家各自所涉国际投资仲裁案件）；二是上合组织二十六个国家之间发生的国际投资仲裁案件（以下简称上合组织国家之间所涉国际投资仲裁案件），具体包括成员国与成员国、成员国与观察员国、成员国与对话伙伴、对话伙伴与对话伙伴之间的投资者－东道国投资争端。

一、上海合作组织国家各自所涉国际投资仲裁案件的分析

在具体展开分析之前，需要先说明两点：

一是国家在上合组织的地位问题。根据 2022 年 9 月撒马尔罕峰会和 2023 年 7 月上合组织成员国元首理事会第二十三次会议的有关决定和声明，本书在统计案件数据的时候，将伊朗纳入上合组织成员国；虽然白俄罗斯已经签署成员国的备忘录，但截至 2023 年 9 月 20 日还未被正式批准，因此暂且将其纳入上合组织观察员国进行统计。

二是上合组织和"一带一路"倡议之间的关系。前文在讨论上合组织面

---

〔1〕 参见联合国贸易和发展会议（UNCTAD），载 https://investmentpolicy. unctad. org/investment-dispute-settlement？ id=33，最后访问时间：2023 年 9 月 20 日。

〔2〕 See Investment Arbitration Reporter，载 https://www-iareporter-com. proxygt-law. wrlc. org/arbitration-cases/，最后访问时间：2023 年 9 月 20 日。

〔3〕 See Investor-State LawGuide，载 https://app-investorstatelawguide-com. proxygt-law. wrlc. org/Dashboard，最后访问时间：2023 年 9 月 20 日。

临的挑战与机遇时在这个问题上有稍作停留，但本书对此并不展开具体分析。表格中备注印度是上合组织国家内唯一一个没有和中国签订共建"一带一路"合作文件的国家，因为印度在亚洲地区发展中的重要作用，印度所涉国际投资仲裁案件的数量和质量都是有一定意义的。鉴于当前错综复杂的国际关系和速度放缓的经济发展，印度对上合组织的态度和作用都是不可忽视的。

（一）案件梳理表5-1

通过上述数据库的查询和整理，本书梳理了上合组织国家各自所涉国际投资仲裁案件，汇总在表5-1中。

表 5-1

	作为东道国的案件数量	作为投资者母国的案件数量	总计	备注
九个成员国				
俄罗斯 Russian Federation	28	30	58	
印度 India	35	11	46	唯一未签订共建"一带一路"合作文件
哈萨克斯坦 Kazakhstan	29	9	38	
中国 China	10	22	32	
吉尔吉斯斯坦 Kyrgyzstan	27	4	31	
巴基斯坦 Pakistan	16	0	16	
乌兹别克斯坦 Uzbekistan	12	1	13	
伊朗 Iran	1	6	7	
塔吉克斯坦 Tajikistan	2	0	2	
三个观察员国				
蒙古 Mongolia	9	0	9	
白俄罗斯 Belarus	5	1	6	启动了被赋予成员国地位的程序

续表

	作为东道国的案件数量	作为投资者母国的案件数量	总计	备注
阿富汗 Afghanistan	1	1	2	
十四个对话伙伴				
土耳其 Turkey/Türkiye	20	53	73	
埃及 Egypt	54	11	65	
阿联酋 United Arab Emirates	7	13	20	
科威特 Kuwait	7	10	17	
沙特阿拉伯 Saudi Arabia	11	6	17	
卡塔尔 Qatar	5	10	15	
阿塞拜疆 Azerbaijan	9	1	10	
亚美尼亚 Armenia	7	0	7	
巴林 Bahrain	5	1	6	
马尔代夫 Maldives	6	0	6	
斯里兰卡 Sri Lanka	5	0	5	
柬埔寨 Cambodia	2	0	2	
尼泊尔 Nepal	1	0	1	
缅甸 Myanmar	1	0	1	

（二）案件梳理表 5-1 分析

从表 5-1 可以发现，在上合组织成员国内，所涉国际投资仲裁案件数量最多的五个国家分别为俄罗斯（58 个）、印度（46 个）、哈萨克斯坦（38个）、中国（32 个）、吉尔吉斯斯坦（31 个）。从经济贸易的角度来推测，这四个国家的经济发展较为活跃，尤其是有较多的外商投资数量，既涉及吸引的外国资本，也有去海外的投资。俄罗斯是上合组织内所涉国际投资仲裁最多的国家——多达 58 个案件，其作为东道国的案件数量和作为投资者母国的案件数量十分接近，在俄乌冲突大背景下，俄乌之间有许多国际投资仲裁案件发生。尤其是俄罗斯作为东道国的案件，从 2015 年开始，有 11 个案件是乌克兰投资者发起的。印度在 46 个案件中，超过 70% 的案件是作为东道国，值得注意的是近几年有一部分案件与信息通信相关，还可能涉及国家信息数据安全。这些案件很多仍在审理过程中，并且有关信息大多都不公开。不过，与此类似的是 2012 年俄罗斯和塞浦路斯的投资者对印度提起的投资仲裁[1]，有关 2G 通信技术的投资纠纷，国家/基本安全的辩论在双方论点中占有很大比重。该案件涉及上合组织两个成员国——俄罗斯和印度，下文将会展开具体分析。哈萨克斯坦以总数 38 个案件位于第三位，其中一个非常明显的特点是其作为东道国的案件数量远远高于作为投资者母国的案件数量，超过总数的 70%。中国和吉尔吉斯斯坦所涉案件数量相近，分别是 32 个和 31 个，但是中国作为投资者母国的案件数量超过总数的 60%，而吉尔吉斯斯坦则是作为东道国的案件数量超过总数的 80%。整体来看，中国投资者在海外的投资体量较大，对于投资利益的保护有较多需求；吉尔吉斯斯坦则面临与外国投资者的许多投资纠纷，本国国民在海外投资方面数量较少。巴基斯坦（16个）和乌兹别克斯坦（13 个）所涉案件数量也较为接近，总数量和前面五个成员国相比有明显的下降，同时作为东道国的案件数量比例高得尤为突出。一方面，印证了前五个成员国相较于其他四个成员国，其经济发展、投资活跃度相对较高；另一方面，也侧面体现了成员国在不同程度和方面都面临与外国投资者的争端。最后两个成员国分别是伊朗（7 个）和塔吉克斯坦（2个），案件数量就更少了。值得注意的是，伊朗作为投资者母国的两个案件在不同程度上涉及了经济制裁，特别是与另一个上合组织对话伙伴——巴林之间的案件，直接触及因遵循经济制裁而采取的措施是否违反国际投资条约的义务。该案的法律分析也会在下文具体展开。

上合组织目前一共有三个观察国，分别是蒙古（9 个）、白俄罗斯（6个）、阿富汗（2 个）。案件数量整体都很少，作为投资者母国的案件更是稀少，这与国家的经济发展水平有关，其进出的外国直接投资数量较少。其中，白俄罗斯已启动成员国程序，目前签订了上合组织成员国的备忘录。

上合组织对话伙伴数量较多，一共有十四个国家。位居前五位的分别是

---

[1] See Maxim Naumchenko, Andrey Poluektov and Tenoch Holdings Limited v. The Republic of India, PCA Case No. 2013-23.

土耳其（73个）、埃及（65个）、阿联酋（20个）、科威特（17个）、沙特阿拉伯（17个）。非常值得关注的是土耳其和埃及，其案件数量远超过位于成员国第一位的俄罗斯（58个）。特别是土耳其，70%以上的案件是作为投资者母国的，也就是说土耳其有一定体量的海外投资，并且也有维护海外投资利益的需求。从侧面体现土耳其的欧亚战略在投资方面的活动和往来，整体较为活跃。哈萨克斯坦、吉尔吉斯斯坦、乌兹别克斯坦、土库曼斯坦和阿塞拜疆参与了土耳其倡导建立的特定背景的国家组织，这些地区组织的项目议程虽然规模有限，但也会在一定程度上影响上合组织区域经济合作。埃及所涉案件总数也很高，但80%以上的案件是作为东道国，一方面可以看到埃及也有吸引一些外资，另一方面也体现了外国投资者与东道国之间存在较多的争端。因此，虽然土耳其和埃及只是上合组织对话伙伴，但它们与其他上合组织成员国之间的区域经济合作也值得关注，增加与上合组织对话伙伴的活动和合作，也有助于上合组织的整体发展和前进。

　　总的来说，上合组织的国际地位和影响力在不断提升，上合组织扩员进程不会停止。伊朗于2005年成为上合组织观察员国。2008年，伊朗开始申请成为上合组织成员国。2023年7月4日上合组织成员国元首理事会第二十三次会议决定，正式接收伊朗为上合组织成员国。白俄罗斯于2010年成为上合组织对话伙伴国，2015年成为观察员国。在当前复杂的国际局势下，白俄罗斯越来越展现出对成为上合组织正式成员国的期待。2022年7月，白俄罗斯递交加入上合组织的申请，同年9月，关于接收白俄罗斯为成员国的程序文件在上合组织撒马尔罕峰会上正式启动。2023年2月9日，总统卢卡申科批准了关于白俄罗斯获得上合组织成员国地位义务的备忘录草案。伊朗的加入和未来白俄罗斯的加入进程将有利于增进成员国之间的互信、团结，维护地区安全、稳定。为拓展和深化上合组织经贸、交通运输、投资、旅游、能源、教育、科学、文化以及其他共同感兴趣的各领域合作，创造新的可能。

　　上合组织秘书长张明在接受媒体群访时表示，近年来，上合组织的影响力和国际地位在不断提升，尽管国际形势变幻莫测，面临着很多的挑战，但是上合组织的影响力在提升，它的一个重要体现就是很多地区、国家对上合组织产生兴趣，提出希望加入"上合大家庭"。[1]毫无疑问，这表明了一个事实，即上合组织长期以来所奉行的宗旨和准则，在国际社会得到了广泛认可，这也是上合组织影响力提升的根本原因。期待上合组织在未来能够达成经济贸易投资协定，加强区域经济合作，推动成员国之间的往来和协作，加强经贸投资安全与稳定。

二、上海合作组织国家之间所涉国际投资案件的分析

表5-2、表5-3和表5-4整理的是发生在上合组织国家之间的国际投资仲裁案件，具体涉及成员国与成员国、成员国与观察员国、成员国与对话伙伴、对话伙伴与对话伙伴之间的投资者-东道国投资争端。这些案件的基本信息已经具体整理成表格，放入本书附件一、附件二、附件三中。"附件一：上海合作组织国家之间投资仲裁案件梳理表"按照国别进行分类，简单梳理了案件。"附件二：上海合作组织国家之间投资仲裁案件汇总表"则具体将上述案件的名称、提起仲裁的时间、投资情况、案情概述、仲裁规则、仲裁机构、违法的义务等案件基本信息进行了整理。"附件三：上海合作组织成员国间投资仲裁案件汇总表"是单独将发生在上合组织成员国之间的案件进行了整理。

（一）案件梳理表5-2及其分析

表5-2整理的是发生在成员国与其他上合组织国家之间的国际投资仲裁案，分成成员国、观察员国、对话伙伴三类，按照案件数量从大到小进行排序；同时，计算了国家所涉与上合组织国家之间案件占其案件总数的比例。

表5-2

	作为东道国的案件数量/总数	占比	作为投资者母国的案件数量/总数	占比	总计数量
九个成员国					
哈萨克斯坦 Kazakhstan	4/29	14%	5/9	56%	9
俄罗斯 Russian Federation	0/28	0	9/30	30%	9

---

[1] 参见《伊朗正式成为上合组织第9个成员国，秘书长张明：上合扩员进程不会停止》，载 https://www.thepaper.cn/newsDetail_forward_23728788，最后访问时间：2023年9月20日。

	作为东道国的案件数量/总数	占比	作为投资者母国的案件数量/总数	占比	总计数量
吉尔吉斯斯坦 Kyrgyzstan	8/27	30%	0/4	0	8
乌兹别克斯坦 Uzbekistan	6/12	50%	1/1	100%	7
巴基斯坦 Pakistan	6/16	38%	0/0	0	6
伊朗 Iran	1/1	100%	4/6	67%	5
印度 India	3/35	9%	1/11	9%	4
中国 China	0/10	0	3/22	14%	3
塔吉克斯坦 Tajikistan	0/2	0	0/0	0	0
三个观察员国					
蒙古 Mongolia	2/9	22%	0/0	0	2
白俄罗斯 Belarus	2/5	40%	0/1	0	2
阿富汗 Afghanistan	1/1	100%	0/1	0	0
十四个对话伙伴					
土耳其 Turkey/Türkiye	1/20	5%	20/53	38%	21
埃及 Egypt	12/54	22%	2/11	18%	14
科威特 Kuwait	3/7	43%	6/10	60%	9
沙特阿拉伯 Saudi Arabia	7/11	64%	2/6	33%	9
阿联酋 United Arab Emirates	2/7	29%	6/13	46%	8
卡塔尔 Qatar	0/5	0	7/10	70%	7
巴林 Bahrain	3/5	60%	1/1	100%	4
阿塞拜疆 Azerbaijan	4/9	44%	0/1	0	4
亚美尼亚 Armenia	1/7	14%	0/0	0	1
柬埔寨 Cambodia	1/2	50%	0/0	0	1
斯里兰卡 Sri Lanka	0/5	0	0/0	0	0

	作为东道国的案件数量/总数	占比	作为投资者母国的案件数量/总数	占比	总计数量
尼泊尔 Nepal	0/1	0	0/0	0	0
缅甸 Myanmar	0/1	0	0/0	0	0
马尔代夫 Maldives	0/6	0	0/0	0	0

　　根据表5-2，发生在成员国与其他上合组织国家之间的国际投资仲裁案件，总体来说，数量都不多。位居前五位的分别是哈萨克斯坦（9个）、俄罗斯（9个）、吉尔吉斯斯坦（8个）、乌兹别克斯坦（7个）、巴基斯坦（6个）。像印度（4个）和中国（3个）这样经济发展快速、投资活跃的国家，案件数量却很少。具体来看，哈萨克斯坦分别作为东道国和投资者母国的案件数量十分平衡，俄罗斯则是9个案件全是作为投资者母国的案件，吉尔吉斯斯坦、乌兹别克斯坦和巴基斯坦清一色几乎都是作为东道国的案件。细细想来，这种现象是比较符合现实情况的。印度、中国是投资活跃的国家，但是与上合组织国家之间的往来，肯定远不如其他几个成员国密切。俄罗斯、哈萨克斯坦在上合组织国家中经济发展水平相对较好，因此有一定数量的海外投资需要维护；吉尔吉斯斯坦、乌兹别克斯坦、巴基斯坦在上合组织国家中作为接收外国投资的一方较多，因此几乎都是以东道国的身份出现在案件中。

　　发生在观察员国与其他上合组织国家之间的案件数量更加少。有趣的是，发生在对话伙伴与其他上合组织国家之间的案件数量却特别多，位居前五位的分别是土耳其（21个）、埃及（14个）、科威特（9个）、沙特阿拉伯（9个）、阿联酋（8个）。因此，上合组织在加强成员国之间的全面合作之外，也应当关注和重视与对话伙伴之间的联系与交流。尤其是土耳其，正如上文所述，土耳其的欧亚战略，伴随着区域经济合作，项目是有限的，在一定程度上会影响上合组织国家的亲密度。土耳其作为投资者母国与其他上合组织国家之间的案件数量有20个，结合其投资体量和积极展开推动区域国际组织的行动，土耳其在上合组织国家内的影响是需要密切关注的。

　　需要说明的是，表5-2中的占比是指，该上合组织国家与其他上合组织国家之间发生的国际投资仲裁案件占该国家所涉案件总数的比例。以哈萨克斯坦为例，当哈萨克斯坦作为东道国时，与其他上合组织国家的投资者发生的国际投资仲裁案件数量为 4 个，而哈萨克斯坦作为东道国时，与其他任何外国投资者发生的国际投资仲裁案件为 29 个，这个占比大约为 14%。由于案件数量较少，考虑因素单一，这个比例用来衡量该国和其他上合组织国家之间来往投资的情况，显然是很粗糙，但可以在一定程度上侧面印证现有的观点。例如，从经济发展程度来说，印度和中国在吸引外资和开展海外投资方面的体量是很大的，因此自身所涉国际投资仲裁的总数是不小的；这两国是在全球范围内开展投资和吸引外资，并不是集中于上合组织国家，因此涉及与上合组织国家之间的案件数量却是占比很小的。当然，另一方面也需要考虑到，解决争端机制本身的差异，国际投资仲裁并不是唯一的解决方式，同时可能也是因为启动该程序的成本过高抑或是缺乏相关便利机制，最终呈现出来的案件数量是比较少的。

（二）案件梳理表 5-3 及其分析

表 5-3 则将上述案件，即发生在成员国与其他上合组织国家之间的国际投资仲裁案，完全按照案件数量从大到小，统一进行排序；同时，详细地标注各个案件所涉及的国家。

表 5-3

	作为东道国的案件	数量	作为投资者母国的案件	数量	成员国案件数	总计数量
土耳其 Turkey/Türkiye 对话伙伴	与科威特的投资者	1	与阿联酋 与埃及 与吉尔吉斯斯坦 与伊朗 与沙特阿拉伯 （2 起案件） 与阿塞拜疆 （2 起案件） 与巴基斯坦 （4 起案件） 与哈萨克斯坦 （4 起案件） 乌兹别克斯坦 （4 起案件）	20	14	21

	作为东道国的案件	数量	作为投资者母国的案件	数量	成员国案件数	总计数量
埃及 Egypt 对话伙伴	与沙特的投资者 与俄罗斯的投资者 与土耳其的投资者 与巴林的投资者 与卡塔尔的投资者 （2 起案件） 与科威特的投资者 （3 起案件） 与沙特的投资者 （3 起案件）	12	与科威特 （2 起案件）	2	1	14
哈萨克斯坦 Kazakhstan 成员国	与土耳其的投资者 （4 起案件）	4	与乌兹别克斯坦 与吉尔吉斯斯坦 （4 起案件）	5	5	9
俄罗斯 Russian Federation 成员国	/	0	与印度 与蒙古 与埃及 与科威特 与乌兹别克斯坦 与吉尔吉斯斯坦 （2 起案件） 与白俄罗斯 （2 起案件）	9	4	9
科威特 Kuwait 对话伙伴	与俄罗斯的投资者 与埃及的投资者 （2 起案件）	3	与土耳其 与巴基斯坦 与阿富汗 与埃及 （3 起案件）	6	2	9
沙特阿拉伯 Saudi Arabia 对话伙伴	与印度的投资者 与中国的投资者 与土耳其的投资者 （2 起案件） 与卡塔尔的投资者 （3 起案件）	7	与埃及 与巴基斯坦	2	3	9

续表

	作为东道国的案件	数量	作为投资者母国的案件	数量	成员国案件数	总计数量
吉尔吉斯斯坦 Kyrgyzstan 成员国	与土耳其的投资者 与乌兹别克斯坦的投资者 与哈萨克斯坦、塞舌尔、丹麦的投资者 与俄罗斯的投资者 （2起案件） 与哈萨克斯坦的投资者 （3起案件）	8	/	0	7	8
阿联酋 United Arab Emirates 对话伙伴	与卡塔尔的投资者 与土耳其的投资者	2	与亚美尼亚 与印度（2起案件） 与埃及（3起案件）	6	2	8
乌兹别克斯坦 Uzbekistan 成员国	与哈萨克斯坦的投资者 与俄罗斯的投资者 与土耳其的投资者 （4起案件）	6	与吉尔吉斯斯坦	1	3	7
卡塔尔 Qatar 对话伙伴	/	0	与巴林 与阿联酋 与埃及（2起案件） 与沙特（3起案件）	7	0	7
巴基斯坦 Pakistan 成员国	与沙特的投资者 与科威特的投资者 与土耳其的投资者 （4起案件）	6	/	0	0	6
伊朗 Iran 成员国	与土耳其的投资者	1	与阿塞拜疆 （2起案件） 与巴林 （2起案件）	4	0	5
印度 India 成员国	与俄罗斯、塞浦路斯的投资者 与阿联酋的投资者 （2起案件）	3	与沙特	1	1	4

	作为东道国的案件	数量	作为投资者母国的案件	数量	成员国案件数	总计数量
巴林 Bahrain 对话伙伴	与巴林的投资者 与卡塔尔的投资者 （2起案件）	3	与埃及	1	0	4
阿塞拜疆 Azerbaijan 对话伙伴	与伊朗的投资者 （2起案件） 与土耳其的投资者 （2起案件）	4	/	0	2	4
中国 China 成员国	/	0	与蒙古 与柬埔寨 与沙特	3	0	3
蒙古 Mongolia 观察员国	与俄罗斯的投资者 与中国的投资者	2	/	0	2	2
白俄罗斯 Belarus 观察员国	与俄罗斯的投资者 （2起案件）	2	/	0	2	2
阿富汗 Afghanistan 观察员国	与科威特的投资者	1	/	0	0	1
亚美尼亚 Armenia 对话伙伴	与阿联酋的投资者	1	/	0	0	1
柬埔寨 Cambodia 对话伙伴	与中国的投资者	1	/	0	1	1
斯里兰卡 Sri Lanka 对话伙伴	/	0	/	0	0	0
塔吉克斯坦 Tajikistan 成员国	/	0	/	0	0	0

	作为东道国的案件	数量	作为投资者母国的案件	数量	成员国案件数	总计数量
马尔代夫 Maldives 对话伙伴	/	0	/	0	0	0
尼泊尔 Nepal 对话伙伴	/	0	/	0	0	0
缅甸 Myanmar 对话伙伴	/	0	/	0	0	0

表5-3将上合组织二十六个国家，包括九个成员国、三个观察员国、十四个对话伙伴，这些国家之间发生的国际投资仲裁案件，进行统一整理排序。关注案件数量的同时，突出国别，可以更为直接地反映出上合组织国家之间在投资争端上的联系度，侧面体现国家之间的投资情况。毫无疑问，土耳其所涉案件数量最多，21个案件中有20个是作为投资者母国的身份，在这20个案件中，又有14个案件与成员国有关，这再次强调土耳其通过投资加强与上合组织国家之间的联系、与成员国有一定的密切度以及土耳其可能对上合组织成员国之间关系带来的"稀释"。数量位居第二位的是埃及，14个案件中有12个是作为东道国的身份，只有1个案件与成员国有关，其余都涉及对话伙伴。哈萨克斯坦（9个）和俄罗斯（9个）的案件数量分别位居第三位和第四位。其中，哈萨克斯坦作为投资者母国的5个案件全都是和上合组织成员国之间的纠纷，俄罗斯9个案件全都是以投资者母国的身份出现，其中4个案件与上合组织成员国有关。由此可见，哈萨克斯和俄罗斯在上合组织国家以及成员国之间都有一定的密切联系。科威特（9个）、沙特阿拉伯（9个）作为上合组织对话伙伴在案件数量方面与哈萨克斯坦、俄罗斯是一样的，但是与成员国之间的案件就比较少，只有两三个案件。排序第七位的是吉尔吉斯斯坦（8个），其中7个案件都发生在上合组织成员国之间。排序第八位的是阿联酋（8个），其中2个案件与成员国有关。第九位的是乌兹别克斯坦（7个），其中3个案件与成员国有关。后面几个国家的案件数量逐步减少，

与成员国有关的案件则更加少了。巴基斯坦、伊朗、印度、中国的案件数量不多，虽然本身是成员国，但与其他成员国之间的案件却很少。

（三）案件梳理表 5-4 及其分析

表 5-4 梳理的是上合组织成员国之间发生的国际投资仲裁案件，一共有 10 个案件。

表 5-4

序号	时间	案件名称	东道国	投资者母国
1	2011 年	BTA Bank v. Kyrgyzstan	吉尔吉斯斯坦	哈萨克斯坦
2	2013 年	OKKV v. Kyrgyzstan	吉尔吉斯斯坦	哈萨克斯坦
3	2013 年	Kim and others v. Uzbekistan	乌兹别克斯坦	哈萨克斯坦
4	2013 年	Consolidated Exploration v. Kyrgyzstan	吉尔吉斯斯坦	哈萨克斯坦（塞舌尔）（丹麦）
5	2019 年	Kazakh National Center v. Kyrgyzstan	吉尔吉斯斯坦	哈萨克斯坦
6	2012 年	Naumchenko and others v. India	印度	俄罗斯（塞浦路斯）
7	2012 年	Nadel v. Kyrgyzstan	吉尔吉斯斯坦	俄罗斯（美国）
8	2012 年	Mobile TeleSystems OJSC v. Uzbekistan	乌兹别克斯坦	俄罗斯
9	2018 年	RusHydro v. Kyrgyzstan	吉尔吉斯斯坦	俄罗斯
10	2016 年	JSC Tashkent and others v. Kyrgyzstan	吉尔吉斯斯坦	乌兹别克斯坦

从表 5-4 可以发现，在这些案件中，作为投资者母国出现的成员国分别是哈萨克斯坦（5 个）、俄罗斯（4 个）、乌兹别克斯坦（1 个），作为东道国出现的成员国分别是吉尔吉斯斯坦（7 个）、乌兹别克斯坦（2 个）、印度（1 个）。需要注意的是 Naumchenko and others v. India 和 Nadel v. Kyrgyzstan 案件，俄罗斯是其中一方投资者的母国，还有另一个非上合组织国家是其他投资者的母国。总体来说，发生在上合组织成员国之间的案件数量不多，中国、伊朗、巴基斯坦作为成员国没有和其他成员国之间发生过案件。

回顾这十个案件，除了 Mobile TeleSystems OJSC v. Uzbekistan 案件是投资者依赖乌兹别克斯坦国内投资法提起仲裁和提供投资保护[1]，其他九个案件都是基于条约提起的仲裁，OKKV v. Kyrgyzstan 案件是基于《独联体保护投资者权利公约》（CIS Investor Rights Convention）、Consolidated Exploration v. Kyrgyzstan 案件是基于吉尔吉斯斯坦－哈萨克斯坦 BIT 和《独联体保护投资者权利公约》（CIS Investor Rights Convention）、RusHydro v. Kyrgyzstan 案件是基于《欧亚经济联盟条约》（Treaty on the Eurasian Economic Union）和《欧亚投资协定》（Eurasian Investment Agreement），剩下 6 个案件都是基于国家之间的双边投资条约。

在仲裁规则和仲裁机构的选择上，只有 Kim and others v. Uzbekistan 这一个案件是通过国际投资争端解决中心（ICSID）及其仲裁规则解决的。4 个案件选择了海牙常设仲裁法院（Permanent Court of Arbitration，以下简称 PCA）并适用了《贸易法委员会仲裁规则》（United Nations Commission on International Trade Law，以下简称 UNCTIRAL 仲裁规则），3 个案件选择了国际投资争端解决中心（ICSID）及其《附加便利仲裁规则》（ICSID Additional Facility，以下简称 ICSIDAF），OKKV v. Kyrgyzstan 案件选择了莫斯科工商会仲裁院（MCCI）及其仲裁规则，Nadel v. Kyrgyzstan 案件是唯一的临时仲裁，适用了 UNCTIRAL 仲裁规则。

第三节　上海合作组织国家所涉国际投资仲裁中的重要法律问题

通过对上合组织国家所涉国际投资仲裁案件中有关国家安全、腐败问题和经济制裁等重要法律问题的分析，一方面再次求证了文章前四章所讨论的国际投资仲裁中事实上遵循先例的情况，另一方面仔细地剖析这些涉及重要法律问题的经典案例，利用这些案件的先例价值，为投资者或东道国的未来计划和实施方案提供重要的启示和指导。

一、国家安全

近十年来，国家安全议题频频出现于各国投资政策和立法之中，特别是发达国家的外资政策中出现大量的国家安全政策和审查，国家安全影响信息、

---

〔1〕　乌兹别克斯坦则坚持认为当地投资法不为外国投资者提供国际仲裁的管辖立足点。该案件很多信息并未公开，尚不清楚具体情况。

通信、医药、基础设施等各个行业，成为外资审查政策的万金油。当前科学技术快速发展，世界利益格局极速变化，地缘政治经济角逐激烈，新型国家安全挑战频现，但是国际社会尚缺乏对国家安全的广泛共识。同时，国际经济规则中出现了国家安全泛化主义的迹象，国家安全措施普遍出现于经贸领域。国家安全概念具有的不确定性导致国家安全沦为国家间较量的工具百宝箱。多元性的安全因素介入国际经济规则，导致国际经济规则的利益基础发生变形，出现国际经济规则多中心主义或者法律主义弱化，法律主义被现实主义取代，政治外交抬头，国际法治削弱。[1]在地缘经济背景下，国家安全虽然具有法律化的外观，但内核却是政治问题，国家安全规则的政治属性无从改变，这也是国际投资条约中安全例外条款增多的现实背景。[2]

网络数字安全则是近几年许多国家重点关注的新领域。随着网络、通信、科技等全面发展和相互影响，国家安全很大一部分已体现在网络数字上。尤其是电信通信技术领域，很多国家越来越重视外资进入的安全审查。印度从2012年开始就发生了一系列针对外资进入通信建设的投资争端[3]，中国在全球5G的建设一直备受多方阻碍，这些纠纷中的东道国便主要是以国家安全为由进行抗辩。

（一）Naumchenko and others v. India 案件

案件的申请人是一个项目的发起人，该项目旨在为印度的多个地区提供蜂窝式电信2G服务。2006年印度外国投资促进委员会（FIPB）批准该企业后，向印度电信部（DoT）提出了许可证申请。又过了两年，电信部才发出所谓的意向书，这是发放许可证的前提条件。申请人抱怨说，这些拖延是毫无根据和任意的，而印度则坚持认为需要进行安全审查，而且是因为项目发起人缺乏充分的坦诚，使事情变得复杂。发起人的当地公司 ByCell 接受了意

---

〔1〕　参见沈伟：《国际投资协定中的安全例外条款：全球趋势与中国实践》，载《比较法研究》2022 年第 6 期。

〔2〕　参见杨云霞：《当代霸权国家经济安全泛化及中国的应对》，载《马克思主义研究》2021 年第 3 期。

〔3〕　例如，2020 年提起仲裁的 Maxis and Global Communications v. India 案件，目前能查询到的信息很少，该争端涉及对当地电信公司的投资。Investment Arbitration Reporter，载 https://www-iareporter-com. proxygt-law. wrlc. org/articles/identity-of-arbitrators-hearing-under-the-radar-arbitration-against-india-is-revealed/，最后访问时间：2023 年 9 月 20 日。

向书中规定的条款，支付了许可费，然后开始了电信服务的推广工作。与此同时，对发起人的进一步审查仍在幕后进行，包括印度内政部（MHA）的调查，该部有权出于国家安全原因持续审查此类投资。最终，内政部决定反对 ByCell 公司的许可证申请，而 FIPB 很快通知 ByCell 公司，其投资批准将被撤销。ByCell 公司试图向德里高等法院挑战即将失去的许可证。然而，德里高等法院拒绝对这些决定进行审查，当局也没有改变其立场。同时，各方在回答当局提出的关于发起人、其附属机构、资金来源等问题时交换了进一步信息。俄罗斯投资者 Maxim Naumchenko 和 Andrey Polouektov 以及在塞浦路斯注册的公司 Tenoch Holdings Ltd 一起于 2013 年提出仲裁请求，依据的是塞浦路斯–印度双边投资条约以及印度–俄罗斯双边投资条约。

仲裁庭于 2019 年作出了裁决[1]，裁决内容没有公开。通过 IARepoter 和 UNCTAD 投资政策中心相关数据库查询，仲裁庭驳回了所有对印度的索赔。根据 IARepoter 有关报道，国家安全问题在东道国和投资者的辩论中占了很大比例[2]，仲裁庭在关键问题上仍然存在分歧，即印度是否可以成功地依赖俄罗斯–印度双边投资条约的基本安全利益（essential security interests）条款（BIT 第 3 条第 3 款），以避免其撤回先前授予申请人对电信企业投资有关的安全许可的责任。[3] 三位仲裁员都认为 BIT 第 3 条第 3 款的基本担保条款不是自裁性（self-judging）条款，从而为仲裁庭就受到质疑的措施的必要性发表意见打开了大门。然而，只有仲裁员 Sepulveda 先生和仲裁员 Stern 女士作为多数认为，经仲裁庭审查，印度对申请人的待遇涉及的措施，被认为是"维护其基本安全利益所必需的"，因此，排除了双边投资条约实质性条款的任何潜在适用。仲裁员 Brower 先生则提出了一个非常不同的观点：印度在仲裁中提出"基本安全"抗辩是迟来的，并且是"恶意"努力为当局的拖延和虐待辩护，因此仲裁员 Brower 先生拒绝印度想要援用双边投资条约第 3 条第 3 款。

---

〔1〕 See Maxim Naumchenko, Andrey Poluektov and Tenoch Holdings Limited v. The Republic of India, PCA Case No. 2013-23, Award dated July 2019.

〔2〕 See Investment Arbitration Reporter, https://www-iareporter-com. proxygt-law. wrlc. org/articles/investigation-latest-developments-in-the-six-pending-bit-arbitrations-against-india-and-in-other-threatened-disputes/，最后访问时间：2023 年 9 月 20 日。

〔3〕 See Investment Arbitration Reporter, https://www-iareporter-com. proxygt-law. wrlc. org/articles/investigation-in-still-confidential-tenoch-v-india-award-brower-and-stern-fall-out-over-availability-of-national-security-defence-to-justify-measures-taken-against-russian-investors/，最后访问时间：2023 年 9 月 20 日。

由于该裁决内容没有公开，不清楚其中具体的说理论证，但是根据过往投资仲裁的实践，安全例外条款的援引和适用虽然可以帮助免除国家的违约责任，却很大程度上取决于条款的规定和仲裁庭对条约的解释，总体上仍然处于比较混乱的状态。

（二）Huawei v. Sweden 案件

与此类似的是 Huawei v. Sweden 案件[1]。2020 年 7 月 14 日，英国宣布禁止华为公司参与英国的 5G 网络建设，并要求从 2021 年开始英国境内所有移动服务提供商均不得购买华为公司的 5G 设备。2020 年 10 月 25 日，瑞典电信监管机构邮政和电信管理局（PTS）以瑞典情报部门提出的安全问题为由，禁止瑞典 5G 运营商采用华为公司和中兴公司的设备。华为公司于同年 11 月向当地法院提起行政诉讼，法院一审支持了华为公司的请求，但二审法院则维持了对华为公司的禁令。斯德哥尔摩行政法院在 2021 年 6 月的终审裁决中也维持了二审意见。[2]

2020 年 1 月 21 日，华为公司根据 1982 年《中华人民共和国政府和瑞典王国政府关于相互保护投资的协定》向国际投资争端解决中心提请仲裁。2022 年 6 月 8 日，该案组建了仲裁庭。本案是中国企业首次根据中外双边投资协定针对外国经济制裁措施提起的投资仲裁程序，具有示范意义。近年来，许多西方国家如加拿大、英国、捷克、德国、澳大利亚等都试图对包括华为公司、中兴公司等在内的中国高科技企业实施市场准入等方面的限制。中国与上述这些国家大都签订了双边投资协定或自由贸易协定。根据这些协定，东道国都有义务为投资者提供国民待遇和最惠国待遇。值得注意的是，中国与瑞典签订的双边投资协定中并没有规定国家安全例外条款，瑞典将很难援用"实质性安全利益"这一防御武器进行抗辩，这对华为公司而言是较为有利的。

这是华为公司首次针对外国政府限制华为作为外国投资者开展运营的措施提起仲裁。但是，华为还可能会在几个潜在案件中成为参与者，因为它目前涉及与多个国家之间的纠纷：2021 年，罗马尼亚通过了一项"反华为法"，有效地禁止华为参与其 5G 网络的推出，该法律引发了对华为根据中国-罗马尼亚双边投资条约提出潜在仲裁索赔的猜测；2019 年，华为向捷克共和国发

---

[1] See Huawei Technologies Co., Ltd. v. Kingdom of Sweden, ICSID Case No. ARB/22/2.

[2] 参见杜涛：《国际经济制裁法律问题研究》，法律出版社 2023 年版，第 111~112 页。

出了一封要提起投资仲裁程序的信函，因为捷克政府机构声称华为的技术和设备构成安全威胁；还有类似的政府措施导致了华为与澳大利亚、加拿大和新西兰之间的纠纷。[1]如果华为在与瑞典之间的投资仲裁中成功维护自己的权利，相信后续也会针对上述纠纷提起相应的仲裁。

值得注意的是，近年来签订的中外双边投资协定中，很多都取消了国家安全例外条款。例如，原1991年《中华人民共和国政府与捷克和斯洛伐克联邦共和国关于促进和相互保护投资协定》附加议定书中规定："关于协定第三条第二款的规定，缔约任何一方，根据有关法律和法规，为了公共秩序、国家安全或国民经济正常发展的优先顺序，在实际需要时，给予缔约另一方投资者的差别待遇，不应视为低于缔约一方投资者所享受的待遇。"而2005年《中华人民共和国和捷克共和国关于促进和保护投资协定》取消了原议定书中的上述条款。中国近年来与一些国家签署的自由贸易协定也没有专门的安全例外条款，而是引入了《关税与贸易总协定》第21条。例如，《中国—澳大利亚自由贸易协定》第16章第3条规定："《1994年关税与贸易总协定》第21条和《服务贸易总协定》第14条之二经必要修正后纳入本协定，构成本协定的一部分。"同时，中国与澳大利亚1988年签订的《双边投资保护协定》继续有效，该协定中不包含任何安全例外条款。

二、腐败问题

腐败是阻碍人类社会发展的顽疾之一。相比其他国际经济活动，国际投资面临更多的东道国政府管制措施，因而成为跨国腐败的重灾区。近几年，国际投资仲裁中的腐败问题也是大家关注的重点。上合组织成员国乌兹别克斯坦涉及几个有关腐败问题的案件，仲裁庭对该问题的处理有相似的地方，也存在一定出入，对未来投资者处理该问题有借鉴意义。

（一）Kim and others v. Uzbekistan 案件

Visor集团是哈萨克斯坦一家著名的私募基金，其合伙人根据哈萨克斯坦–乌兹别克斯坦 BIT，对乌兹别克斯坦提出了 5 亿美元的仲裁索赔。

---

〔1〕 See Investment Arbitration Reporter，载 https://www–iareporter–com. proxygt–law. wrlc. org/articles/chinas–huawei–lodges–icsid–arbitration–against–sweden–over–5g–ban/，最后访问时间：2023 年 9 月 20 日。

Vladislav Kim，Pavel Borissov，Aibar Burkitbayev 等申请人于 2013 年 4 月 24 日在位于华盛顿的国际投资争端解决中心（ICSID）登记了他们的索赔。索赔人通过中介公司进行投资，获得了两家乌兹别克斯坦水泥公司的多数股权——JSC Bekabadcement（BC 公司）和 JSC Kuvasaycement（KC 公司），并使其成为一家在俄罗斯、哈萨克斯坦和中亚其他地区拥有股份的区域水泥公司的一部分。然而，在过去的三年里，这些乌兹别克斯坦投资的命运发生了变化，因为申请人的公司在乌兹别克斯坦卷入了一系列的司法和调查程序。事实上，由于乌兹别克斯坦的一项司法裁决，索赔人失去了他们在两家水泥公司之一的大部分股份。根据索赔人的说法，从 2010 年开始，水泥厂受到了"被申请人的骚扰"，其形式是刑事和监管调查。这最终导致了对 BC 公司和其四名经理的刑事判决。判决书还命令将 BC 公司 51% 的股权转让给乌兹别克斯坦政府。同时，由乌兹别克斯坦政府代表的前小股东在国内法律案件中成功收回了他们的股份，理由是他们早些时候被胁迫将这些股份（约占 KC 公司的12%）出售给申请人。与这种说法相反，被申请人（乌兹别克斯坦）提供了一个关于低劣交易、腐败付款、逃税和胁迫的故事。在乌兹别克斯坦的眼中，正是围绕 BC 公司和 KC 公司的所谓犯罪活动引起了国内的刑事诉讼。

针对管辖权问题，乌兹别克斯坦提出了五项反对意见，其中两项与腐败问题有关，一是这项投资是通过腐败方式设立的，该问题在管辖权阶段被审查；二是在投资运营期间索赔方又继续贿赂乌兹别克斯坦官员，该指控被并入实体问题审查。这并不是乌兹别克斯坦第一个以腐败指控为中心进行抗辩的案件。[1]早期的一个针对乌兹别克斯坦的案件，即 Metal-Tech v. Uzbekistan 案[2]，正是在这一点上败下阵来，因为该案的申请人曾向"顾问"行贿。在本案中，乌兹别克斯坦强烈依赖 Metal-Tech v. Uzbekistan 案件，因为该裁决涉及"类似的案情，应该指导仲裁庭"，但仲裁庭在审查管辖权阶段驳回了乌兹别克斯坦的异议。仲裁进入实体阶段，于 2019 年 5 月对案情进行了审理。然而，在2020 年 1 月，双方同意暂停仲裁，最终和解。

本案仲裁庭回避了腐败指控中的适当举证责任问题。双方对适用于腐败

---

〔1〕　See Investment Arbitration Reporter，载 https://www-iareporter-com. proxygt-law. wrlc. org/arbitration-cases/vladislav-kim-and-others-v-uzbekistan/，最后访问时间：2023 年 9 月 20 日。

〔2〕　See Metal-Tech Ltd. v. Republic of Uzbekistan, ICSID Case No. ARB/10/3.

指控的适当举证标准存在分歧。就腐败指控是否植根于乌兹别克斯坦的反腐败法律，仲裁庭认为适当的标准是这些法律规定的标准，但双方在这一点上没有向仲裁庭提供明确的标准。仲裁庭最终认定乌兹别克斯坦的腐败指控在任何标准下都不成立，无论是被申请人主张的"合理的确定性"，还是申请人主张的"明确和令人信服的证据"。这使得仲裁庭避开了过去仲裁庭的选择，以不同的方式处理该问题。尽管一些仲裁庭采取了类似的做法，回避了这个问题[1]，但整体来说可以被理解为和其他判例有冲突。例如，Metal-Tech v. Uzbekistan 一案的仲裁庭认为[2]，在仲裁庭本身怀疑有腐败行为的情况下，"合理的确定性"标准是合适的，而 EDF v. Romania 一案的仲裁庭在对贿赂指控作出裁决前寻求"明确和令人信服的证据"。[3]

风险信号（red flag）可能对分析有帮助，但本身不是证据。[4]本案双方还辩论了所谓的表明潜在腐败的风险信号的相关性，因为它是支持乌兹别克斯坦提出腐败指控的证据的"核心部分"。在先前 Metal-Tech v. Uzbekistan 案件中，仲裁庭对有关风险信号的分析占据了重要地位。索赔人对被索赔人提出的一些风险信号的相关性提出异议，并强调这些信号本身并不是腐败的证据。仲裁庭认为，风险信号往往"只提供间接证据，而不是直接证据"，并且不确定它们是否可以直接确定腐败。尽管风险信号有助于"引发人们意识到某项交易不符合通常在可比交易中发现的特征"，但仲裁庭强调其有责任审视案件的具体情况。

乌兹别克斯坦还以国际公共政策为由提出了管辖权异议，但被仲裁庭驳回，因为国际公共政策应理解为侧重于政府官员的腐败问题。仲裁庭同意先前仲裁庭的结论，即反腐败的国际公共政策隐含在双边投资条约中，并可导致仲裁庭宣布索赔不可受理。然而，在确定这一国际公共政策的内容时，仲裁庭的结论是，它只包括政府官员的腐败。仲裁庭指出，这在关于该主题的主要公约《禁止在国际商事交易中贿赂外国公职人员公约》以及《联合国反

---

〔1〕 例如，ECE project management v. The Czech Republic, UNCITRAL PCA Case No. 2010-5.

〔2〕 See Metal-Tech Ltd. v. Republic of Uzbekistan, ICSID Case No. ARB/10/3；Aloysius P. Llamzon, Corruption in International Investment Arbitration, Oxford University Press, 2014, p. 234.

〔3〕 EDF (Services) Limited v. Republic of Romania, ICSID Case No. ARB/05/13.

〔4〕 风险信号本身不属于证据，但提示了在相关方面进一步调查取证的需要。风险信号可能是泛指，如某个国家或产业存在严重腐败，也可能具体针对当事方或涉案交易，如通过无记名股票进行多次交易、投资者给予咨询顾问异常高的佣金而该顾问并不具备相应资质。

腐败公约》的标题和条款中是显而易见的；被申请人引用的先例，例如 World Duty Free v. Kenya 和 Metal-Tech v. Uzbekistan 案件，也是涉及政府官员。仲裁庭认为，国际公共政策并没有扩展到涵盖私人的腐败行为（至少目前是这样）。因此，在这种情况下，仲裁庭对国际公共政策的狭义解读排除了管辖权的否认——即使是总统家族中如此著名和有政治关系的成员被指控的贿赂[1]，因为受贿者在关键时刻并非实际的政府官员。鉴于仲裁庭发现 Gulnara Karimova 女士在投资时没有政府职能[2]，投资者的索赔可以进入案情审理阶段。

（二）Spentex Netherlands B. V. v. Uzbekistan 案件

事实上，还有一起针对乌兹别克斯坦的案件涉及腐败问题的讨论——Spentex Netherlands B. V. v. Uzbekistan 案件。[3]该案件的争议源于对乌兹别克斯坦纺织业的投资，在经历了几年的财务困难之后，申请人 Spentex 公司（Spentex Netherlands B. V.）指责乌兹别克斯坦，东道国则指责投资者管理不善，申请人在当地的子公司资产最终在清算程序中由乌兹别克斯坦国家银行接管。申请人向国际投资争端解决中心（ICSID）提出仲裁的申请，声称乌兹别克斯坦违反了荷兰-乌兹别克斯坦双边投资条约、一项单独的投资协定和《乌兹别克斯坦外国投资法》。由于仲裁员支持乌兹别克斯坦关于腐败的主要辩护，仲裁庭驳回了所有索赔，但没有考虑其案情。[4]

Spentex Netherlands B. V. v. Uzbekistan 案件是针对乌兹别克斯坦的一系列案件中的一件，腐败指控在这些案件中发挥了关键作用。前文讨论到的 Metal-Tech v. Uzbekistan 案中，仲裁庭否认了管辖权，因为申请人违反了《乌兹别克斯坦反腐败法》。相反，上文分析的 Kim and others v. Uzbekistan 案中，仲裁庭拒绝支持类似的管辖权挑战，但仍然表示，在投资运营阶段对腐败的进一步指控在案情阶段可能仍然具有相关性。

---

〔1〕　在本案中受到腐败指控的是 Gulnara Karimova 女士，Islam Karimova 的女儿，她是有关水泥资产所谓的卖家。Islam Karimov 是当时乌兹别克斯坦的总统。

〔2〕　而且即使当时她有政府职能，被指控的贿赂也没有给索赔者带来明显的好处。

〔3〕　Spentex Netherlands B. V. v. Republic of Uzbekistan, ICSID Case No. ARB/13/26.

〔4〕　See Investment Arbitration Reporter，载 https://www-iareporter-com. proxygt-law. wrlc. org/articles/in-newly-unearthed-uzbekistan-ruling-exorbitant-fees-promised-to-consultants-on-eve-of-tender-process-are-viewed-by-tribunal-as-evidence-of-corruption-leading-to-dismissal-of-all-claims-under-dutch/，最后访问时间：2023 年 9 月 20 日。

在 Spentex Netherlands B. V. v. Uzbekistan 案件中，仲裁庭对腐败问题的分析和过去案件的仲裁庭一样，都认为通过腐败获得的投资违背了国际公共政策，由于申请人的"不洁之手"而无法得到保护。在得出这一结论时，仲裁庭也非常依赖以前的判例法，仲裁庭认为这些判例法是明确的。[1]仲裁庭强调，建立投资制度是为了保护外国投资者免受违反法治的行为。因此，其目的是促进法治，不能在投资者本身从事违反这一原则的行为的情况下使用。因此，仲裁庭强调，在进行投资时参与腐败活动的投资者不能指望利用国际投资协定提供的保护。仲裁庭认为，无论适用的双边投资条约是否载有明确的"根据东道国法律"条款，情况都是如此。

但对腐败/贿赂行为的具体认定标准和证明力上，不同仲裁庭会有不同选择。最终，通过对所有证词和证据的全盘考虑，Spentex Netherlands B. V. v. Uzbekistan 案的仲裁庭认定了一系列风险信号（red flags）：支付给咨询顾问的佣金畸高，向仲裁庭隐瞒和试图隐瞒咨询合同，咨询顾问缺乏资质，对咨询顾问提供的服务描述模糊，且缺乏咨询顾问提供等值服务的记录，咨询顾问的聘用与 Spentex 公司递交投标书之间间隔很短，Spentex 公司给出的解释不合理，等等。虽然没有乌兹别克斯坦官员接受款项的直接证据，且乌兹别克斯坦也未采取任何刑事措施，但仲裁庭还是认定，对于 2006 年 6 月的招投标和 Spentex 公司设立投资期间所发生的一系列事件，最令人信服的解释显然是 Spentex 公司支付给咨询顾问的佣金最终流向了乌兹别克斯坦官员，从而构成贿赂。Spentex 公司的请求因此被全部驳回。不过，仲裁庭裁决双方当事人各自承担己方的法律费用，并平摊仲裁费用。此外，仲裁庭还以不利的费用裁决作为筹码，敦促乌兹别克斯坦向联合国反腐败项目捐款。[2]

三、经济制裁

近年来，经济制裁的使用频率大幅上升，并与国际投资法产生越来越多的交集。涉经济制裁的国际投资仲裁案件数量急剧上升，引发诸多法律疑难

---

[1] 甚至援引的案件也都是类似的，例如 World Duty Free v. Kenya 案件和 Metal – Tech v. Uzbekistan 案件。

[2] 本案裁决尚未公开，相关内容转引自 Kathrin Betz, Proving Bribery, Fraud and Money Laundering in International Arbitration: On Applicable Criminal Law and Evidence, Cambridge University Press, 2017, pp. 128-135.

问题。上合组织成员国都直接或间接受到了来自以美国为首的西方国家的经
济制裁。成员国俄罗斯、中国、伊朗是被制裁的主要国家，正在履行成员国
手续的观察国白俄罗斯也因俄罗斯受到大量制裁，而中亚五国（哈萨克斯坦、
乌兹别克斯坦、吉尔吉斯斯坦、塔吉克斯坦、土库曼斯坦）则因西方对俄的
经济制裁受到附带损害。因此，梳理和学习当前国际投资仲裁案件中的经济
制裁问题，对未来的反制裁工作有着重要意义和价值。

（一）案件梳理

据作者统计，目前，涉及经济制裁的国际投资案件至少有 22 个（见表 5-
5），其中涉及上合组织国家的大约有 15 个，而涉及成员国的案件有 9 个，除了
Stati and others v. Kazakhstan 案件涉及联合国对南苏丹的制裁，其他 8 个案件都
为受到制裁的投资者母国，分别是伊朗（4 个）、中国（3 个）、俄罗斯（1 个）。
涉经济制裁投资仲裁案件所涉及的法律问题广泛，但许多问题目前尚未得到解
决。这主要有以下几方面原因：第一，许多案件集中在近期发生，仍处于审理
阶段；第二，已决案件中，部分仲裁庭拒绝分析当事方有关制裁的争议。例如，
在 Dayyani v. South Korea（I）案件中，仲裁庭认为不必处理实施制裁是否违反
双边投资条约问题[1]；第三，部分案件涉及经济制裁对裁决承认与执行的影响，
目前仍处于执行程序中，尚无定论。因此，还要对这些案件保持关注和追踪。

表 5-5

序号	时间	案件名称	投资者母国	东道国	所涉制裁
1	2011 年	Stati and others v. Kazakhstan	罗马尼亚、直布罗陀	哈萨克斯坦	联合国制裁南苏丹
2	2015 年	Dayyani v. South Korea（I）	伊朗	韩国	联合国+多个国家制裁伊朗 韩国作为联合国成员参与联合国制裁，但未履行裁决是因为韩国遵守美国对伊朗的制裁

---

〔1〕　See General Dynamics v. Libya, ICC Case No. 19222/EMT, Award of 5 Jan 2016, para. 267.

序号	时间	案件名称	投资者母国	东道国	所涉制裁
3	2017 年	Bank Melli and Bank Saderat v. Bahrain	伊朗	巴林	联合国+多国制裁伊朗 巴林制裁投资者
4	2018 年	Al Awamleh and others v. Qatar	约旦	卡塔尔	卡塔尔制裁投资者
5	2018 年	beIN v. Saudi Arabia	卡塔尔	沙特阿拉伯	2017 年沙特阿拉伯宣布与卡塔尔断交，对投资者实施限制性经济措施
6	2019 年	VEB v. Ukraine	俄罗斯	乌克兰	乌克兰制裁投资者
7	2020 年	Wang and others v. Ukraine	中国	乌克兰	美国制裁 Skyrizon（中国天骄航空），Skyrizon 是 Motor Sich 的投资者，乌克兰制裁 Motor Sich 和 Skyrizon
8	2020 年	Qatar Airways v. Bahrain	卡塔尔	巴林	巴林制裁卡塔尔投资者
9	2020 年	Qatar Airways v. UAE	卡塔尔	阿联酋	阿联酋制裁卡塔尔投资者
10	2020 年	Qatar Airways v. Egypt	卡塔尔	埃及	埃及制裁卡塔尔投资者
11	2020 年	Qatar Airways v. Saudi Arabia	卡塔尔	沙特阿拉伯	沙特阿拉伯制裁卡塔尔投资者
12	2021 年	Dayyani v. South Korea（II）	伊朗	韩国	美国制裁伊朗
13	2021 年	Central Bank of Iran v. Bahrain	伊朗	巴林	巴林制裁伊朗投资者
14	2021 年	Alpene v. Malta	中国	马耳他	马耳他遵守美国的制裁，美国制裁 Alpene 实际受益人
15	2020 年	Huawei v. Sweden	中国	瑞典	美国、瑞典制裁华为

（二）以伊朗所涉案件为例展开具体分析

伊朗长期遭受联合国的多边制裁和美国的单边制裁，因此，通过伊朗的案件，可以较为全面地分析经济制裁对国际投资仲裁带来的影响。在 Bank

Melli and Bank Saderat v. Bahrain 和 Central Bank of Iran v. Bahrain 案件中，巴林
对伊朗进行制裁，属于初级制裁。在 Dayyani v. South Korea（Ⅰ）和 Dayyani
v. South Korea（Ⅱ）案件中，韩国作为东道国，受到美国次级制裁的影响，前
者是韩国基于对违反"美国制裁伊朗政策"的担忧，单方解除投资合同，引
发投资者索赔；后者韩国因美国对伊朗投资者的次级制裁威慑而无法完成赔
偿支付，从而影响了裁决的承认与执行。涉投资仲裁的次级制裁，是因制裁
的处罚范围由制裁目标扩展至与该目标有交易的第三方，影响了东道国的行
为措施，此时东道国身份多为制裁的协助国。从法理上看，投资者仅有权向
东道国提起投资仲裁索赔，而无法向第三国（次级制裁发起国）提起投资仲
裁。[1]

　　Bank Melli Iran and Bank Saderat Iran v. Bahrain 案件更是详细地从管辖权、
可受理性方面分析了有关经济制裁的问题。[2]该案的起因是一家巴林当地的
未来银行（Future Bank）被强制管理和清算，索赔人曾在该银行投资，最终
该案仲裁庭认定被申请人违反了巴林−伊朗 BIT。

　　值得注意的是，仲裁庭驳回了被申请人的指控，即由于未来银行违反了
对伊朗的国际制裁而应宣布该案争议不可受理。仲裁员最终认为没有足够的
证据能够证明系统地、严重地违反了基本的法律规则来驳回主张。就案件实
体争议而言，仲裁庭认为巴林中央银行未能提供充分的理由将未来银行纳入
管理，同时也未能考虑限制性较低的替代方案。对于拥有更广泛的政治背景
的仲裁员来说，监管机构的这种行为是有政治动机的，因此不是真正的监管
措施，而是非法征收。该案件非常值得学习，投资者因经济制裁受到影响，
但仲裁庭给予了赔偿。当然，巴林可能将提起撤销，未来还有待关注。

　　从 1971 年开始，两个申请人 Melli 银行和 Saderat 银行在巴林运营。未来
银行（Future Bank）成立于 2004 年，由 Melli 银行、Saderat 银行和一家当地
银行 Ahli United Bank 联合经营。三家银行在未来银行享有同等权益。然而几

---

　　〔1〕　总的来说，无论东道国属于初级制裁的发起国还是次级制裁下的制裁协助国，只要东道国
采取的相关措施违反投资协定且对投资者权益造成不合理的损害，投资者均可对其提起仲裁索赔。

　　〔2〕　See Investment Arbitration Reporter，载 https://www−iareporter−com. proxygt−law. wrlc. org/arti-
cles/revealed−a−comprehensive−account−of−the−heretofore−unpublished−bank−melli−v−bahrain−award−some
−details−have−leaked−but−review−of−award−gives−full−picture−of−tribunals−findings−on−iranian/，最后访
问时间：2023 年 9 月 20 日。

年后，联合国安理会、欧盟和美国开始针对伊朗核项目采取一系列制裁措施。联合国安理会第 1737（2006）号决议规定，所有国家应冻结资金，并确保不向指定的个人和实体提供任何资金。随后，联合国安理会第 1803（2008）号决议呼吁所有国家对其领土内涉及伊朗注册银行的金融机构活动保持警惕，特别是 Melli 银行、Saderat 银行及其子公司。巴林中央银行通过一项 2008 年 3 月发布的指令实施了联合国安理会这两项决议。

2010 年，这些决议被联合国安理会第 1929 号决议所取代，该决议呼吁各国不要向伊朗提供任何金融服务，这催生了巴林中央银行 2010 年的指令。2007 年 2 月，欧盟对列于清单的人员实施涉伊制裁发表了共同立场。2007 年 10 月，美国财政部海外资产控制办公室（The Office of Foreign Assets Control of the US Department of the Treasury，OFAC）将 Melli 银行和 Saderat 银行指定为受制裁实体。随后，OFAC 陆续出台规定，于 2008 年 6 月冻结了 Melli 银行的资产，于 2010 年 7 月冻结了 Saderat 银行和未来银行的资产。

这些年来，巴林中央银行发布多份报告，发现未来银行违反了巴林中央银行的规定。作为回应，未来银行承诺作出相应调整，并任命外部审计师。2015 年 4 月 30 日，根据一份巴林中央银行的决定，巴林中央银行危机管理团队决定将未来银行置于管理之下。反对这一决定的上诉被驳回。2015 年 5 月，巴林中央银行发布了一份调查报告，提到未来银行涉嫌多次违反联合国安理会决议，因为它向伊朗政府拥有的实体提供了援助。2016 年 12 月 22 日，巴林中央银行决定清算未来银行。

在管辖权方面，本案涉及投资者的投资是否因制裁而丧失合法性。[1]巴林认为由投资者经营的未来银行涉嫌违反制裁和洗钱等违法行为，这是管辖权和可受理性的阻碍。仲裁庭首先注意到 BIT 第 1 条第 1 款涉及投资的合法性，将"投资"一词定义为"缔约一方的投资者根据缔约另一方的法律和法规在缔约另一方领土上投资的各种资产"。因此，仲裁庭坚持以往实践的观点，即管辖权须根据 BIT 的具体规定进行判断，且只有在投资设立之时已存在严重违法行为，才可能导致仲裁庭丧失管辖权。仲裁庭进一步澄清说，这并不意味着 BIT 构成了从事非法活动的投资者的保险政策。它仅仅意味着仲

---

〔1〕 Bank Melli Iran and Bank Saderat Iran v. The kimgdom of Bahrain, PCA Case No. 2017-25, Final Award of 9 November 2021.

裁庭有管辖权裁决争端，但仲裁庭可以在案情实体阶段处理任何违法性问题。在本案中，投资者在投资设立时不存在违反制裁的行为，因此仲裁庭未支持被申请人提出的管辖权异议。

在可受理性方面，投资成立后的违法行为可能导致索赔不可受理，即投资者的主张因国际公共政策和"不洁之手"的理论而不可受理。仲裁庭巴林的意见，即国际裁决机构有义务不受理因违反某些普遍接受的准则而提出的索赔。[1]无论是根据"干净的手"原则、国际公共政策还是其他一般原则（如诚实信用原则），受到严重不法行为影响的投资索赔都不具备可受理性。这些原则已在以前的裁决中得到承认，例如 World Duty Free v. Kenya 案。[2]

在此基础上，仲裁庭进一步说明，并非投资者的所有非法行为均会导致其索赔丧失可受理性。因缺乏可受理性而无法进行国际投资仲裁须同时满足"严重性"和"关联性"两个要件：第一，投资者的行为属于严重且广泛的非法行为；第二，非法行为与索赔有密切联系。就第一个要件，巴林主张投资者存在 5 种严重违法行为，其中之一即多次违反国际社会对伊朗实体的经济制裁。仲裁庭认为，并非所有经济制裁均构成国际公共政策，只有联合国制裁才属于国际公共政策的一部分。[3]特别值得一提的是，仲裁庭指出，美国和欧盟列出的制裁人员和实体与联合国安理会列出的名单并不相同。因此，仲裁庭认为只有违反联合国安理会的制裁才会使索赔主张不可受理。根据巴林提供的证据，仲裁庭审查了投资者与被制裁实体之间的交易清单，主要是投资者向被制裁实体提供的 26 笔贷款。总的来说，投资者违反国际制裁的行为没有严重到足以导致索赔不可受理。就第二个要件，仲裁庭认为，这些所谓的非法行为与个人交易有关，而不是仲裁中涉及的对投资者的强制管理和清算，因此缺乏关联性。最终，仲裁庭驳回了东道国以投资者违反经济制裁措施为由提出的可受理性抗辩。

---

〔1〕　See Bank Melli Iran and Bank Saderat Iran v. The kimgdom of Bahrain, PCA Case No. 2017-25, Final Award of 9 November 2021, para. 374.

〔2〕　See World Duty Free Company v. Republic of Kenya, ICSID Case No. ARB/00/7, Award of 4 October 2006.

〔3〕　See Bank Melli Iran and Bank Saderat Iran v. The kimgdom of Bahrain, PCA Case No. 2017-25, Final Award of 9 November 2021, para. 380.

第四节　进一步推动上海合作组织区域投资发展

上合组织这二十多年的发展，不断深化区域内交流合作，也在促进区域内投资的快速发展。反之，区域内投资的推进也能更好地加强上合组织国家之间的密切联系，进而推动上合组织本身的全面提升，并扩大其影响力。推动投资发展，除了投资便利化，还要考虑到投资争端解决机制的选择和优化。

一、上海合作组织投资发展历程

上合组织国家间经贸发展有其特殊之处，一方面成员国依托组织有专门的合作协议和政策支持，另一方面，除了印度，其他上合组织国家都和中国签订了共建"一带一路"合作文件，也可以借助"一带一路"平台共同发展。

回顾各成员国投资合作的历程，2001 年 9 月成员国总理首次会晤期间，各国即签署了《上海合作组织成员国政府间关于开展区域经济合作的基本目标和方向及启动贸易和投资便利化进程的备忘录》（以下简称《备忘录》），规定了上合组织成员国开展区域经济合作的基本目标、实现贸易投资便利化的途径以及合作的重点领域。2002 年 5 月上合组织成员国经贸部长首次会晤，宣布正式启动经贸部长会晤机制和贸易投资便利化谈判，签署了《上海合作组织成员国政府间关于开展区域经济合作的基本目标和方向及启动贸易和投资便利化进程的备忘录的议定书》，成员国之间的投资合作由此展开。2003 年 9 月，《上海合作组织成员国多边经贸合作纲要》签署，积极推动成员之间的贸易和投资便利化进程成为各国区域合作的基本目标和任务之一。从 2004 年开始，中国对各成员国的投资开始迅猛增长。2008 年全球金融危机不期而至，造成了中国整体海外投资规模的骤降，对于上合组织区域内各成员国的投资额也降至低位。为应对危机对各国经济的冲击，2009 年 10 月上合组织成员国签署《上海合作组织成员国关于加强多边经济合作、应对全球金融危机、保障经济持续发展的共同倡议》。中国强有力的财政刺激计划成为区域经济复苏的强心剂，中国对各成员国的投资也快速回升，2009 年中国对各国的投资流量年均增长率达到 35. 45%。[1]

2015 年上合组织乌法峰会期间，成员国就共建"一带一路"达成共识，会议批准的《上海合作组织至 2025 年发展战略》明确指出，"成员国就丝绸之路经济带倡议形成共识，将其作为创造有利条件推动上合组织地区经济合作的手段之一"，标志着上合组织区域合作正式迈入与共建"一带一路"融合发展的新阶段。总体而言，自"一带一路"倡议提出以来，上合组织成员国和观察员国陆续启动本国发展战略与"一带一路"倡议对接，一些成员国之间经济合作的务实成果已经成为"一带一路"合作的样板工程和示范项目。2016 年，中欧班列统一品牌正式启用，途经中亚国家的中欧班列同比增长150%。成员国相互贸易投资额逐步回升。2016 年中国与成员国进出口贸易额达 937 亿美元，同比增长 1. 8%。[2]。2001～2016 年，上合组织成员国经济大幅增长，成为世界经济发展史上的一大亮点。2016 年，上合组织六个成员国的国内生产总值（GDP）总额达到 12. 74 万亿美元，较 2001 年的 1. 68 万亿增长了 7. 58 倍，较 2012 年的 11. 03 万亿增长了 15. 6%。[3]中国与上合组织国家经贸合作规模从 2013 年的 1 294 亿美元持续增长至 2017 年的 2176 亿美元，与 2001 年的 120 亿美元相比大幅增长。[4]

根据《2021 年度中国对外直接投资统计公报》[5]，2021 年中国对外直接投资流量 1788. 2 亿美元，比上年增长 16. 3%，连续十年位列全球前三。2021 年末，中国对外直接投资存量 2. 79 万亿美元，连续五年排名全球前三。2021 年中国双向投资规模基本相当。截至 2021 年底，中国在"一带一路"共建国家设立企业超过 1. 1 万家，约占中国境外企业总量的 1/4。2021 年，对"一带一路"共建国家直接投资 241. 5 亿美元，比上年增长 7. 1%，较 2012 年翻

〔1〕　参见杨攻研、唐廷凤：《中国对上合组织成员国的投资与外交相似度——基于联合国投票的量化分析》，载《俄罗斯研究》2021 年第 4 期。

〔2〕　参见李进峰：《上海合作组织 20 年：成就、挑战与前景》，社会科学文献出版社 2021 年版，第 84～85 页。

〔3〕　参见江思羽、袁正清：《"一带一路"倡议与上海合作组织：理念嵌入与合作实践》，载《俄罗斯东欧中亚研究》2023 年第 4 期。

〔4〕　参见李进峰：《上海合作组织 20 年：成就、挑战与前景》，社会科学文献出版社 2021 年版，第 175 页。

〔5〕　2022 年 11 月 7 日中华人民共和国商务部、国家统计局和国家外汇管理局联合发布《2021 年度中国对外直接投资统计公报》。

一番，占中国全年对外投资流量总额的 13.5%；年末存量 2138.4 亿美元，占存量总额的 7.7%。从国别构成看，投资主要流向新加坡、印度尼西亚、越南、泰国、马来西亚、老挝、阿拉伯联合酋长国、哈萨克斯坦、巴基斯坦、沙特阿拉伯等国。2013~2021 年中国对共建国家累计直接投资 1640 亿美元。其中，哈萨克斯坦、巴基斯坦为上合组织成员国，阿拉伯联合酋长国、沙特阿拉伯为上合组织合作伙伴。2021 年末，中国对"一带一路"共建国家的直接投资存量为 2138.4 亿美元，占中国对外直接投资存量的 7.7%。存量位列前十的国家是：新加坡、印度尼西亚、越南、俄罗斯、马来西亚、老挝、泰国、阿拉伯联合酋长国、哈萨克斯坦、巴基斯坦。其中，俄罗斯、哈萨克斯坦、巴基斯坦为上合组织成员国，阿拉伯联合酋长国为上合组织合作伙伴。

2023 年 7 月，习近平主席在上合组织成员国元首理事会第二十三次会议上讲话时也强调了"实现更大发展"，"我们要加强高质量共建'一带一路'同各国发展战略和地区合作倡议对接，深入推进贸易和投资自由化便利化，加快口岸基础设施和区域国际物流大通道建设，保障区域产业链供应链稳定畅通。"在推动上合组织在新起点上实现新发展的过程中，中国与各成员国之间的投资合作也将进一步深化。

二、上海合作组织区域投资便利化的推进

上合组织投资便利化是指，上合组织成员国采取一系列旨在吸引外国投资，并在投资周期的全部阶段使其管理有效性和效率达到最大化，保障透明度、程序简化和可预测性的所有行动或做法以及满足上合组织自贸区一体化的上述措施。[1] 自 2001 年上合组织成立开始，上合组织便明确提出在其框架内开启投资便利化谈判议程，并制定和签署相关合作纲要文件。[2] 2002 年 6 月 7 日，《上海合作组织宪章》亦明确传递了其推动投资便利化的合作方向这一重大信息。[3] 2001 年 9 月 14 日《上海合作组织成员国政府间关于开展区

---

〔1〕 参见王淑敏、张乐：《上海合作组织投资便利化的法律问题》，载《国际商务研究》2023 年第 1 期。

〔2〕《上海合作组织成立宣言》第 9 条："……为此，将在'上海合作组织'框架内启动贸易和投资便利化谈判进程，制定长期多边经贸合作纲要，并签署有关文件。"

〔3〕《上海合作组织宪章》第 3 条"合作方向"："……支持和鼓励各种形式的区域经济合作，推动贸易和投资便利化，以逐步实现商品、资本、服务和技术的自由流通；……"

域经济合作的基本目标和方向及启动贸易和投资便利化进程的备忘录》签署生效及其配套的 2002 年《上海合作组织成员国政府间关于开展区域经济合作的基本目标和方向及启动贸易和投资便利化进程的备忘录的议定书》签署后，投资便利化的路线图更加清晰；2003 年版和 2019 年新版《上海合作组织成员国多边经贸合作纲要》均反复强调投资便利化这一主题。当然，上合组织在推进投资便利化的过程中亦暴露出一些问题，值得我们深入思考和探索。

（一）投资便利化存在的法律问题

第一，投资准入阶段便利化的不足。覆盖投资周期的全部阶段包含投资准入、投资运营以及投资撤出的所有过程。从上合组织成员国的外资法立法导向来看，对后两者重视程度显然高于前者。部分上合组织成员国采用了投资准入时的国民待遇——负面清单。负面清单的产生在很大程度上改变了东道国对给予外资准入自由和便利待遇的担忧。目前，采用负面清单的上合组织成员国有中国、印度、俄罗斯、巴基斯坦、乌兹别克斯坦和塔吉克斯坦。[1]吉尔吉斯斯坦则实行完全开放的外资准入模式，无须出台任何负面清单。[2]相比之下，哈萨克斯坦和伊朗仍然沿袭审批准入方式。[3]

第二，国家安全审查的透明度和可预测性不足。透明度与可预测性有密切联系，前者是后者的基础，后者是前者的结果。对于投资便利化而言，二者时常是绑定在一起的。随着当前国际关系的复杂和紧张，越来越多的国家加强了对外资在国家安全方面的审查力度，这在一定程度上也会对投资便利化造成负面影响。例如，印度对 2003 年的双边投资协定范本进行审查，用新

---

〔1〕　参见《对外投资合作国别（地区）指南（印度）》（2023）、《对外投资合作国别（地区）指南（俄罗斯）》（2023）、《对外投资合作国别（地区）指南（巴基斯坦）》（2023）、《对外投资合作国别（地区）指南（乌兹别克斯坦）》（2023）、《对外投资合作国别（地区）指南（塔吉克斯坦）》（2023），载商务部官网：http://opendata. mofcom. gov. cn/front/data/detail？id = C5E1C2CA614F1C512980B497A98BE71C，最后访问时间：2023 年 9 月 20 日。

〔2〕　参见《对外投资合作国别（地区）指南（吉尔吉斯斯坦）》（2023），载商务部官网：http://www. mofcom. gov. cn/dl/gbdqzn/upload/jierjsi. pdf，最后访问时间：2023 年 9 月 20 日。

〔3〕　参见王晓峰、王林彬：《丝绸之路经济带背景下哈萨克斯坦投资壁垒及中国的对策研究》，载《国际商务研究》2016 年第 4 期；《对外投资合作国别（地区）指南（伊朗）》（2023），载商务部官网：https://www. mofcom. gov. cn/dl/gbdgzn/upload/yilang. pdf，最后访问时间：2023 年 9 月 20 日。

的范本取而代之，为印度未来的贸易谈判提供条款和条件。[1]印度最新的双边投资协定范本转向一个对东道国更加友好的框架，用以保护国家主权，这一点通过第 17 条安全例外条款等得到了说明。[2]

第三，程序不够简化。简化程序主要是指简化投资申请和批准的程序；促进传播投资资料，包括投资规则、规章、政策和程序；在各自的东道国建立一站式投资中心，为商业部门提供协助和咨询服务，包括为办理经营执照和许可证提供便利等事项。[3]中国在建设数字政府方面取得了重大进展，包括完善"互联网+政务服务"和"互联网+监管"双重体系，助推政府数字化转型，构建数字化综合监管制度，探究新型监管模式，完善简化申报、简证放行、简易征管程序，以及推行"互联网+核查"和"线上+线下"核查等。但对于上合组织其他成员国来说，无论是立法还是数字治理实践，仍有较大的改进空间。其他成员国的外资法鲜有程序简化的规定。《俄罗斯联邦外国投资法》虽然在吸引外资、负面清单和国家安全审查方面比较先进，但在程序简化方面几乎没有体现；哈萨克斯坦、乌兹别克斯坦等成员国外资法虽规定了外汇和人员流动等方面的程序，但并未提及程序简化；巴基斯坦的外资法对程序性事项的规定处于空白阶段，遑论对程序简化的规定。[4]

（二）应对问题的解决对策

第一，进行双边投资条约修订或谈判。上合组织在推出区域一体化的投资便利化协定之前，可以进行双边投资条约修订或谈判作为过渡。尽管目前双边投资的条约并未形成清晰、完整的投资便利化框架，但部分条款还是间接涉及这一问题。可以在条约序言中加入关于吸引外资的可持续性发展，涉及东道国的监管程序问题，在双边投资条约中不可或缺，亦符合当下潮流，单纯强调吸引投资的双边投资条约已经成为过去，平衡条约（Balanced Treaties）正

---

[1] 参见王淑敏、张乐：《上海合作组织投资便利化的法律问题》，载《国际商务研究》2023 年第 1 期；MA Ji, Analysis of the 2015 Draft Model Indian Bilateral Investment Treaty. International Investment and National Security Review, Vanderbilt journal of Transnational Law, 2019（52）.

[2] See Model Text for the Indian Bilateral Investment Treaty, Art. 17, 2016.

[3] 参见 2017 年《中华人民共和国香港特别行政区政府与东南亚国家联盟成员国之间的投资协定》第 16 条。

[4] 参见王淑敏、张乐：《上海合作组织投资便利化的法律问题》，载《国际商务研究》2023 年第 1 期。

变得越来越普遍。还可以推广中国海南自由贸易港的做法，设立国际投资"单一窗口"。投资"单一窗口"是授权国家机构在投资领域以集中形式向投资者提供公共服务和援助，该机构规定尽量减少投资者参与收集和准备的文件，并限制他们与政府机构的直接联系。最后，可以在条约中直接约定简化程序的条款。

第二，签订"上海合作组织自贸区协定"。2003 年，在上合组织成员国政府首脑（总理）理事会第二次会议期间，时任总理温家宝就上合组织的区域经济合作提出倡议：推进贸易和投资便利化；确定若干大的经济技术合作项目；确立长远的区域经济合作目标，逐步建立上合组织自贸区。〔1〕2016 年 11 月，李克强总理在比什凯克举行的上合组织成员国政府首脑（总理）理事会第十五次会议上，针对上合组织的未来发展再次提出中国智慧和中国方案——"打造融合发展格局。中方愿与各方推进区域贸易和投资自由化便利化，对建设上合组织自贸区等倡议持开放态度。"〔2〕由此可见，中国政府曾积极描绘上合组织自贸区的宏伟蓝图，使其成为经济一体化进程中的黏合剂和助推器。但遗憾的是，中国的这一倡议尚未得到其他成员的正式回应，亦未出现在上合组织的任何软法文件中。结合当前政治经济的复杂多变，世界格局的重新调整，上合组织国家对自贸区的构建可能也会产生新的态度。

第三，发挥中国立法的引领作用。由于中国在上合组织的核心地位，完善其投资便利化的国内立法，势必对其他成员国产生积极影响。具体包括：完善中国负面清单，消除任何对歧视性或特权的担心，避免间接歧视规范；完善有透明度和可预测的国家安全审查机制，设立更加透明的查阅和咨询程序，完善国家安全审查的可预测性部门规章。

三、上海合作组织内多边投资争端解决机制的构建设想

构建上合组织内多边投资争端解决机制，不仅是为"一带一路"倡议试路探金，更是为组织内的投资者提供一个更为便利、高效、稳定的争端解决方

---

〔1〕　参见《上海合作组织成员国总理会晤：温家宝提三倡议》，载新浪网：https://news.sina.com.cn/c/2003-09-23/1446805988s.shtml，最后访问时间：2023 年 9 月 20 日。

〔2〕　《中国提出六大倡议 上合自贸区呼之欲出》，载中国联合商报网：http://www.cubn.com.cn/express/36411.html，最后访问时间：2023 年 9 月 20 日。

式和平台，让投资者更加放心、大胆地在上合组织区域内开展投资活动。当然，该争端解决机制的方案设计在结合上合组织特色的同时，必须考虑当前 ISDS 的改革，顺应时代潮流，尊重投资者和东道国的选择。

（一）构建上海合作组织内多边国际投资争端解决机制的需求

"一带一路"是中国参与全球开放合作的重要通道，是改善全球治理体系、促进共同发展繁荣的重要路径。毫无疑问，建立一套既符合"一带一路"倡议理念和实际需求，又体现中国特色，同时兼顾共建国家利益的国际投资争端解决机制很有必要。[1]但是"一带一路"共建国家众多，政治经济发展状况迥异，国家之间关系复杂，且所涉大陆区域系地缘政治的"破碎地带"，宗教文化差异较大，恐怖与冲突不断[2]，在短期内构建专门或独立的争端解决机制的现实可行性较低。而现有多边国际投资争端解决机制存在诸多弊端[3]，以双边方式促进其完善的边际成本较高。[4]因此，可以另辟蹊径，考虑通过上合组织探路试金，为"一带一路"争端解决机制的构建打下基础。[5]

上合组织是我国发起建立的唯一新型区域合作组织，也是唯一把若干地区大国联合到统一的机制性地区结构的平台。[6]作为世界上最大的综合性地区组织，上合组织在欧亚地区的政治经济格局中占据重要地位。而伴随上合

---

〔1〕 参见张丽娜：《"一带一路"国际投资争端解决机制完善研究》，载《法学杂志》2018 年第 8 期；王军杰：《论"一带一路"倡议框架下独立投资争端解决机制的建构》，载《河南社会科学》2019 年第 4 期；石静霞、董暖：《"一带一路"倡议下投资争端解决机制的构建》，载《武大国际法评论》2018 年第 2 期。

〔2〕 参见王军杰：《论"一带一路"倡议框架下独立投资争端解决机制的建构》，载《河南社会科学》2019 年第 4 期。

〔3〕 参见张丽娜：《"一带一路"国际投资争端解决机制完善研究》，载《法学杂志》2018 年第 8 期；漆彤：《论"一带一路"国际投资争议的预防机制》，载《法学评论》2018 年第 3 期。

〔4〕 以中国与哈萨克斯坦的双边投资保护协定修订为例，自 2011 年 3 月中哈经贸分委会第五次会议期间，中方提交新版中哈双边投资保护协定，至今 12 年过去，未形成新协议。参见《对外投资合作国别（地区）指南哈萨克斯坦（2023）》，https://www.mofcom.gov.cn/dl/glodqzn/upload/hasakesitan.pdf，最后访问时间：2023 年 9 月 20 日；目前生效的仍然是 1992 年签署的中华人民共和国政府和哈萨克斯坦共和国政府关于鼓励和相互保护投资协定，载外交部条约数据库：http://treaty.mfa.gov.cn/Treaty/web/detaill.jsp? objid=1531876668479，最后访问时间：2023 年 9 月 20 日。

〔5〕 参见林一：《论上合组织内多边投资争端解决机制的独立建构》，载《商事仲裁与调解》2020 年第 4 期。

〔6〕 参见 ［塔］拉希德·阿利莫夫：《上海合作组织的创建、发展和前景》，王宪举等译，人民出版社 2018 年版，第 1 页。

组织内能源勘探、油气管道、电力交通等基础设施建设以及电信农业等领域的投资合作日益深广[1]，随着上合组织的发展，成员国的增加，经济贸易投资等各方面合作不断往来和深化，也亟须在上合组织内建立一个与其多边合作组织地位相适应的独立的多边投资争端解决机制。但是迄今为止，上合组织还未形成真正意义上的争端解决机制。

　　根据前文有关上合组织国家所涉国际投资仲裁案件的整理，当前上合组织内国际投资仲裁主要是建立在双边投资条约的基础上。这种方式非常依赖条约本身的内容，条约也呈现出复杂性和代际发展的特点。有些双边投资条约可能对投资者保护不足，有些又可能对投资者过分友好。过去双边投资条约总是在强调保护投资者的宗旨，现在则越来越重视东道国的规制权和可持续的全面发展。但也如前文所述，新条约的谈判、签署需要较高的成本，可能需要等待相当漫长的时间。此外，伴随上合组织内多边投资合作日益深化，各自为营的以双边投资协定为基础的国际投资争端机制也将在应对多边合作产生的争议时显露窘境。

　　现有多边国际投资争端解决机制难以满足上合组织内多边争端解决需求。从上合组织内包括成员国、观察员国和对话伙伴国的 26 个国家所缔结的多边合作条约观察，以及前文所梳理的相关案件，上合组织国家之间主要利用的多边国际投资争端解决条约包括《解决国家与他国国民间投资争端公约》（ICSID）、《能源宪章条约》（ECT）、《欧亚经济联盟条约》（Eurasian Economic Union，EAEU）、《伊斯兰会议组织投资协议》（OIC Investment Agreement）、《欧亚投资协定》（Eurasian Investment Agreement）、《阿拉伯投资协定》（Unified Agreement for the Investment of Arab Capital in the Arab Stactes）、《东盟–中国投资协定》（ASEAN–China Investment Agreement）。上合组织国家跨越欧亚非三洲，经济政治、宗教文化都差异较大，国家之间如同排列组合一般签订各自的区域性条约，各个多边条约都有各自的争端解决机制及其特点和利弊，因而无法完全符合上合组织国家的需求。例如，ICSID 是唯一一个世界范围内专门以解决缔约国和另一缔约国国民之间直接投资争端为目的的多边机制，但是，ICSID 在上合组织成员国中的适用并不普遍。在上合组织的九个成员国

----

　　〔1〕　参见中国上海合作组织研究中心编著：《上海合作组织回眸与前瞻（2001-2018）》，世界知识出版社 2018 年，第 46-52 页。

中，印度和伊朗没有加入 ICSID，俄罗斯尚未批准该公约，中国在加入时对该公约进行了适用争议范围的保留至今尚未撤回。[1]ECT 在上合组织内的适用也存在局限。首先，一半的上合组织成员国——中国、印度、巴基斯坦、伊朗尚未加入（中国、巴基斯坦、伊朗是观察国）[2]，成员国俄罗斯，签署但未批准在尤科斯案之后，也让其他国家对是否加入或批准 ECT 的判断更加谨慎。其次，ECT 的适用范围主要集中在能源领域，无法适应上合组织内广泛的经济合作领域。最后，也是最重要的，ECT 中潜藏若干解释适用方面的隐患。[3]最后，欧亚经济联盟（Eurasian Economic Union，"EAEU"）是俄罗斯于 2014 年主导成立的以《欧亚经济联盟条约》为基础的区域经济一体化组织，在某种程度上与上合组织存在一定竞争关系。[4]很重要的一点是，EAEU 建立一体化超国家联合体的宗旨目标[5]，明显降低了中国、印度等国加入 EAEU 的意愿。

（二）构建上海合作组织内多边国际投资争端解决机制的初步设想

上合组织是我国发起建立的唯一新型区域合作组织，它的发展关系到我国包括能源安全在内的多重重大战略利益。[6]上合组织也是目前世界上最大的综合性地区组织，关涉全球近一半人口的安全和发展。虽然上合组织在新的发展时期遭遇来自内外部的诸多挑战，乃至世界各大智库对于上合组织未

---

[1] 参见 ICSID 成员国名单，载 https://icsid.worldbank.org/sites/default/files/ICSID%203/ICSID-3--ENG.pdf，最后访问时间：2023 年 9 月 20 日。

[2] 参见 ECT 名单，载 https://www.energycharter.org/who-we-are/members-observers/，最后访问时间：2023 年 9 月 20 日。

[3] 参见林一：《论上合组织内多边投资争端解决机制的独立建构》，载《商事仲裁与调解》2020 年第 4 期。

[4] 目前，联盟由亚美尼亚、白俄罗斯、哈萨克斯坦、吉尔吉斯斯坦、俄罗斯组成，摩尔多瓦拥有联盟观察员国地位，乌兹别克斯坦希望成为观察员。联盟与越南、伊朗、中国、新加坡、塞尔维亚签署贸易协议，与 8 个区域一体化组织、14 个国家的政府、11 个部委、39 个国际组织及其分支机构签署备忘录。参见《欧亚经济委员会执委会主席就〈欧亚经济联盟条约〉签署六周年发表宣言》，载商务部网站：http://www.mofcom.gov.cn/article/tongjiziliao/fuwzn/oymytj/202006/20200602971580.shtml，最后访问时间：2023 年 9 月 20 日。

[5] 参见《欧亚经济联盟的法律体系和框架》，载商务部官网：http://gpj.mofcom.gov.cn/article/zuixindt/201701/20170102501712.shtml，最后访问时间：2023 年 9 月 20 日。

[6] 参见王海运：《上海合作组织与中国》，上海大学出版社 2015 年版，第 279 页。

来发展前景观点迥异[1]，但是，上合组织先进的组织理念、二十多年丰富的多边合作经历以及完备的组织架构、法律框架与沟通机制，仍然极具价值，能够为上合组织内建立多边国际投资争端解决机制提供有力保障。[2]

该机制的构建应当遵循两个原则：一是遵循"上海精神"原则。"上海精神"是上合组织的灵魂，是上合组织新型国家关系的基石，也是上合组织内建构多边国际投资争端解决机制的基本遵循。相对于平等主体之间的国家之间以及私人之间的争端，投资者与东道国争端在公私权益保护方面呈现出更为复杂的价值取向；公权与私益在持续性跨国投资行为过程中存在更为深刻密切的交互影响。二是变革成本最小化原则。国际社会正在全面推进国际投资政策改革，重塑国际经济秩序。我国必须抓住先机，在全球经贸治理新规则里融入中国智慧，实现中国引领。因此，必须充分利用现有机制的优势，取长补短，以最小的变革成本，推动上合组织国际投资争端解决机制的快速建构。

有关争端解决机制设计的具体方案选择，应当结合 ISDS 改革来看，这部分将会在下文第六章展开具体的分析。

---

〔1〕 参见王灵桂主编：《上海合作组织：新型国家关系的典范——国外智库论中国与世界（之一）》，社会科学文献出版社 2018 年版，第 8~15 页。

〔2〕 参见林一：《论上合组织内多边投资争端解决机制的独立建构》，载《商事仲裁与调解》2020 年第 4 期。

解决投资仲裁裁决不一致性的
思考与建议

通过前四章对国际投资仲裁中事实上遵循先例的概念、形成条件、合法性以及对投资保护标准一致性影响的分析和研究，事实上遵循先例的核心是利用了裁决的先例价值。因此，在本章中一方面会探究如何通过发挥先例价值来解决裁决的不一致性问题，另一方面则要在 ISDS 改革的背景下，通过对不同改革方案的比较分析，深入思考系统改革的方向和对法律一致性的影响，以及中国在这场改革中应准备的措施。首先，通过对一系列阿根廷案件的比较，明确裁决"不合理的不一致"将是解决问题第一步，而在不具备法律约束力的先例制度下，最大程度发挥裁决的先例价值是推动一致性的有利因素。其次，重点强调提升裁决的质量是保障先例价值的关键，因为裁决的好坏将直接影响仲裁员是否选择遵循。如第二章所述，裁决的好坏影响了其说服力，而说服力则重点受到裁决内容、裁决程序和仲裁员的影响。因而从这几方面着手，具体说明如何保障先例价值的发挥。最后，结合 ISDS 改革，从宏观的系统性改革谈论法律一致性的保证，并提出对中国的建议。

第一节　利用先例价值以解决裁决的不一致性

通过对国际投资仲裁中事实上遵循先例的分析，可以发现裁决的先例价值是影响一致性的一个重要因素。下文将探析阿根廷系列案件中裁决的不一致性问题，从投资保护标准的解释和撤销程序两方面入手，更具体、细致地了解裁决中出现的不一致，进而思考该如何解决这种不一致性。一方面，需要明确有待解决的不一致性问题其实是"不合理的不一致"；另一方面，需要最大程度地发挥裁决的先例价值。

一、以阿根廷系列案件为例具体分析裁决的不一致性

投资仲裁裁决的不一致一直是质疑投资仲裁机制合法性的首要问题。不同仲裁庭处理类似的、事实情况有时几乎相同的案件，却惊人地得出不同的结论。此外，双边和多边条约的扩散大大加剧了这一困境，因为同一争端可能导致在不同条约制度下以及在不同合同下的赔偿，然而两个仲裁庭却得出了截然不同的结论。这种不一致成了批评国际投资仲裁机制合法性危机中的重要问题。

以阿根廷为被申请人的一系列投资仲裁案件作为一个很好的例子，进一步体现了裁决不一致的后果。本书选择了四个对"不一致性"问题具有显著代表性的案件进行重点分析。这些案件虽然在事实情况中略有不同，但都是阿根廷为应付其灾难性的经济崩溃而采取的紧急措施。在每一个案件中，阿根廷都（1）以不排除措施条款（NPM）为其辩护，该条款规定，在特殊情况下，某些国家行为不受条约的实质性保护[1]；（2）援引了国际习惯法的必要性原则，根据该原则国家行动的不法性将被排除，因为这是对国家危机的必要反应。[2] 尽管有相似的事实情况和相同的辩护，四个仲裁庭中有三个认为阿根廷对投资者的损害负有全部责任，而第四个仲裁庭则免除了阿根廷的大部分责任。[3]

（一）投资保护标准解释之间的不一致性

CMS、Enron 和 Sempra 案件均认为以 NPM 条款和必要性作为抗辩都不能适用，而 LG&E 案件认为以 NPM 条款抗辩是适当的，以必要性抗辩则可能适

---

〔1〕　值得注意的是，这是在投资仲裁中首次对此类措施进行的评测。

〔2〕　See William W. Burke-White, The Argentine Financial Crisis: State Liability Under BITs and the Legitimacy of the ICSID System, Asian Journal of WTO & International Health Law and Policy, Volume 3, Issue 1, 2008, p. 2.

〔3〕　See William W. Burke-White, The Argentine Financial Crisis: State Liability Under BITs and the Legitimacy of the ICSID System, Asian Journal of WTO & International Health Law and Policy, Volume 3, Issue 1, 2008, p. 2.

用。[1] 四个仲裁庭都同意 U. S. -Argentina BIT 下的 NPM 条款不是自我裁断的（self-judging），然而他们这么做是基于不同的理由。CMS 案件的仲裁庭基于条款和其他文件之间的文本比较，例如《关税与贸易总协定》和美国其他的 BITs，而得出结论[2]；相反，LG&E 和 Enron 案件的仲裁庭能得出结论，有一部分是考虑到双方在签订条约时的理解[3]；Sempra 案件的仲裁庭则考虑了条约的目标和目的，以及双方在签订条约时的意图[4]。这四个仲裁庭在许多其他问题上意见不一，CMS、Enron 和 Sempra 对必要性辩护所需的重要利益受威胁的程度，以及阿根廷对必要性情况所作贡献的问题，作出了类似的限制性结论；而 LG&E 则相当尊重阿根廷政策的选择和反应。[5]

（二）撤销程序中的不一致性

裁决的撤销中也存在不一致的地方，三个撤销委员会面临的问题基本上是区分 NPM 条款下全部或部分的保护内容与《国家对国际不法行为的责任条款草案》（Draft Article on Responsibility of States for International Wrongful Acts）

---

〔1〕 See CMS Gas Transmission Co. v. The Argentine Republic, ICSID Case No. ARB/01/8, Award, May 12, 2005, at para. 315–331, 353–378; LG&E Energy Corp. , LG&E Capital Corp. and LG&E International Inc. v. The Argentine Republic, ICSID Case No. ARB/02/1, Decision on Liability, October 3, 2006, at para. 226, 229–242, 250–261; Sempra Energy International v. The Argentine Republic, ICSID Case No. ARB/02/16, Award, September 28, 2007, at para. 344–355, 373–388; Enron Creditors Recovery Corporation and Ponderosa Assets, L. P. v. The Argentine Republic, ICSID Case No. ARB/01/3, Award, May 22, 2007, at para. 331–332, 334–339.

〔2〕 See CMS Gas Transmission Co. v. The Argentine Republic, ICSID Case No. ARB/01/8, Award, May 12, 2005, at para. 366–373.

〔3〕 See LG&E Energy Corp. , LG&E Capital Corp. and LG&E International Inc. v. The Argentine Republic, ICSID Case No. ARB/02/1, Decision on Liability, October 3, 2006, at para. 212–213; Enron Creditors Recovery Corporation and Ponderosa Assets, L. P. v. The Argentine Republic, ICSID Case No. ARB/01/3, Award, May 22, 2007, at para. 331–332, 334–339.

〔4〕 See Sempra Energy International v. The Argentine Republic, ICSID Case No. ARB/02/16, Award, September 28, 2007, at para. 374, 380–388.

〔5〕 See CMS Gas Transmission Co. v. The Argentine Republic, ICSID Case No. ARB/01/8, Award, May 12, 2005, at para. 322–323, 328–329, 355–356; LG&E Energy Corp. , LG&E Capital Corp. and LG&E International Inc. v. The Argentine Republic, ICSID Case No. ARB/02/1, Decision on Liability, October 3, 2006, at para. 229–239, 250–259; Sempra Energy International v. The Argentine Republic, ICSID Case No. ARB/02/16, Award, September 28, 2007, at para. 332, 346–351; Enron Creditors Recovery Corporation and Ponderosa Assets, L. P. v. The Argentine Republic, ICSID Case No. ARB/01/3, Award, May 22, 2007, at para. 306–308, 311–313.

第 25 条中所述的习惯国际法的必要性，二者是否可合并以及合并的本质是什么。[1]Enron 案件的撤销委员会认为这并不构成可撤销的错误，因为仲裁庭的推理是足够清楚的，确定该解释是否正确不属于委员会审查的范围。[2]CMS 和 Sempra 案件的撤销委员会都发现这种合并存在问题，CMS 案件的裁决被批评但并未撤销，而 Sempra 案件的裁决在审查后被认为未能适用当事人选择的法律，因而因未能适用合适的法律被撤销。[3]

CMS、Enron 和 Sempra 三个裁决结果类似的案件和明显孤立的 LG&E 案件相比，在数量上和预期的认同更具影响力，这似乎提供了人们所寻求的一致的判理。事实上，Sempra 案件的仲裁庭甚至简单地讨论了它对其他三项裁决的考虑，并且赞同 CMS 和 Enron 案件的仲裁庭对阿根廷危机严重性的认定。[4]然而，现在情况已经有所不同，Enron 和 Sempra 案件的裁决已经被撤销委员会撤销，CMS 案件的裁决被严厉批评且部分被撤销，而对 LG&E 案件裁决的撤销程序在 2015 年被停止。

二、解决裁决不一致性的思考

可以发现，虽然国际法中不存在具有法律约束力的先例规则，但是由于现实困境，仲裁员不得不频繁援引过去的裁决以支持自身推理的科学合理性。从实践结果来看，仲裁员能在少数问题或是很小的范围内达成一致，大多数情况是就某个事项的推理过程存在一部分的一致和一部分的分歧。比较糟糕的情况就如上文所述，类似案件出现截然相反的结果。那么，关于这种"不一致性"的认定需要仔细说明。此外，通过本书前五章的讨论，从事实上遵

---

〔1〕　See Draft Articles on Responsibility of States for Internationally Wrongful Acts, with Commentaries, Art. 25.

〔2〕　See Enron Creditors Recovery Corporation and Ponderosa Assets, L. P. v. The Argentine Republic, ICSID Case No. ARB/01/3, Decision on the Application for Annulment of the Argentine Republic, July 30, 2010, at para. 403. 然而，撤销委员会找到了其他足够的理由使得整个裁决被撤销。

〔3〕　See CMS Gas Transmission Company v. The Argentine Republic, ICSID Case No. ARB/01/8, Decision of the Ad Hoc Committee on the Application for Annulment of the Argentine Republic, September 25, 2007, para. 120-136; Sempra Energy International v. The Argentine Republic, ICSID Case No. ARB/02/16, Decision on the Argentine Republic's Request for Annulment of the Award, June 29, 2010, para. 121-122, 159, 186-219.

〔4〕　See Sempra Energy International v. The Argentine Republic, ICSID Case No. ARB/02/16, Award, September 28, 2007, para. 346.

循先例的形成条件、原因、合法性以及实践中对投资保护标准的影响来看，仲裁员其实是利用了过去裁决的先例价值，通过援引裁决保证了投资仲裁的可预测性、准确性和合法性。因此，在了解需要解决何种程度的"不一致"之后，如何最大程度地发挥裁决的先例价值是思考的重点。

（一）首先明确"不合理的不一致"

根据上述分析，CMS、Enron、Sempra 和 LG&E 这四个案件虽然有相似的事实情况和相同的辩护，裁决和撤销的结果却存在诸多差异，问题在于这种差异的程度究竟有多大，是否已经超出了合理范围。需要注意的是，这四个仲裁庭的组成人员存在重复。仲裁庭成员的重合在一定程度上是有优势的，特别是为了追求裁决结果的一致。CMS、Enron 和 Sempra 案件的首席仲裁员都是 Francisco Orrego Vicufia 教授，LG&E 案件的首席仲裁员是 Bogdanowsky de Maekelt T，这也能够理解上述前三个案件的裁决结果较为一致；Albert van den Berg 则同时参与了 LG&E 和 Enron 案件。看起来是四个仲裁庭存在观点的差异和趋同，但实际上只有两个阵营的不同认定。此外，重复特定的论点或法律结论可能会获得过高的重视和合法性，因此当首席仲裁员或重复的仲裁员审理第二个案件时，可能对类似事实和法律问题进行不同分析。这又解释了 CMS、Enron 和 Sempra 三个案件在某些问题上基于不同的理由得出相似的结论。即使在撤销程序中，案件的差异性也在缩小，Sempra 案件裁决的撤销和对 CMS 案件裁决的严厉批评似乎都与他们共同的首席仲裁员 Francisco Orrego Vicufia 教授所倡导的一种法律方法有关。[1]从不同角度对上述四个案件进行分析，其相互之间的差异似乎减小了一些。也有学者提出同样的观点，Stern 教授认为有必要考虑对某一特定法律观点持同意意见的仲裁员数量，而不是仲裁庭的数量。多数裁决承认存在相互矛盾的决定，但如果注意一下赞成将最惠国条款适用于争端解决的仲裁员的人数而不是裁决的数目，情况就会变得很明显，因为一些仲裁员的反复参与，整体看起来几乎是平衡的。[2]

不论是国际法庭还是国内法院就同一个问题都存在裁判结果的差异，但

---

〔1〕 See Luke Eric Peterson, Another Argentine Crisis Award is Annulled; ICSID Committee Strikes Down $100+ Million Verdict in Favour of Enron Corporation, Investment Arbitration Reporter, August 2, 2010.

〔2〕 See Impregilo S. p. A. v. The Argentine Republic, ICSID Case No. ARB/07/17, Concurring and Dissenting Opinion of Professor Brigitte Stern, June 21, 2011, para. 4-5.

却不会被诟病为机制的合法性危机，因此真正的问题其实是投资仲裁裁决之间何种程度的不一致是可以接受的。联合国国际贸易法委员会（UNCITRAL）第三工作组关于 ISDS 改革的报告对该问题作了较为详细的说明，工作组在第三十五届会议上认为，当同样的投资条约标准或者同样的习惯国际法规则被作出不同解释，而这种不同解释又没有合理理由时，不一致性以及由此导致的缺乏可预测性才更是个问题。[1] 那么又该如何确认"合理"？第三工作组以列举的方式阐述了不同场景、不同法律领域内具体的"不合理的不一致"，从实体到程序都存在诸多不合理的不一致。这种不合理主要分为三种情况：首先，不同仲裁庭就相同投资条约中相同标准或就相同程序问题得出不同结论，包括在事实类似的情况下，或事实有差异，但这种差异被认为不足以作为不同结果的理由的情况下；其次，根据不同投资条约组织的仲裁庭就涉及相同措施、相同当事人或类似条约标准和（或）适用法律规则得出不同结论；其三，根据不同投资条约或相同投资条约组织的仲裁庭处理的争议涉及互不关联的当事人，但涉及类似的事实，但这些仲裁庭对适用法律规则作出了相反的解释。[2]

（二）　最大程度发挥裁决的先例价值

构建具有法律约束力的先例制度是不可行的。首先，《国际法院规约》第38条已经明确规定，司法判例不属于国际法渊源。虽然有学者和实务界人士提出将国际投资仲裁领域内类先例（precedent-like）的案件视为习惯国际法，但就法律确信和国家实践两个标准来看并不足以认定为习惯国际法。[3] 其次，国际投资仲裁庭不存在森严的等级，难以形成纵向层级系统。遵循先例原则的普通法系国家，有关哪些案件具有约束力以及哪些案件仅具有参考价值等问题均有专门规则予以约束。最后，从现实上来说，没有哪一个国际裁判机构构建了具有法律约束力的先例制度。因此，在国际投资仲裁面前的现实困境没有解决之前，是否应该率先考虑利用裁决的先例价值来保障裁决的正确。

---

[1]　See United Nations Commission on International Trade Law Working Group Ⅲ（Investor-State Dispute Settlement Reform），A/CN. 9/WG. Ⅲ/WP. 150, p. 3, 29 October-2 November 2018.

[2]　See United Nations Commission on International Trade Law Working Group Ⅲ（Investor-State Dispute Settlement Reform），A/CN. 9/WG. Ⅲ/WP. 150, pp. 3-4, 29 October-2 November 2018.

[3]　See Rebecca Meyer, The Role of Precedent in ISDS: Can Decisional Law Contribute to the Creation of Customary Norms?, Kluwer Arbitration Blog, 最后访问时间：2022 年 9 月 20 日。

第二节　提升裁决的质量以保障裁决的先例价值

国际投资仲裁中不存在具有约束力的先例制度，实践中大量对过去裁决的援引被认为是事实上的遵循先例，因此，除了国际投资法和投资条约自身的特点以外，主要是通过裁决自身的好坏让其他仲裁员选择是否援引和遵循。当不存在任何限制规则的时候，裁决的质量和仲裁员的素质极大地影响了这种事实上遵循先例的行为。并不是所有的裁决都是好的裁决，裁决中即使有些推理是值得援引和遵循的，但不意味着其他部分也是如此的。同样地，国际投资仲裁中的仲裁员被赋予处理涉及国家巨额赔付的重大事项，有权利评论以及决定是否选择其他仲裁员对这些重大事项的观点和看法，这就需要加强对仲裁员和裁决的监督和优化。总的来说，裁决的质量保障了裁决的先例价值，而提升裁决的质量需要通过优化和监督裁决内容、程序和仲裁员的方式进行推动。

首先，确认案件的相似性是发挥裁决先例价值的前提，只有明确二者之间存在可以类比适用的情况，才能讨论援引部分的意义；其次，仲裁员是保障先例价值的基础，仲裁员被任命处理投资者-国家之间的投资争端，有责任作出合理的裁决，从内部进一步提高仲裁员群体的多元化和专业素质，从外部加强对仲裁员的监督和控制，因此，优化和监督仲裁员群体是不可或缺的；再次，裁决的说服力是其先例价值的核心，在缺乏法律赋予约束力的情况下，裁决的说服力就变成一种强大的影响力，提高裁决推理的质量、建立指导性案例制度、构建法律解释委员会和上诉机制都在各种意义上增强裁决的说服力——虽然没有法律赋予其约束力，但有其他的制度给予其权威；最后，裁决的公开透明是推动先例价值的强动力，公开透明的方式让裁决内容、程序过程和仲裁员都暴露在国际社会的目光之下，经历越多越严格的考验和压力，裁决的质量就越有保障。

一、确认案件的相似性是发挥先例价值的前提

援引过去裁决来支持某裁决的前提是两个案件之间有较高的相似性，这样才能参照适用这些具有先例价值的裁决中的某些观点。那么需要比较案件

中哪几方面的相似程度来确认参照是合理的。一般来说，案件文书文本、产生裁决的制度、事实情况能够较大地影响案件的相似性，但考虑到每个案件的情况可能存在自身的特点，不能仅限于表面的相似而忽略其某些实质的差别。因此，除以下三个因素以外仍要多注意其他的影响因素，做到具体问题具体对待。

（一）案件文书文本之间的相似度

一个正在审理的案件文书内容与被考虑参照为具有先例价值的案件文书内容之间相似程度尤为重要。例如，如果对双边投资条约下具体待遇标准的含义产生了疑问，那么所涉条约的文本是否与产生先例价值的条约文本相同。在 AES Corp. v. Argentine Republic 案件中，仲裁庭认为每一个 BIT 都有其本身的特点，因此，应仔细分析其条款，以确定缔约双方所表示同意的确切范围。尤其是，那些高度相似的条约措施往往掩饰了一些关键概念定义的真正差异。[1]如果这是一项有争议的合同条款，那么在本案中所参考的具有先例价值的条款是相同的还是几乎相同的。在存在差异的情况下，这些差异是否是实质性的，其意义是潜在地追求不同的结果。因此，考虑缔约双方是否因为特定情况下的通常做法而列入一项条款，是很有帮助的。

例如，Higgins 法官曾经对公平公正待遇标准有一个著名描述："'对国民和公司的公平公正待遇'……是在海外投资保护领域广为人知并十分重视的一个法律专门术语"。[2]因此，当一项投资条约包含公平公正待遇的措辞而没有任何进一步的指导时，有一定理由可以假定各缔约方打算采用该条约中所理解的该用语的含义。[3]同样地，当某些短语或条款从通常用于某一特定领域的标准形式合同中采用时，例如国际建筑项目，当事各方很可能打算采用先前的惯例和判理所确立的可预见的解释。

---

〔1〕　See AES Corporation v. The Argentine Republic, ICSID Case No. ARB/02/17, Decision on Jurisdiction, April 26, 2005, at para. 24–25.

〔2〕　Oil Platforms（Iran v. U. S.），1996 I. C. J. Reports, December 12, Separate Opinion of Judge Higgins on Preliminary Objections；类似参见 Total S. A. v. The Argentine Republic, ICSID Case No. ARB/04/1, Decision on Liability, December 27, 2010, at para. 108："人们不得不同意 Higgins 法官在 Oil Platforms 一案中的看法，即'公平、公正地对待本国公民和公司'这一关键条款……是海外投资保护领域中著名的法律术语。"

〔3〕　根据《维也纳条约法公约》第 31 条第 4 款，条约用语有特殊意义，应确定缔约国有此原意。

对标准条款的偏离，或对标准条款的任何限制，都应该仔细加以考虑。这些改变可能是有意为之，以澄清或偏离预期的解释。例如，欧盟在 2013 年发布了一份关于欧盟协议中投资者-国家仲裁的情况说明，称《欧盟投资条约》将"阐明"和"改善"公平与公正的待遇标准，"明确规定哪些因素受到保护。"[1]2012 年美国双边投资条约同样阐明了在条款评估中适用的测试，例如，什么时候间接征收发生。[2]需要解释的文书存在这种差异就要求律师和仲裁员在依赖过去裁决之前三思。

（二）产生具有先例价值裁决的制度

在评估某一特定裁决的潜在先例价值时，另一个重要的考虑因素是正在审理的案件是否来自相同的"制度"。例如，这两种仲裁是否都属于商业仲裁，如果是，它们是否涉及相同或实质上相似的制度规则和相同类型的争端。如果这两种仲裁都来自投资领域，它们是否涉及多边机制，比如《能源宪章条约》（Energy Charter Treaty）或 NAFTA，或者在实质上完全相同的双边投资条约。再进一步说，是否能够考虑人权法院的判决或者 WTO 专家组的报告作为具有先例价值的援引。事实上，如本书第二章和第三章所述，投资仲裁庭在实践中已经较多地援引国际法院、海牙常设仲裁法院、欧洲人权法院、WTO 等国际裁判机构的决定。因此，如果拟议的具有先例价值的裁决来自不同的制度，那么就必须考虑该制度的不同目的和背景。

但需要强调的是，本书所讨论的具有先例价值的裁决仅限于国际投资仲裁庭所作的裁决和决定。因此，并不对来自其他国际裁判机构所作的决定进行过多分析。在国际投资仲裁领域内，产生裁决制度的相似性主要会再细化至合同内容、投资条款，以及 ICSID 仲裁裁决和非 ICSID 仲裁裁决之间的比较。当裁决的范围被缩小时，这就要求对制度和规则的更细致的分析，那么裁决的先例价值将会更加精准地被发挥。然而，这种细致和准确究竟需要到何种程度，仍有待研究和思考。

（三）争议案件的事实认定

通常，需要对过去案件的事实进行详细审查，以评估其先例价值。在法

---

[1] European Commission, Fact Sheet: Investment Protection and Inverstor-to-State Dispute Settlement in EU Agreement 2（Nov. 2013）.

[2] See U. S. Model Bilateral Investment Treaty Annex B（2012）.

律适用高度依赖于所涉具体事实的情况下尤其如此。例如，涉及对违反体育规则而评估适当制裁的案件是高度依赖事实的。在援引过去案件之前，有必要评估这些案件的事实在何种程度上是相同的或接近相同的。同样，根据事实来区分案件在普通法管辖中已经是一种常见的做法，在大陆法体系中也经常如此。

很明显，大多数投资仲裁庭已考虑到过去裁决中所考虑的事实情况是否与当前所面临的案件类似。例如，在 Enron Creditors Recovery Corp. v. Argentine Republic 案件中，仲裁庭同意解决 ICSID 的裁决不是具有约束力的先例，每一个案件都必须根据其自身情况加以审查。然而，当事各方在本案件中所提出的与管辖权有关的关键问题与早先案件中所提出的问题并无真正不同。在这种情况下，仲裁庭的结论遵循同样的推理，不是因为可能有一个强制性的先例，而是因为各种案件的情况是可比较的，在某些方面是相同的。[1] AlBahloul v. Republic of Taj. 案件的仲裁庭也持有类似的观点，过去案件虽然没有约束力却很有帮助。但仲裁庭考虑到两点。第一，尽管投资条约提供的保护往往大体相似，但它们并不是完全相同，仲裁庭有责任解释面前条约的具体内容。第二，不能凭空采用过去裁决作出的一般性原则声明，它们是在特定的事实背景下提出的，可能与当前的情况类似，也可能不是。[2]也有仲裁庭因为事实背景不同而拒绝遵从过去的决定。[3]

事实上，律师常常会根据事实来区分无益的案件。并且在评估过去裁决的先例价值时，某些事实会比其他事实更重要。在一些情况下，对法律的一般性表述不太依赖事实。例如，仲裁庭在投资条约中对特定待遇标准的表述，即使在事实不同的情况下也可能是有帮助的。为了评估过去裁决的先例价值，律师需要解释，而仲裁庭需要确定，案件之间的事实差异在法律上是否相关的原因。

---

〔1〕　See Enron Creditors Recovery Corporation and Ponderosa Assets, L. P. v. The Argentine Republic, ICSID Case No. ARB/01/3, Decision on Jurisdiction (Ancillary Claim), August 2, 2004, at para. 25.

〔2〕　See Mohammad Ammar AlBahloul v. The Republic of Tajikistan, SCC Case No. V. (064/2008), Partial Award on Jurisdiction and Liability, September 2, 2009, at para. 111.

〔3〕　See Enron Creditors Recovery Corporation and Ponderosa Assets, L. P. v. The Argentine Republic, Decision on Jurisdiction (Ancillary Claim), August 2, 2004, at para. 43-45; Aguas del Tunari, S. A. v. Republic of Bolivia, ICSID Case No. ARB/02/3, Decision on Respondent's Objections to Jurisdiction, October 21, 2005, at para. 288.

二、优化和监督仲裁员是保障先例价值的基础

仲裁员的人选当然影响着裁决的质量，优秀的仲裁员是作出高质量裁决的基础。在评价裁决的先例价值时，律师和仲裁庭也会考虑作出有关裁决的仲裁员的文化、背景和声誉。这不能被误认为精英主义，相反，当仲裁员在社会上因其专业精神和合理的法律处理方法而受到尊重，他们会一次又一次地得到当事人的任命，当事人相信他们会作出被视为合法的公正裁决。此外，本章第一节就"一致性"也谈论到，看起来是仲裁庭之间存在众多不一致，但实际上是仲裁员之间的观点不一致。优化和监督仲裁员有助于作出高质量的裁决，因此这是保障先例价值的基础。

（一）优化仲裁员群体

一方面，国际投资仲裁中的仲裁员常常被批评限定于一个相对较小的群体，大部分为来自西方国家的白种人男性。有学者调查发现，2009 年有 56 人被任命为 93 个 ICSID 仲裁庭的首席仲裁员，其中 24 人在多个待决案件中担任仲裁员；这 56 人中只有 4 个既不是美国人也不是西欧人。[1]根据 2019 年 UNCITRAL 对 1978-2018 年以条约为基础的 ISDS 案件的研究报告，在已知的 942 个 ISDS 案件中，约有 537 人被任命为仲裁员；大约有一半的人曾处理过一个以上的已知案件，其中 14 人被任命处理 30 多个案件；这些经常被任命处理案件的仲裁员中，有许多目前正在处理超过 10 个案件；被任命最多的 14 个仲裁员，只有 2 位并非来自西方国家。[2]许多国家，尤其是发展中国家，对仲裁员集中的情况提出质疑，因为发展中国家往往在西方仲裁员面前输给西方公司。这种集中的危险在于单一的西方文化、背景、经历的仲裁员却要处理不同文化、经济发展程度迥异的国家行为，涉及的是一国的公共政策和利益。仲裁员的集中和单一会产生裁决的某种偏好，降低裁决的合理性和受

---

〔1〕 See Jeffrey Commission, A Snapshot of ICSID Arbitrators in Pending Cases, KLUWER ARBITRA-TION BLOG, September 4, 2009, available at http://kluwerarbitrationblog. com/blog/2009/09/04/asnapshot-of-icsid-arbitrators-in-pending-cases/，最后访问时间：2023 年 9 月 20 日。需要指出的是原文认为只有 6 位并非来自西方国家，但实际上只有 4 位（分别来自保加利亚、摩洛哥、哥斯达黎加和智利），因为仲裁员 Fortier 和仲裁员 Mötler 分别来自加拿大和芬兰。

〔2〕 See UNACTD, IIA Issues Note, Fact Sheet On Investor-State Dispute Settlement Cases in 2018.

众面，最终影响其先例价值。

因此，需要扩大仲裁员的多样性，让更多来自不同国家、文化、背景、性别的仲裁员能够参与到争端解决，听到更多西方文化以外的声音。当然，被任命为国际投资仲裁的仲裁员具备更强的专业素质和更高的国际声望，许多发展中国家客观上缺少这样的专业人才，这就需要加强对发展中国家优秀法律人士的培养和训练，向他们提供国际法、条约解释和仲裁实践方面的教育。

另一方面，鉴于仲裁员的专业知识往往不同，一些仲裁员在某些问题上的观点比其他仲裁员更有分量，某些仲裁员在某些法律领域比其他仲裁员更有知识和经验。例如，"各国最有资质的国际法学家的意见"被认为是国际法的一个辅助来源。因此，在特定仲裁员的已知专业知识范围内作出的裁决，无论其声誉如何，可能比在核心专业知识范围以外的问题上作出的裁决更有分量。因此，应当丰富不同专业领域的仲裁员，并能够详细告知当事人，便于其选择。

（二）加强对仲裁员的监督

仲裁员的独立性和公正性是保障裁决质量的前提。这要求仲裁员作出裁决时要有客观标准和依据，不能仅凭主观想象。有违公正、裁决偏颇抑或是仲裁员丧失独立性都将影响裁决的质量和先例价值，同时也会影响仲裁员的声誉、影响力和个人信用。然而，令人较为担心的是，许多仲裁员在类似案件中同时作为仲裁员和顾问。[1]在大多数国内法律体系中，法官和当事人之间存在明显的分界线，但在国际投资仲裁庭上却并非如此。例如，当一名仲裁员被任命处理一个争议，而该仲裁员抑或是其合伙人或是另一个类似争端的辩护人，这种情况即使不是实际的冲突，也会引起表面上的冲突。仲裁员是否会在他的裁决中为另一个案件提供有益的法律推理。或者，仲裁员的法律推理是否会受到两起案件所呈现的事实的影响，而不是仅仅受到手头案件的影响。

因此，加强对仲裁员的监督是至关重要的。除了公开仲裁的过程和裁决的内容以加强国际社会对仲裁员的监督，还有不同国际组织和仲裁机构制定的

---

[1]　See Leah D. Harhay, Investment Arbitration in 2021: Look to Diversity and Consistency, Southwestern Journal of International Law, Volume 18 (1), 2011, p. 93.

规范仲裁员准则。为了更好地保障仲裁独立和公正，以及解决缺乏地理和性别多样性的问题，还有学者提议建立一个独立的专家组来审查投资仲裁的仲裁员（independent panel for the scrutiny of investment arbitrators，IPSIA）。[1]这样一个小组将更广泛地处理国际投资仲裁中国家提出的一些批评，建议有资格的候选人当选为仲裁员，但不完全取消当事方目前所起的作用。IPSIA 的任务可能是审查推荐的候选人，并为任命最合格的个人进入投资仲裁庭提供便利。

三、增强裁决的说服力是提升先例价值的核心

仲裁裁决的推理是评估其质量的一个关键标准，没有推理的仲裁裁决不可能有任何先例价值。最常被采用的是过去裁决的推理，而不是结果。主要的国际仲裁规则一般都要求仲裁庭作出合理的裁决。[2]以 ICSID 仲裁为例，ICSID 公约第 47 条规定裁决应当包括对提交给仲裁庭的每一个问题所作的决定，以及该决定所根据的理由。[3]同样，许多国家的仲裁法也有这样的要求，即裁决应当包括作出决定的理由。[4]本书第二章曾谈到援引过去裁决是因为裁决具有说服力，这种说服力主要受到裁决内容、仲裁程序和仲裁员的影响。上文已经讨论了优化和监督仲裁员的重要性和建议，下文则将重点分析裁决内容和程序的部分，提出提高裁决推理的质量、构建指导性案例制度、建立法律解释委会和上诉机制能够有效提升裁决的先例价值。虽然投资仲裁裁决没有法律赋予的约束力，但却能通过不同制度和形式获得较高的权威性，这种权威性能够极大地加强裁决的说服力，因此也增加了裁决的先例价值。

---

〔1〕 See Andrea K. Bjorklund, et al., The Diversity Deficit in International Investment Arbitration, Journal of World Investment and Trade, Volume 21, No. 2-3, 2020.

〔2〕 International Chamber of Commerce, Arbitration Rules-Mediation Rules Art. 31（2）（2012），"裁决应当说明理由"；International Center for Dispute Resolution, Internaitonal Dispute Resolution Procedures（including mediation and arbitration rules）Art. 27（2）（2010），"仲裁庭应说明裁决所依据的理由，除非当事人同意无须说明理由"；International Center for Settlement of International Dispute Rules Art. 47（1）（i）（2006），"该裁决……应包含：……法庭对提交给它的每一个问题的决定，以及作出该决定的理由"；LCIA, Arbitration rules Art. 26.1（1998），"仲裁庭应……说明裁决所根据的理由"；UNCITRAL Arbitration Rules Art. 34（3）（2011），"仲裁庭应当说明裁决所依据的理由"。

〔3〕 See International Center for Settlement of International Dispute Rules Art. 47（1）（i）（2006）.

〔4〕 UNCITRAL Model Law on International Commerical Arbitration Art. 31（2），"裁决应当说明理由"；英国 Arbitration Act, 1996, § 52（4），"裁决书应当载明裁决书的理由"。

（一）提高裁决推理的质量

显而易见的是，大多数仲裁庭认为裁决的说服力取决于裁决推理的优劣。因此，必须加强对推理部分的说明，在评价裁决的先例价值时，重点关注其推理的科学性、合理性和合法性。仲裁员在裁决中援引过去的裁决也应当对此进行具体的解释说明，明确该援引行为的合理合法性，有助于发挥一系列裁决的先例价值。事实上，仲裁庭在实践中已经这么做了。Tulip Real Estate and Dev. Netherlands B. V. v. Republic of Turk. 案件中，仲裁庭认为没有必要对国际法院和 ICSID 中具有先例价值的案件进行等级分析，有关调查仍有待仲裁庭通过解释和适用 BIT 条款本身进行。过去的决定可以提供这种调查，但是仲裁庭应根据过去仲裁庭具有严谨性和说服力的相关分析和表述对本案的投资保护条款作出自己的解释。[1]类似地，仲裁庭在 BIVAC B. V. v. Republic of Paraguay 案件中表示，申请人援引的两项决定十分具有说服力，因此不难得出结论是申请者在巴拉圭领土内进行了一笔投资。[2]

而 AWG Group Ltd. v. Argentine Republic 案件的仲裁庭认为 CME 案的先例效果可能会因为它不是一项一致的决定并且仲裁庭没有对这一点进行详细分析的事实而减弱。[3]出于对过去案件的尊重，仲裁庭指出虽然申请人没有提及，但 Lauder v. Czech Republic 案件处理了与 CME 案件相同的事实和相似的BIT，但得出的结论是捷克政府的行为不构成征收，因此大大降低了 CME 案件的先例价值。[4]因此，当裁决作出以后，需要考虑的一个因素是其他仲裁庭对该裁决的反应——裁决是被认可还是被批评。仅从这方面考虑，由一系列案件得出的结论应当比一个单一的案件具有更大的先例价值，这一结论可能反映出一种逐渐形成的判理恒定（jurisprudence constante）。同样，任何单独的或不同的意见所提出的理由，在评价多数意见的理由时，都应当加以考

---

〔1〕 See Tulip Real Estate and Development Netherlands B. V. v. Republic of Turkey, ICSID Case No. ARB/11/28, Decision on Bifurcated Jurisdictional Issue, March 5, 2013, at para. 47.

〔2〕 See Bureau Veritas, Inspection, Valuation, Assessment and Control, BIVAC B. V. v. The Republic of Paraguay, ICSID Case No. ARB/07/9, Decision on Objections to jurisdiction, May 29, 2009, at para. 103-104.

〔3〕 See AWG Group Ltd. v. The Argentine Republic, UNCITRAL, Decision on Liability, July 30, 2010, at para. 167.

〔4〕 See AWG Group Ltd. v. The Argentine Republic, UNCITRAL, Decision on Liability, July 30, 2010, at para. 144.

虑。当然,最极端的批评形式是由仲裁所在地的法院或 ICSID 仲裁的特设委员会撤销裁决。虽然这不是决定性的,但就国际投资仲裁庭所采用的理由而言,这将是一个明显的危险信号。特定司法管辖区不执行裁决亦可能是这方面的一个相关考虑。

(二) 建立指导性案例制度

编纂并发布指导性案例,构建指导性案例制度有助于分类和筛选优质的裁决,在决策时能更恰当地发挥和利用过去裁决的先例价值,加强决策的科学合理性。这种制度可以借鉴中国 2005 年《人民法院第二个五年改革纲要 (2004-2008) 》确立的指导性案例制度,按照该制度将通过最高人民法院编发的指导性案例作为具有权威性的典型案例,对各地各级法院的司法案例编选实践构成技术上的示范指引。[1]

以 ICSID 为代表的仲裁机构可以出版投资仲裁的指导性案例,分析、研讨同类案件的实体性和程序性内容,重点突出从这些裁决总结出来的具有先例价值的观点、规则或是原则等,用以指引后续的案件。这就需要发布指导性案例的机构对裁决进行细致而有重点的筛选。例如,与评估裁决是否具有先例价值有关的一个因素是有关文书缔约方随后的处理。仲裁员 Pedro Nikken 在 Suez, Barcelona and Interagua v. Argentina 案件的单独意见中提到了这些问题。Nikken 批评大多数接受 ICSID 判理将合法预期的概念与公平公正待遇的概念相联系,在他看来,没有一个政府为这些结论提供了 "令人信服的原因",最近国家实践已经直接拒绝通过国际最低待遇标准确定公平公正待遇原则的合法预期概念。[2]此外,可以考虑在指导性案件中标注仲裁员的姓名以及该仲裁员在其他类似案件中的观点。大多数公开裁决都确定仲裁员的身份,包括他们指定的一方仲裁员和首席仲裁员。事实上,这又与优化和监督仲裁员部分的内容联系起来,不仅仅关注于仲裁庭作出裁决的观点,还要注意单个仲裁员的观点。当仲裁庭内出现不同意见时,这种意见是十分值得了解和分析的。

---

〔1〕 中国的指导性案例制度,是指中国各级人民法院对于特定案件中的事实认定和法律适用所表达的见解,经最高人民法院审判委员会决议后编辑公布的、对全国各级人民法院审判工作具有指导作用的典型案例。

〔2〕 See Suez, Sociedad General de Aguas de Barcelona S. A., and InterAguas Servicios Integrales del Agua S. A. v. The Argentine Republic, ICSID Case No. ARB/03/17, Separate Opinion of Arbitrator Pedro Nikken, July 30, 2010, para. 25.

就 ICSID 仲裁机构而言，还可以考虑构建一个法律解释委员会。该法律解释委员会是参考原《北美自由贸易协定》（NAFTA）争端解决机制下[1]的自由贸易委员会（Free Trade Commission），该委员会被赋予解释条款的权力，有权发布有关条约的解释，并对条约规定下组成的仲裁庭产生拘束力。[2]下文将对法律解释委员会作进一步的说明。就指导性案例制度而言，法律解释委员会的职责有二：一是编纂、发布指导性案例；二是合理地总结裁决中具有先例价值的内容，归纳出法律标准并予以解释，这种解释对 ICSID 仲裁庭具有约束力。

（三）　建立法律解释委员会

提议建立法律解释委员的一个原因是，在现有条件不够成熟的情况下，为保留 ICSID 仲裁的便利性和终局性等优势，有学者认为，首先考虑构建其他先期程序而非上诉机制是比较明智的选择。[3]

如上文所述，法律解释委员会的构建是参照原 NAFTA 争端解决机制下的自由贸易委员会，由原 NAFTA 第 11 章赋予其解释权，该委员会对原 NAFTA 的解释对由第 11 章组成的仲裁庭具有约束力。原 NAFTA 自由贸易委员会曾在 2005 年 7 月发布了对原 NAFTA 第 1105 条第 1 款有关最低待遇标准的解释。在该解释中，自由贸易委员会明确指出，公平公正待遇与习惯国际法上最低待遇标准有关，且公平公正待遇和充分保护与安全（full protection and security）并不强制要求东道国提供比习惯国际法上最低待遇标准更好的实体性待遇。[4]关于最低待遇标准的问题，随后的案件中，仲裁庭认为没有比自由贸易委员会更真实可信、具有权威性的机构，因此选择依照该标准进行解释。[5]且不论该解释是否正确，毕竟学界和实践中均有争论。但从机构设置上来说，自由贸易委员会对原 NAFTA 体系内的公平公正待遇进行了界定和解释，明确了投资者-

---

　〔1〕　现在已更新为《美墨加协定》（USMCA）。关于 ISDS，USMCA 有新的变化，下文会重点说明。

　〔2〕　See NAFTA, Article 1131.

　〔3〕　See Gabrielle Kaufmann Kohler, Arbitral Precedent: Dream, Necessity or Excuse?: The 2006 Freshfields Lecture, Arbitration International, Volume 23, No. 3. , 2007, pp. 357-378.

　〔4〕　参见丁夏：《国际投资仲裁中的裁判法理研究》，中国政法大学出版 2016 年版，第 256 页。

　〔5〕　例如，2000 年 ADF v. United States 案、2000 年 Pope & Talbot v. Canada 案、2002 年 Mondev v. United States 案、2003 年 Loewen v. United States 案和 2005 年 Methanex v. United States 案。

国家之间权利义务的范围划分，更有利于后续仲裁庭的援引和适用。可以说，自由贸易委员会对裁决中某些问题的解释具有强大的权威性和说服力，从而使得后续裁决形成一种整体的先例价值。

然而，随着 2018 年 11 月 30 日《美墨加协定》（USMCA）取代《北美自由贸易协定》（NAFTA），其中投资者-国家争端解决机制（ISDS）的设置产生了巨大的变化。各国从本国规制权的利益考量出发，针对三国相互之间的投资争端解决方式，采取了"à la carte"方式，以两种截然不同的路径对东道国规制权这一问题作出回应：其一是用东道国当地救济替代传统的 ISDS 机制；其二是对传统的 ISDS 机制进行改革以适应维护规制权的需要。[1]简单来说，关于 ISDS 机制的问题不再用一刀切的方式进行处理了，三个国家两两之间可以选择改革以后的 ISDS 机制，抑或是用其他方式替代，甚至可以对某些问题保持沉默。事实上，这些变化的背景是 UNCITRAL 关于 ISDS 机制的改革，各国对改革的方向存在较大的差异。但 USMCA 这种在同一协定中两两约定争端解决方式是值得思考和学习的。本章第三节将重点讨论 UNCITRAL 关于 ISDS 改革的进程和方向，以及对一致性的影响。

（四）建立 ICSID 仲裁的上诉机制

关于裁决不一致的问题裁决，可以在仲裁庭的裁决中找到一种解决办法。Glamis Gold v. United States 一案的仲裁庭认为仲裁庭是合同的产物，仲裁庭的组成是为了解决特定的争端。[2]然而，仲裁庭注意到，原 NAFTA 仲裁庭处理当前的特定案件，必须认识到仲裁庭在一个更大的背景内运作。[3]国际仲裁庭对其职责范围作了解释："因此，本仲裁庭在执行解决该特别争端的主要职责时，是在了解仲裁庭运作背景的情况下这样做的。仲裁庭强调，它绝不认为对运作背景的认识就是有理由（或确实需要）偏离集中注意解决具体案件的责任。相反，仲裁庭认为这种认识是对推理的一种训练，这种推理不会改变仲裁庭的决定而是指导和帮助仲裁庭，同时支持作为临时体系的一部分。"事实

---

〔1〕 参见张庆麟、钟俐：《析〈美墨加协定〉之 ISDS 机制的改革 ——以东道国规制权为视角》，载《中南大学学报（社会科学版）》2019 年第 4 期。

〔2〕 See Glamis Gold, Ltd. v. The United States of America, UNCITRAL, Award, June 8, 2009, at para. 3.

〔3〕 See Glamis Gold, Ltd. v. The United States of America, UNCITRAL, Award, June 8, 2009, at para. 4.

上，本书第一章也对此有所讨论，认为投资仲裁庭正在或已经朝着更广泛地理解仲裁角色的方向发展，这种认识的改变会影响今后的裁决和制度的改革。

ICSID 公约目前允许对 ICSID 仲裁进行有限的审查，当事方可以要求仲裁庭对裁决作出解释，根据新发现和重要的证据进行修订，并由一个由三名成员组成的特设委员会以有限的理由宣布撤销裁决。[1]然而，现在可能是时候超越这种有限的审查和临时仲裁庭的意识，重新考虑上诉委员会的构建了，这是 2004 年 ICSID 报告中提出的改进方案。ICSID 就上诉机制的可能性对用户进行了调查，提出了该想法，即这种替代方案可能有助于缓解裁决的不一致，并提高投资者-国家仲裁的可接受性。[2]ICSID 指出已经有一些投资条约认为广泛的条款最终将构建一个上诉机制，并预期在不久的将来多达 20 个国家可能就上诉机制签订条约，其中大部分是原 ICSID 的缔约国。[3]ICSID 设想的上诉委员会是由来自不同国家的 15 个人中选取 3 个组成上诉庭。[4]裁决可能因明显的法律错误或 ICSID 公约第 52 条规定的 5 项撤销理由中的任何一项，甚至可能是严重的事实错误而受到质疑。[5]不过，ICSID 的确预见到任何上诉机制的规则都必须是灵活的，并须根据有关的同意文书作出调整。[6]虽然该提议最终没有通过，但引发了学界的众多讨论，直到今天联合国贸易法委员会对 ISDS 的改革方案中依然有上诉机制的构建。

上诉委员会也许可以把相关联的案件汇集在一起，而不是把撤销作为没有最后结果的唯一选择。这样一个委员会可以超越撤销的有限职能，正如 CMS v. Argentina 案件的撤销委员会援引了 MTD v. Chile 案件的撤销文书，指出："撤销委员会不能以其是非曲直的决定代替仲裁庭的决定。它也不能就重新提交的问题指导仲裁庭如何解决争端中的实质性问题。它所能做的就是取消仲裁庭的决定，可以消灭既判力，但在是非曲直问题上撤销委员会不能创

---

〔1〕　See ICSID Convention, Regulations and Rules, ICSID/15, April 2006, Art. 50–52.

〔2〕　See Possible Improvements of the Framework for ICSID Arbitration, at para. 22.

〔3〕　See Possible Improvements of the Framework for ICSID Arbitration, at para. 22.

〔4〕　See Possible Improvements of the Framework for ICSID Arbitration, at annex, para. 5.

〔5〕　See Possible Improvements of the Framework for ICSID Arbitration, at annex, para. 7. 根据 ICSID 公约第 52 条进行审查的 5 个理由是：没有适当组成仲裁庭；明显超出仲裁庭的权限；其中一名成员腐败；严重违反了一项基本的议事规则；该裁决没有说明其依据的理由。

〔6〕　See 5th Annual Investment Treaty Arbitration Conference Schedule, Juris Conferences, April 5, 2011.

造新的是非曲直。"[1]

四、裁决的公开透明是推动先例价值的强动力

如第二章所述，国际投资仲裁中事实上遵循先例的先决条件是裁决的公开透明。持续的公开透明一方面能够帮助筛选高质量的具有先例价值的裁决，另一方面也能够加强对国际投资仲裁机制的监督，有利于仲裁员的独立和公正。特别需要注意的是，国际投资仲裁中一方当事人是国家，仲裁庭常常需要回答涉及公共政策、公共利益、国家规制权等公法领域的问题，而争端中国家面临的是支付巨额赔偿。在这种特殊情况下，投资仲裁裁决的公开和透明对裁决的公信力、实体结果公正乃至国际投资法律发展都是至关重要的。只有通过比较一系列分析相同或类似议题的公开裁决，才能选择最合适的具有先例价值的裁决进行援引。如果没有制度对裁决的公开透明进行保障，那么事实上遵循先例也将不复存在。

（一）公开透明的意义

一直以来，ICSID 仲裁本身就十分重视裁决的公开和透明，多次修改透明度规则，不断加强公开透明的范围和程度，并且在网上发布相关文件和裁决，建立电子数据库，通过各种渠道便利大众对案件信息的获取，从而真正做到公开和透明。而非 ICSID 投资仲裁依托于商事仲裁的模式，天然地不具备公开透明的特点。相比较而言，公开方式并不广泛，不易于获取案件信息。值得注意的是，2013 年 UNCITRAL 通过《贸易法委员会投资人与国家间基于条约仲裁透明度规则》（以下简称《透明度规则》），并于 2014 年 4 月 1 日起生效。全文共 8 条，从当事人双方信息、程序过程到裁决内容等相关信息和资料向公众开放和共享。[2] 总的来说，国际投资仲裁一直在公开透明方面保持

---

[1] CMS Gas Transmission Company v. The Argentine Republic, ICSID Case No. ARB/01/8, Decision of the Ad Hoc Committee on the Application for Annulment of the Argentine Republic, September 25, 2007, at para. 44, 援引了 MTD Equity & MTD Chile v. Republic of Chile, ICSID Case No. ARB/01/7, Decision on Annulment, March 21, 2007, at para. 54.

[2] UNCITRAL Rules on Transparency in Treaty – based Investor – State Arbitration（Effective Date：l April 2014).《透明度规则》第 2 条规定，一旦被申请人收到仲裁通知，争议各方即应迅速将仲裁通知副本发送给联合国秘书长或贸易法委员会指定的一个信息存储处。存储处从被申请人处收到仲裁通知，或者存储处收到仲裁通知及该通知已发给被申请人的记录，即应迅速向公众提供关于争议各方名

努力，具有良好的效果。

裁决虽然没有被后续仲裁庭援引，但在另一种意义上发挥了先例价值——其他参与者对某些问题设定了预期答案，并以此规范自己的行为，这在一定程度上促进了法律的一致性。因为裁决的公开透明不仅保障争议双方在公开透明的环境下对程序和实体问题享有充分的知情权，而且为其他广泛的公众提供了解争议解决的公开渠道，便于学者、律师、投资者和国家获悉具体案件的情况和文书，最终有利于学术研究和为后续争端提供指引。通过这种公开的方式，投资者能够从裁决内容中知晓投资条约保护下具体的权利与范围，对照裁决结果修正投资计划和执行方案；而国家在具体分析和多次权衡后，有意识地根据裁决结果调整未来将要签订的投资条约，甚至是以此制定投资者-国家争端解决的改革方案。由此可见，除了裁决本身对仲裁员的影响以外，其他参与者的认同行为，都会加深后续案件的仲裁员对该裁决先例价值的认定，从而进一步帮助区分裁决的好坏和先例价值的高低。

一方面，裁决的公开透明不仅对仲裁员起监督作用，使其承担更多来自各方的压力，增强其责任感的同时，也保证仲裁的公平公正；同时也推动了国际社会对仲裁程序和结果的有效监督，促进国际投资仲裁机制的合法性，有助于保障裁决的质量，提升其先例价值，最终促进法律的一致性。另一方面，公开透明的过程中，国家通过签订条约、合同对投资者的投资保护的承诺也受到了监督，过去裁决中确认的保护标准将影响未来的行为。

（二）鼓励第三方参与

由于国际投资条约内容宏观抽象、措辞模糊，国际投资法的碎片化也使得投资保护概念不清，国际投资保护标准的解释与说明较为困难和复杂。再者，国际投资仲裁处理的争端常常涉及公共利益、国家规制权等公法问题，国

（接上页）称、所涉经济部门以及提出有关申请所依据的条约的信息。《透明度规则》第 3 条规定，除有例外规定（涉及机密信息或受保护信息），应向公众公布的文件包括：仲裁通知、对仲裁通知的答复、申请书、答辩书以及任何争议方提交的任何进一步书面陈述或书面材料；上述文件的所有证物以及专家报告和证人陈述的证物的清单；非争议方条约缔约方以及第三人提交的任何书面材料、审理笔录（如果有）以及仲裁庭的命令、决定和裁决。《透明度规则》第 6 条规定，除有例外规定（涉及机密信息或受保护信息），为出示证据或进行口头辩论而进行的审理应公开举行。此外，仲裁庭还可酌情作出包括通过视频链接或其认为适当的其他手段安排列席，以便利公众列席审理。

家作为被申请人面临的是巨额赔付的风险。因此，对投资保护标准的解释应当慎之又慎。

鼓励第三方，如政府间国际组织、权威学者的参与，对国际投资法、投资保护标准进行研究，分析解释的趋势和争议，推动达成某些问题的共识；第三方也能作为法庭之友在争端中说明事实，解释法律，共同促进投资裁决的合理化和科学化。政府间国际组织通过众多的课题、项目与裁决的研究报告在系统梳理裁决的同时也发表了对某些问题的看法和观点。不论赞成与否，都为该法律问题提供了更多更广泛的解释与说明，甚至会引起新的争议和讨论，尽其所能在适当范围内达成某些共识，有助于后续裁决在处理类似问题时有更多理由选择这种一致性。而权威学者公开发表的观点在此意义上则更具有强大的影响力。相当一部分权威学者在国际投资仲裁中担任仲裁员，不仅有较高的学术修养，还具备丰富的实践经验，这种理论与实践的紧密结合使得其观点受到更多的认同，而权威学者较好的声誉又进一步加深了其影响力。

第三节　投资者-国家争端解决机制的改革保障法律的一致性

除了通过研究事实上遵循先例，来寻找方法解决裁决结果不一致性的问题，还应当在改革的大背景下进行比较研究。投资者-国家争端解决机制（ISDS）自建立以来就伴随着诸多批评，随着合法性危机的加剧，几个国家陆续退出 ICSID 公约，同时以美国和欧盟为代表组建新的投资争端解决机制以取代原机制，ISDS 的改革已是迫在眉睫。联合国国际贸易法委员会（UNCI-TRAL）经各国授权，由第三工作组开展此项工作，是由政府主导针对程序的改革。经过多次会议，工作组确定有必要对 ISDS 进行系统的改革。提议的数量众多、范围广泛，包括结构性改革到非结构性改革。同时也产生了三种不同态度的改革方向，均在一定程度上保障法律的一致性。有趣的是，其中渐进主义者的改革态度恰好与以提升裁决质量为核心的事实上遵循先例有相似之处。但系统改革者和模式转变者的观点亦有可取之处和一定的受众群体。因此，以"à la carte"方式设计下的投资争端解决方式极有可能是未来发展的方向。在一个多边体制框架内，国家有足够的自由针对不同的国家选择适合自己的争端解决方式。对中国而言，在短期内积极适用渐进主义者的方案

是最有效益的，从长期来看及时更新系统改革者的进程是很有必要的，在
ISDS 改革大背景下，掌握主动权是至关重要的。

一、投资者-国家争端解决机制改革的基本进程

十几年来，投资者-国家争端解决机制（ISDS）遭受了一场合法性危机。[1]
批评者认为，ISDS 支持投资者，对发展中国家有偏见，受到不连贯的法律体
系的困扰，缺乏透明度，成本和补偿过高。虽然这个系统有它的支持者，但
是 ISDS 在持续产生争议。2600 多份国际投资条约中有百分之九十的协议允许
外国投资者对国家提出仲裁请求[2]，而且仲裁案件的数量已经激增到远远超
过 1000 件，其中相当一部分直接挑战了国家的监管权力。因此，尽管 ISDS
已成为解决争端的一种明确的选择工具，但它也成为批评的焦点，ISDS 改革
的讨论和尝试从未停止。

（一）ISDS 改革的任务

各国对 ISDS 这些问题的最初反应经历零散的单边改革、双边改革和多边
改革，从谴责 ICSID 公约和终止投资条约，到制定新的示范条约，以法院体
系取代仲裁，以及对现有条约进行实质性改革，ICSID 和其他仲裁中心也修订
了它们的程序规则。然而，在 2017 年底，改革进程迈向了一个更高的层次。
联合国国际贸易法委员会（UNCITRAL）第三工作组被各国任命对 ISDS 进行
改革，并被赋予广泛的授权来处理当前体制下真实和认知的合法性问题。[3]
在一个高度分散的体制下，各国如何就多边改革进程达成一致，有点令人困惑。
有部分原因是，发达国家和发展中国家现在就 ISDS 发展有共同的关切——因为
越来越多的国家面临索赔的要求，特别是那些对西方国家关键政策提出挑战的

---

〔1〕　See Susan D. Franck's, The Legitimacy Crisis in Investment Treaty Arbitration: Privatizing Public In-
ternational Law Through Inconsistent Decisions, Fordham Law Review, Volume 73, No. 3, 2005, p. 107; Mal-
colm Langford and Daniel Behn, Managing Backlash: The Evolving Investment Treaty Arbitrator?, European
Journal of International Law, Volume 29, No. 2. , 2018, pp. 551-580.

〔2〕　See UNCTAD Investment Policy Hub.

〔3〕　See United Nations Commission on International Trade Law (UNCITRAL), Report of Working Group
III (Investor-State Dispute Settlement Reform) on the work of its thirty-fourth session (Vienna, 27 November-1
December 2017), UN Doc. No. A/CN. 9/930/Rev. 1 (December 19, 2017).

索赔要求。[1]然而，这也是一个时间、技术管理、政治和信息框架的问题。

此次改革的任务是明确的，但也是有限的。第一，与联合国国际贸易法委员会的大多数改革进程不同，这一进程将由"政府主导"，由专家发挥观察员和咨询作用。第二，改革要以问题为导向，而不是由事先制定的解决方案来决定。工作组分三个阶段进行："查明和审议关于ISDS中国家关切的事项"，考虑"改革是否可取"以及"拟订向委员会建议的有关解决办法"。第三，注意到对投资者–国家仲裁的批评常常两极分化，联合国国际贸易法委员会强调其工作"不应仅以认知为基础，而应以事实为基础"。[2]因此，从学术界到社会利益相关者和从业人员也有机会在提供证据而不是鼓吹特定立场方面发挥关键作用，尽管也有一些明显的例外。

（二）ISDS改革的目标

尽管以问题为中心的模式使改革过程相当开放，但它在一个方面受到了至关重要的限制。该任务仅限于ISDS程序改革，而不是投资条约中规定的基本实质规则。这种割裂引起了一些国家和民间社会组织的批评。他们声称，如果不同时对基本规则进行实质性改革，就无法解决与该制度有关的核心问题。[3]但是，处理条约的实质问题对工作组来说是一个太过遥远的桥梁。没有充分的共识认定各国在基本投资条约上是否存在共同问题。再者，最初也只有脆弱的共识存在于广泛的程序改革——相当多的反对者，例如美国、俄罗斯、日本和以色列。此外，在单一工作小组的范围内处理各种内容极其丰富的投资条约，其可行性会被质疑。[4]然而，有趣的是，随着这一进程的推进，实质性和程序性改革之间的界限并不总是清晰可见的，一些拟议的程序性改革必然会产生实质性影响。

因此，改革进程的核心是如何处理国际法下投资者的实质性权利与特定形式的国际投资仲裁相结合产生的特别问题，因为在这种机制下投资者只会

---

[1] See ICSID Secretariat, The ICSID Caseload Statistics.

[2] UNCITRAL, Report of the United Nations Commission on International Trade Law, Fiftieth session (3–21 July 2017), UN Doc. No. A/72/17 (2017), at para. 245.

[3] See Anthea Roberts, Taylor St. John, UNCITRAL and ISDS Reforms: Agenda-Widening and Paradigm-Shifting, EJIL: Talk!, September 20, 2019.

[4] See Malcolm Langford, Anthea Roberts, UNCITRAL and ISDS Reform: Hastening Slowly, EJIL: Talk!, April 29, 2019.

以申请人的状态进入程序，而国家的行动因为其被申请者的身份受到极大的限制。这就是 ISDS 的现状，虽然由于仲裁机构、仲裁员的选择以及所适用的投资条约有所不同，ISDS 的形式略有不同，但它都具有基本的结构。除了极少数案例外，国际投资仲裁都是单向进行的，双方都是单一的身份，即申请方是外国投资者，被申请方是投资东道国。国际投资仲裁庭是为了解决特定的争端而临时设立的。仲裁庭由仲裁员组成，而不是法官。这些争议双方指定的仲裁员，仅对当前的争议享有决策权并透明地适用默认的规则。然而，与一个完全公开审判制度相比又完全不够透明，审判制度还必须满足透明度、代表性和多样性。[1]国际投资仲裁在早期作为一个处理主权国家涉及外国投资争议的问题解决手段，是受到赞许的，尤其是与国际法院相比较，但投资仲裁因其职权扩大，涉及公法领域更加明显，而一直在努力维持其合法性。

二、投资者-国家争端解决机制改革方向的讨论与争议

各国授权联合国国际贸易法委员会（UNCITRAL）由第三工作组开展的投资者-国家争端解决机制（ISDS）改革，在确认对 ISDS 进行系统性改革后，渐进主义者、系统改革者、模式转变者三种不同的改革方向提出了多种不同类型的改革方案，结构性改革包括上诉机制、多边投资法院、具有上诉机制的法院和发展中国家的建议中心等；而非结构性改革的选项包括仲裁员的行为准则、监管第三方资助和扩大反诉的可能性等。这些改革方案都在一定程度上促进了法律的一致性，其中多边投资法院是最为彻底的改革方案。在这种情况下，通过多边投资程序的改革，以 "à la carte" 的方式构建一个多边投资协定。这一多边体制框架将使参与者能够利用他们所喜欢的解决争端方式，但仍为解决投资争端方面的多边合作提供结构，并有可能在实质上塑造国际投资制度的未来

（一）ISDS 改革中工作组的两个挑战

在这些早期的会议中，第三工作组面临的一个挑战是评估对 ISDS 所确认的担忧是否有充分的依据和足够严重，以证明有必要进行系统的改革。尽管

---

〔1〕 但 ICSID 一直致力于投资仲裁的公开透明，并且 2013 年联合国国际贸易法委员会通过了《透明度规则》，至少在这方面有努力。

如此，工作组于 2019 年 4 月在纽约召开会议，一致认为有必要进行改革。[1]因此，改革已成为有关 ISDS 及其未来的关键词，这一进程已经开始加速。然而，改革的状态会是什么样子，甚至更重要的是这种方案是否会起作用，仍是一个悬而未决的问题。在同意对 ISDS 进行改革时，参与国同意将重点放在同时讨论、拟订和发展多种可能的改革解决办法，而不是依次进行。[2]

工作组面对的另一个挑战是联合国国际贸易法委员会程序内的地缘政治动态和不同的意识形态。国家被整齐地归类为三种类型——渐进主义者（incrementalists）、系统改革者（systemic reformers）或模式转换者（paradigm-shifters）。[3]它们相对的支持和参与决定了改革进程的速度和实质内容。对渐进主义者而言，改革的选择与修正与已经存在的系统没有很大区别。从内部，通过由仲裁领域主导的去中心化和很大程度上非正式的过程，根据已确定的问题调整和修改现有的做法。系统改革者坚持认为，他们可以接受一个存在某种形式的 ISDS 的世界，但前提是对 ISDS 当前运作方式的许多核心特征进行系统性改革。欧盟提议的一个具有一审和上诉审查权的多边法院是一个主要的例子，这与欧盟最近区域贸易和投资条约中，包括最近与加拿大签署的贸易协定，作为不可商议部分的投资法庭几乎相同。然而，中国等系统性改革的国家目前正限制自己，提议在标准的 ISDS 或经过一定改革的 ISDS 的基础上，再增加一个上诉机制，而没有寻求废除投资条约下的仲裁。[4]模式转变者的主要目标不会仅停留在废除仲裁上，消除 ISDS 可能是他们的目标。以南非和巴西为代表的少数国家，会接受的模式可能只允许用尽当地救济后进入某种形式的仲裁，或可去除任何投资者可以发起直接索赔的一种仲裁形式，例如国家同意下的国家-国家仲裁系统。

（二）ISDS 机制的多边公约程序改革

虽然所有改革的可能性还没有全部提出，但其中许多已经提出并在 2019

---

[1] See UNCITRAL, Report of Working Group III (Investor-State Dispute Settlement Reform) on the work of its thirty-seventh session (New York, 1-5 April 2019), UN Doc. No. A/CN. 9/970 (April 9, 2019).

[2] See UNCITRAL, Possible reform of investor-State dispute settlement (ISDS), UN Doc. No. A/CN. 9/WG. III/ WP. 149, at para. 81-82 (September 5, 2018).

[3] See Anthea Roberts, Incremental, Systemic, and Paradigmatic Reform of Investor-State Arbitration, American Journal of International Law, Volume 112, No. 3. , 2018.

[4] See UNCITRAL, Possible reform of investor-State dispute settlement (ISDS) - Submission from the Government of China, UN Doc. No. A/CN. 9/WG. III/WP. 177 (July 19, 2019).

年 10 月的维也纳会议上形成了一项未来工作的计划。这些提议的范围从需要进行重大结构性修正的变革性改革，到对现状的小幅调整。结构性改革的建议到目前为止包括上诉机制、多边投资法院、具有上诉机制的法院和发展中国家的建议中心；而非结构性改革的选项包括工作组报告中的"其他可能的解决方案"[1]，如仲裁员的行为准则、监管第三方资助和扩大反诉的可能性。此外，还提出了一系列混合建议，以加强国家对条约解释的控制，建立新的仲裁员选择机制以及其他争端解决方式。然而，虽然一般的改革模式通常被压缩成几个基本特征[2]，为了构建这些不同的模式，必须考虑的细节和选项既多又复杂。

因此，国家和学者也开始来识别一个改革方案如何包含所有的改革提议——所谓的多边公约程序改革（Multilateral Convention on Procedural Reform），这将允许各国选择它们偏好的选项，当这些选择与其他国家匹配的时候，接受与这些国家签订的涉及争端解决的双边条约。[3]本章第二节在讨论《美墨加协定》（USMA）的时候已经提到该协议对 ISDS 机制的规定就是采用了类似的方法，三个缔约国在同一个协定中两两选择适合的争端解决机制。这种模型在目前看来也十分适用于 UNCITRAL 下的 ISDS 机制改革。通过多边公约程序改革，国家可以在同一投资协定内就 ISDS 机制的具体设置拥有更多自由选择的空间。倾向于渐进主义者的，可以在认同该方向的群体内制定如何就现有体系进行改进和修正；同理，系统改革者和模式转变者也能找到志同道合的合作伙伴；此外，国家也不必一刀切，可以就不同的缔约国约定适用不同的机制，这也是一种最大范围内的求同存异。

（三）改革方案与法律一致性

在 2018 年 11 月维也纳会议期间，工作组确定了改革进程第一阶段工作中需要解决的六个问题：（1）过高的法律费用；（2）程序时长；（3）法律一

---

〔1〕　UNCITRAL, Possible reform of investor-State dispute settlement（ISDS）, UN Doc. No. A/CN. 9/WG. III/WP. 149（September 5, 2018）.

〔2〕　即法院、具有上诉机制的法院、ISDS 加上上诉机制、国家-国家仲裁、一个更好的 ISDS 和没有 ISDS。

〔3〕　See Stephan W. Schill, Geraldo Vidigal, Designing Investment Dispute Settlement à la Carte: Insights from Comparative Institutional Design Analysis, Law and Practice of International Courts and Tribunals, Volume 18, No. 3., 2019.

致性；（4）裁决的正确性；（5）仲裁的多样性；（6）仲裁的独立性和公正性。[1]其中法律一致性是重点需要解决的问题，也是本书研究事实上遵循先例想要解决的问题。考虑到 ISDS 改革是一个十分宏大的议题，包含了众多不同类别的议案和事项，因此，结合本书所专注的问题，有必要在此背景下就改革方案对法律一致性的影响作具体分析。在简单了解 ISDS 改革的整体目标和进程以后，三种不同的改革态度——渐进主义者、体统改革者和模式转变者，是讨论的关键线索。

渐进主义者选择在现有系统，也就是国际投资仲裁体系内进行改进和修正。例如，Wolfgang Alschner 强调解决仲裁裁决的"正确性"问题，是当前国际投资仲裁改革的核心问题。[2]对现有的三种 ISDS 纠正机制的有效性进行实证评估后，包括由撤销委员会的审查、国内法院或条约缔约方通过权威解释进行，他认为这三种机制可以指导未来的仲裁庭避免重复过去的错误。Wolfgang Alschner 的经验表明，后续仲裁庭继续援引被撤销或搁置的决定，而对权威的解释不予理会。这是一个重要警告，因为过去"错误"裁决不断重复并继续影响投资法的发展。因此，作为政策补救措施，Alschner 提出了更明确的裁决分类、更严格认定先例价值的规则和更广泛的制度改革，作为改善仲裁裁决的可能解决方案。可以说以 Wolfgang Alschner 为代表的观点，与本书通过研究事实上遵循先例得出的结论几乎一致。当范围被限定在国际投资仲裁机制内，权威解释和优化裁决是改革的最基本思路。就学术研究和实践经验来看，渐进主义带来的改革方案其效果是较为微弱的。

而改革的另一头是模式转变者，作为消除 ISDS 的代表，更多的似乎是反对投资者有权利将国家带入国际裁判程序中，并处理涉及众多国家规制权的问题，虽然最终结果可能会影响法律一致性，但其核心目标并不在于此。因此，本书不会具体讨论模式转变者的改革方案。本章第一、二节已经分析了许多与渐进主义者类似的建议，接下来则将重点放在体系改革者。

以欧盟为代表的多边投资法院（MIC），显而易见地是最彻底的改革方案，MIC 拥有高度透明的程序、独立选任的全职法官，并设有上诉法庭，更

---

〔1〕 See UNCITRAL, Possible reform of investor‐State dispute settlement（ISDS）, UN Doc. No. A/CN. 9/WG. III/WP. 149（September 5, 2018）.

〔2〕 See Wolfgang Alschner, Correctness of Investment Awards: Why Wrong Decisions Don't Die, Law and Practice of International Courts and Tribunals, Volume 18, No. 3. , 2019, p. 345.

能确保裁决的一致性与正确性、保证法官的独立性与公正性以及节约案件审理的时间与费用。[1] 然而，MIC 的构建和运作仍然面对诸多现实困境，例如法官的人选和反复任命问题。在这里，本书想要重点讨论的是 Stephan W. Schill 和 Geraldo Vidigal 通过评估在多边投资法院（MIC）与其他争端解决模式并存的情况下，以"à la carte"（点菜单）的方式设计投资争端解决方案的可行性，探讨全面系统变革的可能性。[2] 根据制度设计的比较分析和从事国家争端的广泛经验，两位作者认为这种"点菜单"的争端解决模型将保留国家的能力来选择他们喜欢的裁判方式，从而在投资争端解决中加强法律确定性和一致性。这一多边体制框架将使参与者能够利用他们所喜欢的解决争端方式，但仍为解决投资争端方面的多边合作提供结构，并有可能在实质上塑造国际投资制度的未来。该模式已被纳入《美墨加协定》，这也是 ISDS 改革应当努力的方面。那么，在一个多边体制框架内，渐进主义者、系统改革者、模式转变者都能选择自己喜欢的"那道菜"。

三、投资者-国家争端解决机制改革对中国的影响和建议

从实践经验来看，涉及中国投资者和中国的国际投资争端案件数量较少，中国国籍的国际投资仲裁员更是寥寥无几，可见中国在国际投资仲裁中的参与度是很低的。早期中国的双边投资协定对可提交国际仲裁的事项限制较多，范围较小，主要限于国有化补偿数额方面的争议。但目前的投资协定大大放宽了可提交国际仲裁的事项范围，其中大多数协定规定为就缔约方与另一缔约方投资者"就投资产生的任何争议"。然而，案件数量一直很少，虽然以中国为被申请人案件数量少是好事[3]，但中国投资者似乎也很少利用国际投资

---

〔1〕 参见邓婷婷：《欧盟多边投资法院：动因、可行性及挑战》，载《中南大学学报（社会科学版）》2019 年第 4 期。

〔2〕 See Stephan W. Schill, Geraldo Vidigal, Designing Investment Dispute Settlement à la Carte: Insights from Comparative Institutional Design Analysis, Law and Practice of International Courts and Tribunals, Volume 18, No. 3., 2019, p. 314.

〔3〕 分别是 2011 年 Ekran v. China（调解）、2014 年 Ansung Housing v. China（支持国家）和 2017 年 Hela Schwarz v. China（待定）。参见 https://investmentpolicy.unctad.org/investment-dispute-settlement/country/42/china，最后访问时间：2023 年 9 月 20 日。

仲裁来保护自己的投资利益。[1]随着中国"一带一路"政策和经济发展，越来越多的投资将在海外投资，因此应当紧跟 ISDS 改革的步伐，以短期和长期的计划设定改革的目标和方向。

（一）短期内考虑适用渐进主义者的改革内容

对中国而言，在短期内参照渐进主义者的改革方案是最有效益的。一方面，积极培养中国的优秀国际法参与者，特别是对学者、律师等法律实践者进行国际投资仲裁员的训练和教育。通过这些国际法参与者，积极活跃于国际法的舞台，更多地提出中国的意见和方案。另一方面，考虑到涉及中国抑或是中国投资者的案件比较少，对投资仲裁案件的分析、整理和归纳是比较合适的防御措施。通过筛选优质裁决，对同议题裁决进行研究，总结这些裁决在解释某一类问题时具体的先例价值；伴随着裁决内容的讨论，仲裁员个人在处理同一类案件中的观点和意见，抑或是仲裁庭中有仲裁员持反对意见，这些思考的角度在编纂案例集时有必要考虑。此外，中国倡议的利用调解方式处理国际商事争端，也应当考虑加入 ISDS 改革中。简而言之，对于渐进主义者的建议，应当以积极开放的态度进行尝试和改进。

（二）长期目光要关注系统改革者的改革进程

从长远的角度来看，中国应关注系统改革者的具体方案和实践进程。主要对《美墨加协定》和多边投资法院的实际运作情况进行分析，根据相关缔约国的签署状况，评估此类系统性改革是否适合中国的具体情况。以"à la carte"方式设计下的投资争端解决方式极有可能是未来发展的方向。如何在这种多边体制的框架内选择适合中国的争端解决方式是需要长时间的思考和具体实践的。应当抓住此次改革的机会，通过参与投资多边机制构建的过程，更能够了解该机制的设计目的和追求目标，从而熟练掌握该机制的运作以保护国家和投资者的利益。此外，随着"一带一路"政策和经济发展，中国也必须考虑构建中国倡议下的国际投资争端解决方案，形成区域性多边贸易投资协定。

---

〔1〕 分别是 2007 年 Tza Yap Shum v. Peru （支持投资者）、2010 年 Beijing Shougang and others v. Mongolia （支持国家）、2012 年 Ping An v. Belgium （支持国家）、2014 年 Beijing Urban Construction v. Yemen （调解）、2017 年 Sanum Investments v. Laos （II） （待定）、2019 年 Jetion and T-Hertz v. Greece （程序终止）。参见 https://investmentpolicy. unctad. org/investment-dispute-settlement/country/42/china，最后访问时间：2023 年 9 月 20 日。

结　语

　　国际投资仲裁机制的特性决定了事实上遵循先例的存在。一方面国际条约碎片化、内容过于抽象和模糊，习惯国际法也不能弥补在解释上的漏洞；另一方面仲裁庭处理的投资争端，常常涉及公共利益、国家规制权等重大问题。因此，仲裁庭不得不援引过去的裁决来帮助推理，支持其裁决的科学合理性。此外，不同于国际商事仲裁，投资仲裁裁决的公开透明也是强有力的推动力。由于先例概念过于复杂，类比遵循先例原则抑或是判理都存在较大的理论困难，为避免理论上的解释困境，简单地理解裁决具有一定的先例价值则更为清晰。这种先例价值在根本上取决于优质裁决带来的说服力，虽不具备法律赋予的约束力，却产生了一定的权威性。

　　国际法和仲裁规则既没有任何规定确定裁决是合法的法律渊源，但也没有禁止仲裁员援引过去裁决的要求。实践中，仲裁员对援引过去裁决的行为阐明了不同方面的原因。和国际法院、WTO 专家组等国际裁判机构一样，不可避免地要面对造法的质疑。虽然司法判例仅仅是国际法的辅助渊源，但在一定程度上国际投资法的碎片化和模糊性，以及投资者-国家争端解决机制（ISDS），赋予了仲裁员较高的自由解释权。目前已经有观点认为，仲裁庭不仅仅是合同模式下的争端解决机构，而且朝着更广泛地理解仲裁角色的方向发展——在司法模式下，仲裁员不仅对争议各方负有责任，而且对他们所服务的仲裁制度和跨国社会负有责任。

　　通过分析仲裁庭对投资概念、最惠国待遇原则、充分保护和安全要求的解释，研究事实上遵循先例对裁决一致性的影响，可以发现这种一致性是分散而脆弱的。在某些问题的认定上，例如在认定投资时的 Salini 测试，已经形成高度的一致。但大多数时候还是存在较大的差异。

结合 ISDS 改革的进程，可以发现渐进主义者的改革方案与本书通过研究事实上遵循先例得出的结论相似——在现有体系内，利用多种制度保障裁决的正确性和一致性。值得注意的是，具有较大包容性的多边公约程序改革代表了未来投资法的发展方向——多样性和协同性（diversity and coherence）。

上海合作组织国家之间投资
仲裁案件梳理表[1]

上海合作组织成员国：哈萨克斯坦				
	序号	时间	案件名称	投资者母国
哈萨克斯坦作为东道国：4起案件	1	2005 年	Rumeli v. Kazakhstan	土耳其：对话伙伴
	2	2011 年	TPAO v. Kazakhstan	土耳其：对话伙伴
	3	2015 年	Maǧdenli v. Kazakhstan	土耳其：对话伙伴
	4	2015 年	Aktau Petrol v. Kazakhstan	土耳其：对话伙伴
	序号	时间	案件名称	东道国
哈萨克斯坦作为投资者母国：5起案件	5	2011 年	BTA Bank v. Kyrgyzstan	吉尔吉斯斯坦：成员国
	6	2013 年	OKKV v. Kyrgyzstan	吉尔吉斯斯坦：成员国
	7	2013 年	Kim and others v. Uzbekistan	乌兹别克斯坦：成员国
	8	2013 年	Consolidated Exploration v. Kyrgyzstan	吉尔吉斯斯坦：成员国
	9	2019 年	Kazakh National Center v. Kyrgyzstan	吉尔吉斯斯坦：成员国

---

[1] 通过联合国贸易和发展会议（UNCTAD）有关投资的数据库、IAReporter 数据库和 ISLG 数据库的查询，作者整理了"附件一：上海合作组织国家之间投资仲裁案件梳理表"，所有数据整理的截止时间为 2023 年 9 月 20 日。附件一中的序号和附件二、附件三中的案件数字排序是一致的。

续表

上海合作组织成员国：俄罗斯				
	序号	时间	案件名称	投资者母国
俄罗斯 作为东道国： 0 起案件			/	
	序号	时间	案件名称	东道国
俄罗斯 作为投资者母国： 9 起案件	10	2007 年	Paushok v. Mongolia	蒙古：观察员国
	11	2012 年	Naumchenko and others v. India	印度：成员国
	12	2012 年	Nadel v. Kyrgyzstan	吉尔吉斯斯坦：成员国
	13	2012 年	Mobile TeleSystems OJSC v. Uzbekistan	乌兹别克斯坦：成员国
	14	2017 年	MetroJet v. Egypt	埃及：对话伙伴
	15	2018 年	RusHydro v. Kyrgyzstan	吉尔吉斯斯坦：成员国
	16	2018 年	Manolium-Processing v. Belarus	白俄罗斯：观察员国
	17	2018 年	Lazareva v. Kuwait	科威特：对话伙伴
	18	2018 年	GRAND EXPRESS v. Belarus	白俄罗斯：观察员国
上海合作组织成员国：吉尔吉斯斯坦				
	序号	时间	案件名称	投资者母国
吉尔吉斯斯坦 作为东道国： 8 起案件	19	2006 年	Sistem v. Kyrgyzstan	土耳其：对话伙伴
	5	2011 年	BTA Bank v. Kyrgyzstan	哈萨克斯坦：成员国
	12	2012 年	Nadel v. Kyrgyzstan	俄罗斯：成员国 美国：非上合组织
	6	2013 年	OKKV v. Kyrgyzstan	哈萨克斯坦：成员国
	8	2013 年	Consolidated Exploration v. Kyrgyzstan	哈萨克斯坦：成员国 塞舌尔：非上合组织 丹麦：非上合组织
	20	2016 年	JSC Tashkent and others v. Kyrgyzstan	乌兹别克斯坦：成员国
	15	2018 年	RusHydro v. Kyrgyzstan	俄罗斯：成员国
	9	2019 年	Kazakh National Center v. Kyrgyzstan	哈萨克斯坦：成员国

	序号	时间	案件名称	东道国
吉尔吉斯斯坦 作为投资者母国： 0 起案件			/	

上海合作组织成员国：乌兹别克斯坦				
	序号	时间	案件名称	投资者母国
乌兹别克斯坦 作为东道国： 6 起案件	13	2012 年	Mobile TeleSystems OJSC v. Uzbekistan	俄罗斯：成员国
	7	2013 年	Kim and others v. Uzbekistan	哈萨克斯坦：成员国
	21	2013 年	Güneş Tekstil and others v. Uzbekistan	土耳其：对话伙伴
	22	2013 年	Federal Elektrik Yatirim and others v. Uzbekistan	土耳其：对话伙伴
	23	2017 年	Bursel Tekstil and others v. Uzbekistan	土耳其：对话伙伴
	24	2021 年	Obuz and others v. Uzbekistan	土耳其：对话伙伴
	序号	时间	案件名称	东道国
乌兹别克斯坦 作为投资者母国： 1 起案件	20	2016 年	JSC Tashkent and others v. Kyrgyzstan	吉尔吉斯斯坦：成员国

上海合作组织成员国：巴基斯坦				
	序号	时间	案件名称	投资者母国
巴基斯坦 作为东道国： 6 起案件	25	2003 年	Bayindir v. Pakistan（I）	土耳其：对话伙伴
	26	2011 年	Agility v. Pakistan	科威特：对话伙伴
	27	2013 年	Karkey Karadeniz v. Pakistan	土耳其：对话伙伴
	28	2018 年	Al-Tuwairqi v. Pakistan	沙特：对话伙伴
	29	2021 年	Bayındır v. Pakistan（II）	土耳其：对话伙伴
	30	2022 年	Ozkartallar and Campak v. Pakistan	土耳其：对话伙伴

	序号	时间	案件名称	东道国
巴基斯坦 作为投资者母国： 0 起案件			/	

上海合作组织成员国：伊朗

	序号	时间	案件名称	投资者母国
伊朗 作为东道国： 1 起案件	31	2008 年	Turkcell v. Iran	土耳其：对话伙伴

	序号	时间	案件名称	东道国
伊朗 作为投资者母国： 4 起案件	32	2017 年	Bank Melli and Bank Saderat v. Bahrain	巴林：对话伙伴
	33	2019 年	Bahari v. Azerbaijan（I）	阿塞拜疆：对话伙伴
	34	2021 年	Central Bank of Iran v. Bahrain	巴林：对话伙伴
	35	2022 年	Bahari v. Azerbaijan（II）	阿塞拜疆：对话伙伴

上海合作组织成员国：印度

	序号	时间	案件名称	投资者母国
印度 作为东道国： 3 起案件	11	2012 年	Naumchenko and others v. India	俄罗斯：成员国 塞浦路斯：非上合组织
	36	2016 年	Strategic Infrasol and Thakur Family Trust v. India	阿联酋：对话伙伴
	37	2016 年	RAKIA v. India	阿联酋：对话伙伴

	序号	时间	案件名称	东道国
印度 作为投资者母国： 1 起案件	38	2018 年	Khadamat v. Saudi Arabia	沙特：对话伙伴

上海合作组织成员国：中国

	序号	时间	案件名称	投资者母国
中国 作为东道国： 0 起案件			/	

	序号	时间	案件名称	东道国
中国 作为投资者母国： 3 起案件	39	2010 年	Beijing Shougang and others v. Mongolia	蒙古：观察员国
	40	2021 年	Qiong Ye and Jianping Yang v. Cambodia	柬埔寨：对话伙伴
	41	2022 年	PCCW v. Saudi Arabia	沙特：对话伙伴

上海合作组织观察员国：蒙古				
	序号	时间	案件名称	投资者母国
蒙古 作为东道国： 2 起案件	10	2007 年	Paushok v. Mongolia	俄罗斯：成员国
	39	2010 年	Beijing Shougang and others v. Mongolia	中国：成员国
	序号	时间	案件名称	东道国
蒙古 作为投资者母国： 0 起案件			/	

上海合作组织观察员国：白俄罗斯				
	序号	时间	案件名称	投资者母国
白俄罗斯 作为东道国： 2 起案件	16	2018 年	Manolium-Processing v. Belarus	俄罗斯：成员国
	18	2018 年	GRAND EXPRESS v. Belarus	俄罗斯：成员国
	序号	时间	案件名称	东道国
白俄罗斯 作为投资者母国： 0 起案件			/	

上海合作组织观察员国：阿富汗				
	序号	时间	案件名称	投资者母国
阿富汗 作为东道国： 1 起案件	42	2020 年	National Aviation Services v. Afghanistan	科威特：对话伙伴

续表

	序号	时间	案件名称	东道国
阿富汗 作为投资者母国： 0 起案件			/	

上海合作组织对话伙伴：土耳其				
	序号	时间	案件名称	投资者母国
土耳其 作为东道国： 1 起案件	43	2019 年	Aljarallah v. Turkey	科威特：对话伙伴

	序号	时间	案件名称	东道国
土耳其 作为投资者母国： 20 起案件	25	2003 年	Bayindir v. Pakistan（I）	巴基斯坦：成员国
	1	2005 年	Rumeli v. Kazakhstan	哈萨克斯坦：成员国
	19	2006 年	Sistem v. Kyrgyzstan	吉尔吉斯斯坦：成员国
	44	2006 年	Barmek v. Azerbaijan	阿塞拜疆：对话伙伴
	31	2008 年	Turkcell v. Iran	伊朗：成员国
	2	2011 年	TPAO v. Kazakhstan	哈萨克斯坦：成员国
	27	2013 年	Karkey Karadeniz v. Pakistan	巴基斯坦：成员国
	21	2013 年	Güneş Tekstil and others v. Uzbekistan	乌兹别克斯坦：成员国
	22	2013 年	Federal Elektrik Yatirim and others v. Uzbekistan	乌兹别克斯坦：成员国
	3	2015 年	Maădenli v. Kazakhstan	哈萨克斯坦：成员国
	4	2015 年	Aktau Petrol v. Kazakhstan	哈萨克斯坦：成员国
	45	2017 年	Prens Turizm v. Egypt	埃及：对话伙伴
	23	2017 年	Bursel Tekstil andothers v. Uzbekistan	乌兹别克斯坦：成员国
	46	2017 年	BM Mühendislik v. United Arab Emirates	阿联酋：对话伙伴

	序号	时间	案件名称	投资者母国
土耳其 作为投资者母国： 20 起案件	47	2018 年	Ersoy v. Azerbaijan	阿塞拜疆：对话伙伴
	48	2019 年	DSG v. Saudi Arabia	沙特阿拉伯：对话伙伴
	24	2021 年	Obuz and others v. Uzbekistan	乌兹别克斯坦：成员国
	29	2021 年	Bayındır v. Pakistan（II）	巴基斯坦：成员国
	30	2022 年	Ozkartallar and Campak v. Pakistan	巴基斯坦：成员国
	49	2023 年	Guris Insaat v. Saudi Arabia	沙特阿拉伯：对话伙伴

上海合作组织对话伙伴：埃及				
	序号	时间	案件名称	投资者母国
埃及 作为东道国： 12 起案件	50	2011 年	Sajwani v. Egypt	阿联酋：对话伙伴
	51	2011 年	National Gas v. Egypt	阿联酋：对话伙伴
	52	2011 年	Bawabet v. Egypt	科威特：对话伙伴
	53	2016 年	Nile Douma v. Egypt	巴林：对话伙伴
	54	2016 年	Al Jazeera v. Egypt	卡塔尔：对话伙伴
	45	2017 年	Prens Turizm v. Egypt	土耳其：对话伙伴
	14	2017 年	MetroJet v. Egypt	俄罗斯：成员国
	55	2018 年	International Holding Project Group and others v. Egypt	科威特：对话伙伴
	56	2018 年	Al Mehdar v. Egypt	沙特：对话伙伴
	57	2019 年	CTIP Oil & Gas v. Egypt	阿联酋：对话伙伴
	58	2020 年	Qatar Airways v. Egypt	卡塔尔：对话伙伴
	59	2021 年	KGL v. Egypt	科威特：对话伙伴

	序号	时间	案件名称	东道国
埃及 作为投资者母国： 2 起案件	60	2018 年	Almasryia v. Kuwait	科威特：对话伙伴
	61	2019 年	Sumrain v. Kuwait	科威特：对话伙伴

上海合作组织对话伙伴：阿联酋				
	序号	时间	案件名称	投资者母国
阿联酋 作为东道国： 2 起案件	46	2017 年	BM Mühendislik v. United Arab Emirates	土耳其：对话伙伴
	62	2020 年	Qatar Airways v. United Arab Emirates	卡塔尔：对话伙伴
	序号	时间	案件名称	东道国
阿联酋 作为投资者母国： 6 起案件	50	2011 年	Sajwani v. Egypt	埃及：对话伙伴
	51	2011 年	National Gas v. Egypt	埃及：对话伙伴
	36	2016 年	Strategic Infrasol and Thakur Family Trust v. India	印度：成员国
	37	2016 年	RAKIA v. India	印度：成员国
	63	2018 年	Borkowski and Rasia FZE v. Armenia	亚美尼亚：对话伙伴
	57	2019 年	CTIP Oil & Gas v. Egypt	埃及：对话伙伴
上海合作组织对话伙伴：科威特				
	序号	时间	案件名称	投资者母国
科威特 作为东道国： 3 起案件	17	2018 年	Lazareva v. Kuwait	俄罗斯：成员国
	60	2018 年	Almasryia v. Kuwait	埃及：对话伙伴
	61	2019 年	Sumrain v. Kuwait	埃及：对话伙伴
	序号	时间	案件名称	东道国
科威特 作为投资者母国： 6 起案件	52	2011 年	Bawabet v. Egypt	埃及：对话伙伴
	26	2011 年	Agility v. Pakistan	巴基斯坦：成员国
	55	2018 年	International Holding Project Group and others v. Egypt	埃及：对话伙伴
	43	2019 年	Aljarallah v. Turkey	土耳其：对话伙伴
	42	2020 年	National Aviation Services v. Afghanistan	阿富汗：观察员国
	59	2021 年	KGL v. Egypt	埃及：对话伙伴

上海合作组织对话伙伴：沙特阿拉伯				
	序号	时间	案件名称	投资者母国
沙特阿拉伯作为东道国：7起案件	38	2018 年	Khadamat v. Saudi Arabia	印度：成员国
	64	2018 年	beIN v. Saudi Arabia	卡塔尔：对话伙伴
	65	2019 年	Qatar Pharma and Al Sulaiti v. Saudi Arabia	卡塔尔：对话伙伴
	48	2019 年	DSG v. Saudi Arabia	土耳其：对话伙伴
	66	2020 年	Qatar Airways v. Saudi Arabia	卡塔尔：对话伙伴
	41	2022 年	PCCW v. Saudi Arabia	中国：成员国
	49	2023 年	Guris Insaat v. Saudi Arabia	土耳其：对话伙伴
	序号	时间	案件名称	东道国
沙特阿拉伯作为投资者母国：2起案件	28	2018 年	Al-Tuwairqi v. Pakistan	巴基斯坦：成员国
	56	2018 年	Al Mehdar v. Egypt	埃及：对话伙伴
上海合作组织对话伙伴：卡塔尔				
	序号	时间	案件名称	投资者母国
卡塔尔作为东道国：0起案件			/	
	序号	时间	案件名称	东道国
卡塔尔作为投资者母国：7起案件	54	2016 年	Al Jazeera v. Egypt	埃及：对话伙伴
	64	2018 年	beIN v. Saudi Arabia	沙特阿拉伯：对话伙伴
	65	2019 年	Qatar Pharma and Al Sulaiti v. Saudi Arabia	沙特阿拉伯：对话伙伴
	62	2020 年	Qatar Airways v. United Arab Emirates	阿联酋：对话伙伴
	66	2020 年	Qatar Airways v. Saudi Arabia	沙特阿拉伯：对话伙伴
	58	2020 年	Qatar Airways v. Egypt	埃及：对话伙伴
	67	2020 年	Qatar Airways v. Bahrain	巴林：对话伙伴

上海合作组织对话伙伴：巴林				
巴林 作为东道国： 3 起案件	序号	时间	案件名称	投资者母国
	32	2017 年	Bank Melli and Bank Saderat v. Bahrain	伊朗：成员国
	67	2020 年	Qatar Airways v. Bahrain	卡塔尔：对话伙伴
	34	2021 年	Central Bank of Iran v. Bahrain	伊朗：成员国
巴林 作为投资者母国： 1 起案件	序号	时间	案件名称	东道国
	53	2016 年	Nile Douma v. Egypt	埃及：对话伙伴
上海合作组织对话伙伴：阿塞拜疆				
阿塞拜疆 作为东道国： 4 起案件	序号	时间	案件名称	投资者母国
	44	2006 年	Barmek v. Azerbaijan	土耳其：对话伙伴
	47	2018 年	Ersoy v. Azerbaijan	土耳其：对话伙伴
	33	2019 年	Bahari v. Azerbaijan（I）	伊朗：成员国
	35	2022 年	Bahari v. Azerbaijan（II）	伊朗：成员国
阿塞拜疆 作为投资者母国： 0 起案件	序号	时间	案件名称	东道国
			/	
上海合作组织对话伙伴：亚美尼亚				
亚美尼亚 作为东道国： 1 起案件	序号	时间	案件名称	投资者母国
	63	2018 年	Borkowski and Rasia FZE v. Armenia	阿联酋：对话伙伴
亚美尼亚 作为投资者母国： 0 起案件	序号	时间	案件名称	东道国
			/	

上海合作组织对话伙伴：柬埔寨				
	序号	时间	案件名称	投资者母国
柬埔寨 作为东道国： 1 起案件	40	2021 年	Qiong Ye and Jianping Yang v. Cambodia	中国：成员国
	序号	时间	案件名称	东道国
柬埔寨 作为投资者母国： 0 起案件	/			

上海合作组织国家之间投资仲裁
案件汇总表[1]

案件 1：Rumeli v. Kazakhstan	
时间	2005 年
投资者母国	土耳其：对话伙伴
东道国	哈萨克斯坦：成员国
概要	投资：持有一家哈萨克斯坦当地电信公司的股份，该公司已获得哈萨克斯坦第二个移动电话网络的运营许可；电信领域的技术诀窍和营销服务；当地注册的投资公司所提供贷款的担保人 摘要：因政府终止在哈萨克斯坦建立和探索数字蜂窝式无线电话连接的投资合同而引起的索赔
经济部门	信息通信（电信）
结果	裁决支持投资者；在撤销程序中，该裁决依然被支持
仲裁规则	ICSID 仲裁规则
管理机构	ICSID（国际投资争端解决中心）
适用的 IIA	哈萨克斯坦-土耳其 BIT
声称违法的 IIA	间接征收；公平公正待遇/最低标准的待遇，包括拒绝司法的请求；充分保护与安全，或类似；任意的、不合理的和/或歧视性的措施
认定违法的 IIA	间接征收；公平公正待遇/最低标准的待遇，包括拒绝司法的请求

〔1〕 通过联合国贸易和发展会议（UNCTAD）有关投资的数据库、IA Reporter 数据库和 ISLG 数据库的查询，作者整理了"附件二：上海合作组织国家之间投资仲裁案件汇总表"，所有数据整理的截止时间为 2023 年 9 月 20 日。附件一中的序号和附件二、附件三中的案件数字排序是一致的。

案件2：TPAO v. Kazakhstan	
时间	2011 年
投资者母国	土耳其：对话伙伴
东道国	哈萨克斯坦：成员国
概要	投资：在与哈萨克斯坦国家实体 KazMunaiGas 的合资企业 KazakhTurk-Munai 中拥有的股份，该公司持有石油勘探和生产许可证 摘要：由于政府的措施据称影响了申请人在一家石油勘探和生产合资企业的投资，该企业在哈萨克斯坦的曼吉斯坦和阿克托比地区的七个油田进行勘探和生产活动，因此提出索赔
经济部门	采矿采石（原油和天然气的开采）
结果	和解
仲裁规则	ICSID 仲裁规则
管理机构	ICSID（国际投资争端解决中心）
适用的 IIA	哈萨克斯坦-土耳其 BIT；《能源宪章条约》（ECT）
声称违法的 IIA	无数据
认定违法的 IIA	不适用-在确定责任之前已和解
案件3：Mağdenli v. Kazakhstan	
时间	2015 年
投资者母国	土耳其：对话伙伴
东道国	哈萨克斯坦：成员国
概要	投资："ATMA - 阿特劳机场和运输"股份公司 50% 的股份，这是一家在航空领域提供服务的当地合资公司 摘要：因政府据称采取措施剥夺申请人在阿特劳机场的飞机加油、货物处理和直升机服务业务而提出的索赔。据称，政府设立了另一个机场运营商
经济部门	运输仓储（仓储和支持运输的活动）
结果	支持东道国
仲裁规则	ICC 仲裁规则
管理机构	ICC（国际商会仲裁院）
适用的 IIA	哈萨克斯坦-土耳其 BIT

续表

案件 3：Maǧdenli v. Kazakhstan	
声称违法的 IIA	无数据
认定违法的 IIA	无–所有请求在实体阶段被驳回

案件 4：Aktau Petrol v. Kazakhstan	
时间	2015 年
投资者母国	土耳其：对话伙伴
东道国	哈萨克斯坦：成员国
概要	投资：从事石油运输的企业所有权 摘要：因被申请人的法院采取的一系列措施而引起的索赔，据称这些措施导致申请人的资产被非法转移给与政府有关的第三方
经济部门	运输仓储（陆路运输和管道运输）
结果	支持投资者
仲裁规则	ICSID 仲裁规则
管理机构	ICSID（国际投资争端解决中心）
适用的 IIA	哈萨克斯坦–土耳其 BIT；《能源宪章条约》（ECT）
声称违法的 IIA	无数据
认定违法的 IIA	无数据

案件 5：BTA Bank v. Kyrgyzstan	
时间	2011 年
投资者母国	哈萨克斯坦：成员国
东道国	吉尔吉斯斯坦：成员国
概要	投资：当地银行 BTA Bank CJSC 的大部分股份（71%） 摘要：因据称吉尔吉斯斯坦法院于 2012 年 5 月非法收购申请人在一家银行的权益而引起的索赔
经济部门	金融保险活动（金融服务活动，保险和养老基金除外）
结果	和解
仲裁规则	UNCTIRAL 仲裁规则
管理机构	PCA（海牙常设仲裁法院）

案件 5：BTA Bank v. Kyrgyzstan	
适用的 IIA	吉尔吉斯斯坦–哈萨克斯坦 BIT
声称违法的 IIA	间接征收
认定违法的 IIA	不适用–在确定责任之前已和解

案件 6：OKKV v. Kyrgyzstan	
时间	2013 年
投资者母国	哈萨克斯坦：成员国
东道国	吉尔吉斯斯坦：成员国
概要	投资：土地的使用权和对建设旅游综合体的货币支持 摘要：因据称在伊塞克湖畔建造文化和住宿中心的项目被征用而引起的索赔，该项目被称为 Avrora Green 度假和住宅综合体
经济部门	建设（建筑物的建造）
结果	支持投资者，但该裁决在司法审查程序中被国家法院完全撤销
仲裁规则	MCCI 仲裁规则
管理机构	MCCI（莫斯科工商会仲裁院）
适用的 IIA	《独联体保护投资者权利公约》（CIS Investor Rights Convention）
声称违法的 IIA	间接征收
认定违法的 IIA	间接征收

案件 7：Kim and others v. Uzbekistan	
时间	2013 年
投资者母国	哈萨克斯坦：成员国
东道国	乌兹别克斯坦：成员国
概要	投资：通过一家塞浦路斯控股公司 United Cement Group Plc 间接持有两家乌兹别克斯坦水泥公司 JSC Bekabadcement 和 JSC Kuvasaycement 的多数股权 摘要：因乌兹别克斯坦政府不同部门采取的一系列监管和司法措施，包括刑事调查，据称导致申请人投资的两家水泥公司被非法国有化而引起的索赔
经济部门	制造业（其他非金属矿物产品的制造）

续表

案件 7：Kim and others v. Uzbekistan	
结果	和解
仲裁规则	ICSID 仲裁规则
管理机构	ICSID（国际投资争端解决中心）
适用的 IIA	哈萨克斯坦–乌兹别克斯坦 BIT
声称违法的 IIA	无数据
认定违法的 IIA	不适用–在确定责任之前已和解

案件 8：Consolidated Exploration v. Kyrgyzstan	
时间	2013 年
投资者母国	哈萨克斯坦：成员国 塞舌尔、丹麦：非上合组织国家
东道国	吉尔吉斯斯坦：成员国
概要	投资：持有 Jerooyaltyn 公司的多数股份（60%），该公司是一家吉尔吉斯斯坦公司，与一家国有公司成立了合资企业，开发 Jerooy 金矿 摘要：因政府采取的一系列措施而引起的索赔，据称这些措施征用了申请人在一个金矿中的投资，如取消开发该矿的许可证和终止相关的合资企业协议
经济部门	采矿采石（金属矿石开采）
结果	和解
仲裁规则	ICSID AF（附加便利仲裁规则）
管理机构	ICSID（国际投资争端解决中心）
适用的 IIA	吉尔吉斯斯坦–哈萨克斯坦 BIT； 《独联体保护投资者权利公约》（CIS Investor Rights Convention）
声称违法的 IIA	无数据
认定违法的 IIA	不适用–在确定责任之前已和解

案件 9：Kazakh National Center v. Kyrgyzstan	
时间	2019 年
投资者母国	哈萨克斯坦：成员国

案件9：Kazakh National Center v. Kyrgyzstan	
东道国	吉尔吉斯斯坦：成员国
概要	暂无
经济部门	制造业（基础金属的制造）
结果	待定
仲裁规则	UNCITRAL 仲裁规则
管理机构	PCA（海牙常设仲裁法院）
适用的 IIA	吉尔吉斯斯坦–哈萨克斯坦 BIT
声称违法的 IIA	无数据
认定违法的 IIA	待定
案件10：Paushok v. Mongolia	
时间	2007 年
投资者母国	俄罗斯：成员国
东道国	蒙古：观察员国
概要	投资：直接和间接拥有两家蒙古金矿公司（KOO Golden East-Mongolia 和 KOO Bumbat）和一家在蒙古经营的石油和天然气公司（KOO Vos-tokneftegaz）的所有流通股；向这些公司提供资本 摘要：因政府颁布"对某些商品征收涨价（暴利）税"的法律（其中包括黄金销售）和"矿产"法而引起的索赔，据称这些法律影响了索赔人在蒙古勘探和开发块状金矿的投资
经济部门	采矿采石（金属矿石开采）
结果	无数据
仲裁规则	UNCTIRAL 仲裁规则
管理机构	无
适用的 IIA	蒙古–俄罗斯 BIT
声称违法的 IIA	间接征收；公平公正待遇/最低标准的待遇，包括拒绝司法的请求；充分保护与安全，或类似；国民待遇；最惠国待遇；习惯国际法规则； 任意的、不合理的和/或歧视性的措施

续表

案件 10：Paushok v. Mongolia	
认定违法的 IIA	无数据

案件 11：Naumchenko and others v. India	
时间	2012 年
投资者母国	俄罗斯：成员国 塞浦路斯：非上合组织国家
东道国	印度：成员国
概要	投资：印度电信公司 ByCell India 的多数股份 摘要：因印度当局撤回向申请人在当地的电信公司 ByCell 发放频率分配许可证的批准而引起的索赔，此前该公司已获得印度外国投资委员会的批准
经济部门	信息通信（电信）
结果	支持东道国
仲裁规则	UNCTIRAL 仲裁规则
管理机构	PCA（海牙常设仲裁法院）
适用的 IIA	俄罗斯–印度 BIT；塞浦路斯–印度 BIT
声称违法的 IIA	公平公正待遇/最低标准的待遇，包括拒绝司法的请求； 任意的、不合理的和/或歧视性的措施
认定违法的 IIA	无–所有请求在实体阶段被驳回

案件 12：Nadel v. Kyrgyzstan	
时间	2012 年
投资者母国	俄罗斯：成员国 美国：非上合组织国家
东道国	吉尔吉斯斯坦：成员国
概要	投资：亚洲环球银行的少数股权，一家位于吉尔吉斯斯坦的商业银行 摘要：因申请人在被吉尔吉斯斯坦国有化的一家商业银行中持有股份而产生的损失的索赔
经济部门	金融保险活动（金融服务活动，保险和养老基金除外）
结果	终止

案件 12：Nadel v. Kyrgyzstan	
仲裁规则	UNCITRAL 仲裁规则
管理机构	临时仲裁
适用的 IIA	吉尔吉斯斯坦–美国 BIT
声称违法的 IIA	无数据
认定违法的 IIA	不适用–在确定责任之前已终止

案件 13：Mobile TeleSystems OJSC v. Uzbekistan	
时间	2012 年
投资者母国	俄罗斯
东道国	乌兹别克斯坦
概要	投资：根据 2014 年 9 月 24 日宣布的和解条款，其全资子公司的资产、设备和基础设施将并入一家新的合资企业，其中 MTS（俄罗斯电信公司）将持有 50.1% 的多数股权，一家乌兹别克斯坦国有实体将持有拥有剩余部分。 摘要：MTS 一直仅依赖乌兹别克斯坦外国投资法规提供保护，而 ICSI 的主张有可能成为乌兹别克斯坦当局最近试图遏制的立法的一个重要测试案例。虽然 MTS 对乌兹别克斯坦的索赔似乎将被终止，但已成立一个法庭来审查 1998 年乌兹别克斯坦法规是否为 MTS 提供帮助。尽管乌兹别克斯坦提出了某些初步反对意见，该仲裁庭至少发布了一项实质性裁决。这项鲜为人知且尚未公布的裁决于 2013 年 11 月 14 日作出，但目前尚不清楚该裁决是否（即使是初步的）是否涉及乌兹别克斯坦坚持认为当地投资法不为外国投资者提供管辖立足点寻求国际仲裁。
经济部门	信息通讯
结果	和解
仲裁规则	ICSID AF（附加便利仲裁规则）
管理机构	ICSID（国际投资争端解决中心）
适用的法律	Uzbekistan Law on Guarantees and Measures of Protection of Foreign Investors' Rights（1998）《乌兹别克斯坦保障和保护外国投资者权利措施法》国内法

续表

案件 14：MetroJet v. Egypt	
时间	2017 年
投资者母国	俄罗斯：成员国
东道国	埃及：对话伙伴
概要	投资：航空运输服务的投资 摘要：因政府据称未能在沙姆沙伊赫机场建立符合国际标准的安全系统而引起的索赔，与 2015 年由申请人经营的国际包机客运航班（Metrojet 9268 航班）坠毁有关。据申请人称，这对其业务造成了经济损害，导致其停止运营和破产
经济部门	运输仓储（航空运输）
结果	支持东道国
仲裁规则	UNCTIRAL 仲裁规则
管理机构	PCA（海牙常设仲裁法院）
适用的 IIA	埃及–俄罗斯 BIT
声称违法的 IIA	无数据
认定违法的 IIA	无–管辖权被否
案件 15：RusHydro v. Kyrgyzstan	
时间	2018 年
投资者母国	俄罗斯：成员国
东道国	吉尔吉斯斯坦：成员国
概要	投资：与国有公司 OJSC Electric Power Plants 的合资企业中持有 50% 的股份，在纳伦地区建设四个水力发电站 摘要：因政府终止政府间关于建设和运营上纳林水电站的协议而引起的索赔，申请人作为合资伙伴参与了该协议，并声称国家未能向申请人偿还与建设项目有关的费用
经济部门	电力、燃气、蒸汽和空调供应（电力、燃气、蒸汽和空调供应）；建设（民用工程）
结果	支持投资者
仲裁规则	UNCTIRAL
管理机构	PCA（海牙常设仲裁法院）

案件 15：RusHydro v. Kyrgyzstan	
适用的 IIA	《欧亚经济联盟条约》（Treaty on the Eurasian Economic Union）；《欧亚投资协定》（Eurasian Investment Agreement）
声称违法的 IIA	无数据
认定违法的 IIA	无数据

案件 16：Manolium-Processing v. Belarus	
时间	2018 年
投资者母国	俄罗斯：成员国
东道国	白俄罗斯：观察员国
概要	投资：与政府签订的关于在明斯克及其郊区建造建筑物的合同 摘要：索赔起因于政府公司终止了 2003 年在明斯克开发建造豪华酒店用地的投资协议，将该地区的无轨电车停车场撤离，并在城市郊区重建。受到质疑的措施还包括政府据称没收搬迁的设施，以支付对索赔人征收的 2000 万美元的税收债务
经济部门	建设（建筑物的建造）
结果	支持投资者
仲裁规则	UNCTIRAL 仲裁规则
管理机构	PCA（海牙常设仲裁法院）
适用的 IIA	《欧亚经济联盟条约》（Treaty on the Eurasian Economic Union）
声称违法的 IIA	间接征收；公平公正待遇/最低标准的待遇，包括拒绝司法的请求
认定违法的 IIA	间接征收；公平公正待遇/最低标准的待遇，包括拒绝司法的请求

案件 17：Lazareva v. Kuwait	
时间	2018 年
投资者母国	俄罗斯：成员国
东道国	科威特：对话伙伴
概要	投资：科威特投资公司 KGL Investment K. S. C. C. 的股份 摘要：因科威特当局采取的一系列措施而引起的索赔，包括据称对申请人提出的未经证实的指控、对她的骚扰、不适当的拘留和据称错误的 10 年监禁，这些措施尤其降低了申请人投资的价值

续表

案件 17：Lazareva v. Kuwait	
经济部门	金融保险活动（金融服务活动，保险和养老基金除外）
结果	支持东道国；目前正在走国内法院的司法审查程序
仲裁规则	UNCITRAL 仲裁规则
管理机构	ICSID（国际投资争端解决中心）
适用的 IIA	科威特-俄罗斯 BIT
声称违法的 IIA	公平公正待遇/最低限度的待遇标准，包括拒绝司法的请求；充分保护和安全，或类似；任意的、不合理的和/或歧视性的措施；最惠国待遇；间接征收；其他
认定违法的 IIA	无-管辖权被否定
案件 18：GRAND EXPRESS v. Belarus	
时间	2018 年
投资者母国	俄罗斯：成员国
东道国	白俄罗斯：观察员国
概要	投资：参与在白俄罗斯发展轨道车辆制造能力的合资企业 摘要：暂无
经济部门	制造业（其他运输设备的制造）
结果	待定
仲裁规则	ICSID AF（附加便利仲裁规则）
管理机构	ICSID（国际投资争端解决中心）
适用的 IIA	《欧亚经济联盟条约》（Treaty on the Eurasian Economic Union）；《欧亚投资协定》（Eurasian Investment Agreement）
声称违法的 IIA	无数据
认定违法的 IIA	待定
案件 19：Sistem v. Kyrgyzstan	
时间	2006 年
投资者母国	土耳其：对话伙伴

案件 19：Sistem v. Kyrgyzstan	
东道国	吉尔吉斯斯坦：成员国
概要	投资：吉尔吉斯斯坦一家酒店的所有权 摘要：投资者在比什凯克建造和经营一家酒店，2005 年郁金香革命期间，阿斯卡尔-阿卡耶夫总统及其政府被推翻后导致当地法院判决废除申请人对酒店的所有权，由此产生的索赔
经济部门	建设（建筑物的建设）；住宿和餐饮服务活动（住宿）
结果	支持投资者；国家法院进行司法审查后也支持该裁决
仲裁规则	ICSID AF（附加便利仲裁规则）
管理机构	ICSID（国际投资争端解决中心）
适用的 IIA	吉尔吉斯斯坦-土耳其 BIT
声称违法的 IIA	间接征收；公正公平待遇/最低标准的待遇，包括拒绝司法的请求；充分保护和安全，或类似；国民待遇
认定违法的 IIA	间接征收
案件 20：JSC Tashkent and others v. Kyrgyzstan	
时间	2016 年
投资者母国	乌兹别克斯坦：成员国
东道国	吉尔吉斯斯坦：成员国
概要	投资：度假村和娱乐设施的管理和运营 摘要：因政府据称征用申请人管理和经营的旅游度假村而提出的索赔
经济部门	住宿和餐饮服务活动（住宿）
结果	待定
仲裁规则	ICSID AF（附加便利仲裁规则）
管理机构	ICSID（国际投资争端解决中心）
适用的 IIA	吉尔吉斯斯坦-乌兹别克斯坦 BIT
声称违法的 IIA	无数据
认定违法的 IIA	待定

续表

案件 21：Güneş Tekstil and others v. Uzbekistan	
时间	2013 年
投资者母国	土耳其：对话伙伴
东道国	乌兹别克斯坦：成员国
概要	投资：乌兹别克斯坦 Turkuaz 购物中心的所有权，以及以 Turkuaz 品牌经营的其他购物中心的所有权 摘要：因乌兹别克斯坦当局以逃税为由查封索赔人的购物中心而引起的索赔，据称包括对公司人员进行人身虐待和因各种海关、进口和税收犯罪而被错误定罪
经济部门	批发和零售贸易；机动车和摩托车维修（零售业，机动车和摩托车除外）
结果	支持投资者；撤销程序被终止
仲裁规则	ICSID 仲裁规则
管理机构	ICSID（国际投资争端解决中心）
适用的 IIA	乌兹别克斯坦–土耳其 BIT
声称违法的 IIA	直接征收
认定违法的 IIA	直接征收
案件 22：Federal Elektrik Yatirim and others v. Uzbekistan	
时间	2013 年
投资者母国	土耳其：对话伙伴
东道国	乌兹别克斯坦：成员国
概要	投资：在与乌兹别克斯坦公司 Uzfedgaz 的合资企业中持有股份，以实现天然气分配系统的现代化和发展 摘要：因乌兹别克斯坦当局以逃税为由对申请人的投资进行错误的刑事起诉、拒绝司法和征用而引起的索赔
经济部门	电力、燃气、蒸汽和空调供应（电力、燃气、蒸汽和空调供应）
结果	和解
仲裁规则	ICSID 仲裁规则
管理机构	ICSID（国际投资争端解决中心）

案件 22：Federal Elektrik Yatirim and others v. Uzbekistan	
适用的 IIA	乌兹别克斯坦–土耳其 BIT；《能源宪章条约》（ECT）
声称违法的 IIA	无数据
认定违法的 IIA	不适用–在确定责任之前已和解

案件 23：Bursel Tekstil and others v. Uzbekistan	
时间	2017 年
投资者母国	土耳其：对话伙伴
东道国	乌兹别克斯坦：成员国
概要	投资：对三个棉纺织厂进行的投资 摘要：因政府据称未履行对申请人的承诺而引起的索赔，包括以折扣价购买棉花的权利和免除出口产品的增值税，据称这导致了申请人公司的破产
经济部门	制造业（纺织业制造）
结果	待定
仲裁规则	ICSID 仲裁规则
管理机构	ICSID（国际投资争端解决中心）
适用的 IIA	乌兹别克斯坦–土耳其 BIT
声称违法的 IIA	无数据
认定违法的 IIA	待定

案件 24：Obuz and others v. Uzbekistan	
时间	2021 年
投资者母国	土耳其：对话伙伴
东道国	乌兹别克斯坦：成员国
概要	暂无
经济部门	批发和零售贸易；机动车和摩托车维修（零售业，机动车和摩托车除外）
结果	待定
仲裁规则	ICSID 仲裁规则

案件 24：Obuz and others v. Uzbekistan	
管理机构	ICSID（国际投资争端解决中心）
适用的 IIA	乌兹别克斯坦-土耳其 BIT
声称违法的 IIA	无数据
认定违法的 IIA	待定

案件 25：Baylndlr v. Pakistan（I）	
时间	2003 年
投资者母国	土耳其：对话伙伴
东道国	巴基斯坦：成员国
概要	投资：与巴基斯坦政府机构签订了建造一条六车道高速公路的公路建设合同 摘要：因执行巴基斯坦国家公路局与投资者之间缔结的建筑合同而产生的索赔
经济部门	建设（民用工程）
结果	支持东道国
仲裁规则	ICSID 仲裁规则
管理机构	ICSID（国际投资争端解决中心）
适用的 IIA	巴基斯坦-土耳其 BIT
声称违法的 IIA	间接征收；公平公正待遇/最低限度的待遇标准，包括拒绝司法的请求； 国民待遇；最惠国待遇
认定违法的 IIA	无-所有索赔在实体阶段被驳回

案件 26：Agility v. Pakistan	
时间	2011 年
投资者母国	科威特：对话伙伴
东道国	巴基斯坦：成员国
概要	投资：拥有政府在巴基斯坦卡拉奇国际集装箱码头引进的巴基斯坦自动清关系统软件的所有权，后来扩展到该国的其他港口和机场 摘要：因政府未对涉及申请人用于评估通过巴基斯坦港口的进口货物的关税的自动清关系统付款而引起的索赔

案件 26：Agility v. Pakistan	
经济部门	公共行政和国防；强制性社会保障（公共行政和国防；强制性社会保障）
结果	不支持任何一方，认定责任但未裁定损害
仲裁规则	ICSID 仲裁规则
管理机构	ICSID（国际投资争端解决中心）
适用的 IIA	巴基斯坦–科威特 BIT
声称违法的 IIA	无数据
认定违法的 IIA	无数据
案件 27：Karkey Karadeniz v. Pakistan	
时间	2013 年
投资者母国	土耳其：对话伙伴
东道国	巴基斯坦：成员国
概要	投资：根据与一家国有电力公司签订的合同，向卡拉奇（Karachi）港提供四艘发电船的权利 摘要：因据称政府非法扣留申请人拥有的四艘发电船，以及据称违反合同规定的发电付款义务而提出的索赔
经济部门	电力、燃气、蒸汽和空调供应（电力、燃气、蒸汽和空调供应）
结果	支持投资者；撤销程序被终止
仲裁规则	ICSID 仲裁规则
管理机构	ICSID（国际投资争端解决中心）
适用的 IIA	巴基斯坦–土耳其 BIT
声称违法的 IIA	直接征收；资金转移
认定违法的 IIA	直接征收；资金转移
案件 28：Al-Tuwairqi v. Pakistan	
时间	2018 年
投资者母国	沙特：对话伙伴
东道国	巴基斯坦：成员国

	案件 28：Al-Tuwairqi v. Pakistan
概要	投资：在 Karachi，Bin Qasim 的一家钢铁制造厂投资，由当地子公司 Tuwairqi Steel Mills Limited 作为合资企业的一部分建造和经营 摘要：暂无
经济部门	制造业（基础金属的制造）
结果	待定
仲裁规则	UNCTIRAL 仲裁规则
管理机构	PCA（海牙常设仲裁法院）
适用的 IIA	《伊斯兰会议组织投资协议》（OIC Investment Agreement）
声称违法的 IIA	无数据
认定违法的 IIA	待定
	案件 29：Bayındır v. Pakistan（II）
时间	2021 年
投资者母国	土耳其：对话伙伴
东道国	巴基斯坦：成员国
概要	投资：与巴基斯坦政府的一个机构签订了建造六车道高速公路（伊斯兰堡-白沙瓦高速公路项目）的高速公路建设合同 摘要：暂无
经济部门	建设（民用工程）
结果	待定
仲裁规则	ICSID 仲裁规则
管理机构	ICSID（国际投资争端解决中心）
适用的 IIA	巴基斯坦-土耳其 BIT
声称违法的 IIA	无数据
认定违法的 IIA	待定
	案件 30：Ozkartallar and Campak v. Pakistan
时间	2022 年
投资者母国	土耳其：对话伙伴

	案件 30：Ozkartallar and Campak v. Pakistan
东道国	巴基斯坦：成员国
概要	投资：根据与国有 Lahore 废物管理公司签订的废物管理服务合同的权利 摘要：暂无
经济部门	供水；污水、废物管理和修复活动（水的收集、处理和供应）
结果	待定
仲裁规则	ICSID 仲裁规则
管理机构	ICSID（国际投资争端解决中心）
适用的 IIA	巴基斯坦–土耳其 BIT
管理机构	ICSID（国际投资争端解决中心）
适用的 IIA	巴基斯坦–土耳其 BIT
声称违法的 IIA	无数据
认定违法的 IIA	待定
	案件 31：Turkcell v. Iran
时间	2008 年
投资者母国	土耳其：对话伙伴
东道国	巴基斯坦：成员国
概要	投资：通过一个伊朗的特殊目的机构，在 Irancell 财团中拥有的多数股权，该财团被宣布为将在伊朗授予的第二个全球移动通信系统（GSM）许可证的赢家，以及该许可证协议下的合同权利 摘要：由于申请人参与了关于伊朗私人 GSM 许可证的投标过程，伊朗立法的改变阻止了 Turkcell 经营它所投标的项目，要求 GSM 许可证必须由一家伊朗国内公司拥有多数股权的公司经营，以及伊朗随后将该项目转让给另一家运营商而引起的索赔
经济部门	信息通信（电信）
结果	支持东道国
仲裁规则	UNCTIRAL 仲裁规则
管理机构	PCA（海牙常设仲裁法院）
适用的 IIA	伊朗–土耳其 BIT

续表

案件 31：Turkcell v. Iran	
声称违法的 IIA	间接征收；公正公平待遇/最低标准的待遇，包括拒绝司法的请求；充分保护与安全，或类似；最惠国待遇
认定违法的 IIA	无−管辖权被否

案件 32：Bank Melli and Bank Saderat v. Bahrain	
时间	2017 年
投资者母国	伊朗：成员国
东道国	巴林：对话伙伴
概要	投资：在当地一家名为"未来银行"的商业银行的投资 摘要：巴林中央银行在 2015 年将"未来银行"置于管理之下，并于 2016 年决定关闭该银行而引起的索赔
经济部门	金融保险活动（金融服务活动，保险和养老基金除外）
结果	支持投资者
仲裁规则	UNCTIRAL 仲裁规则
管理机构	PCA（海牙常设仲裁法院）
适用的 IIA	巴林−伊朗 BIT
声称违法的 IIA	直接征收；间接征收； 公正公平待遇/最低标准的待遇，包括拒绝司法的请求； 充分保护与安全，或类似；其他
认定违法的 IIA	间接征收

案件 33：Bahari v. Azerbaijan（I）	
时间	2019 年
投资者母国	伊朗：成员国
东道国	阿塞拜疆：对话伙伴
概要	暂无
经济部门	制造业（食品制造） 制造业（饮料制造）
结果	待定
仲裁规则	临时仲裁

案件 33：Bahari v. Azerbaijan（I）	
管理机构	无
适用的 IIA	阿塞拜疆–伊朗 BIT
声称违法的 IIA	无数据
认定违法的 IIA	待定

案件 34：Central Bank of Iran v. Bahrain	
时间	2021 年
投资者母国	伊朗：成员国
东道国	巴林：对话伙伴
概要	暂无
经济部门	金融保险活动（金融服务活动，保险和养老基金除外）
结果	待定
仲裁规则	UNCTIRAL 仲裁规则
管理机构	无数据
适用的 IIA	巴林–伊朗 BIT
声称违法的 IIA	无数据
认定违法的 IIA	待定

案件 35：Bahari v. Azerbaijan（II）	
时间	2022 年
投资者母国	伊朗：成员国
东道国	阿塞拜疆：对话伙伴
概要	暂无
经济部门	无数据
结果	待定
仲裁规则	UNCTIRAL 仲裁规则
管理机构	PCA（海牙常设仲裁法院）
适用的 IIA	阿塞拜疆–伊朗 BIT

案件 35：Bahari v. Azerbaijan（II）	
声称违法的 IIA	无数据
认定违法的 IIA	待定

案件 36：Strategic Infrasol and Thakur Family Trust v. India	
时间	2016 年
投资者母国	阿联酋：对话伙伴
东道国	印度：成员国
概要	投资：投资于孟买的两个房地产项目 摘要：因政府声称不调查印度建筑公司 Shapoorji Pallonji Group 的造假和犯罪行为的指控而提出的索赔。据申请人称，Shapoorji Pallonji Group 最初是索赔人在孟买的两个房地产项目的合作开发商，后来据称使用伪造的文件"恶意"获得了对项目的控制。受到质疑的措施还包括政府据称依据法院根据《洗钱法》对申请人发出的命令，扣押和没收了申请人的银行存款
经济部门	不动产活动（不动产活动）
结果	无数据
仲裁规则	UNCTIRAL 仲裁规则
管理机构	无数据
适用的 IIA	印度-阿联酋 BIT
声称违法的 IIA	公平公正待遇/最低标准的待遇，包括拒绝司法的请求；间接征收；充分保护与安全或类似；习惯国际法的规则
认定违法的 IIA	无数据

案件 37：RAKIA v. India	
时间	2016 年
投资者母国	阿联酋：对话伙伴
东道国	印度：成员国
概要	投资：ANRAK 铝业有限公司（ANRAK）的股份，该公司是为在印度南部的安得拉邦建立和经营氧化铝和铝精炼厂而成立的一家印度公司 摘要：由于印度安得拉邦政府与申请人之间于 2007 年签署的谅解备忘录据称未得到履行并随后被取消而引起的索赔。在该备忘录中，

案件 37：RAKIA v. India	
	安得拉邦政府同意指示一家国有矿业公司向 ANRAK 公司供应铝土矿，以便 ANRAK 公司经营一家氧化铝和铝精炼厂和冶炼厂
经济部门	制造业（基础金属的制造）
结果	支持东道国
仲裁规则	UNCTIRAL 仲裁规则
管理机构	无数据
适用的 IIA	印度–阿联酋 BIT
声称违法的 IIA	无数据
认定违法的 IIA	无–管辖权被否
案件 38：Khadamat v. Saudi Arabia	
时间	2018 年
投资者母国	印度：成员国
东道国	沙特：对话伙伴
概要	暂无
经济部门	无数据
结果	支持东道国
仲裁规则	UNCTIRAL 仲裁规则
管理机构	PCA（海牙常设仲裁法院）
适用的 IIA	印度–沙特阿拉伯 BIT
声称违法的 IIA	无数据
认定违法的 IIA	无–管辖权被否
案件 39：Beijing Shougang and others v. Mongolia	
时间	2010 年
投资者母国	中国：成员国
东道国	蒙古：观察员国

续表

案件 39：Beijing Shougang and others v. Mongolia	
概要	投资：采矿许可证下的权利 摘要：因 2012 年申请人在 Tumurtei 铁矿持有的许可证被取消而引起的索赔
经济部门	采矿采石（金属矿石开采）
结果	支持东道国
仲裁规则	UNCTIRAL 仲裁规则
管理机构	PCA（海牙常设仲裁法院）
适用的 IIA	中国–蒙古 BIT
声称违法的 IIA	间接征收
认定违法的 IIA	无–管辖权被否
案件 40：Qiong Ye and Jianping Yang v. Cambodia	
时间	2021 年
投资者母国	中国：成员国
东道国	柬埔寨：对话伙伴
概要	投资：电信企业的投资 摘要：暂无
经济部门	信息通信（电信）
结果	待定
仲裁规则	ICSID 仲裁规则
管理机构	ICSID（国际投资争端解决中心）
适用的 IIA	《东盟–中国投资协定》（ASEAN – China Investment Agreement）
声称违法的 IIA	无数据
认定违法的 IIA	待定
案件 41：PCCW v. Saudi Arabia	
时间	2022 年
投资者母国	中国：成员国
东道国	沙特：对话伙伴

案件 41：PCCW v. Saudi Arabia	
概要	暂无
经济部门	信息通信（电信）
结果	待定
仲裁规则	ICSID 仲裁规则
管理机构	ICSID（国际投资争端解决中心）
适用的 IIA	中国-沙特阿拉伯 BIT
声称违法的 IIA	无数据
认定违法的 IIA	待定
案件 42：National Aviation Services v. Afghanistan	
时间	2020 年
投资者母国	科威特：对话伙伴
东道国	阿富汗：观察员国
概要	根据孟席斯航空最近的新闻稿，2019 年 10 月，阿富汗政府与运输和民航部以及阿丽亚娜阿富汗航空公司一起，"毫无正当理由地征用了 NAS 在阿富汗的业务，并在完全未经证实的指控之后用新的运营商取而代之"。据称，这些措施包括"迫使 NAS 交出其资产的敌对步骤"，以及对 NAS 外籍员工的旅行禁令。据称，特许权协议于 2020 年终止。NAS 求助于国际商会仲裁，导致最近的仲裁裁决，据称仲裁庭认定终止特许权是非法的，并命令阿富汗支付赔偿金
经济部门	仓储和运输支持活动（空运）
结果	据报道，总部位于科威特的航空服务公司国家航空服务公司（NAS）在国际商会针对阿富汗的合同仲裁中胜诉
仲裁规则	ICC 仲裁规则
管理机构	ICC（国际商会仲裁院）
适用的法律	以合同为基础（合同仲裁）
案件 43：Aljarallah v. Turkey	
时间	2019 年
投资者母国	科威特：对话伙伴

案件 43：Aljarallah v. Turkey	
东道国	土耳其：对话伙伴
概要	投资：服装公司 Aydinli Hazir Giyim Sanayi ve Ticaret A. Ş. 4%的股份 摘要：Aydinli Hazir Giyim 公司被土耳其储蓄存款保险基金（SDIF）托管后，据称未向申请人支付利润份额并将其从该公司董事会除名而引起的索赔
经济部门	批发和零售贸易；机动车和摩托车维修（零售业，机动车和摩托车除外）
结果	待定
仲裁规则	UNCTIRAL 仲裁规则
管理机构	PCA（海牙常设仲裁法院）
适用的 IIA	科威特–土耳其 BIT
声称违法的 IIA	无数据
认定违法的 IIA	待定
案件 44：Barmek v. Azerbaijan	
时间	2006 年
投资者母国	土耳其：对话伙伴
东道国	阿塞拜疆：对话伙伴
概要	投资：与长期电力分配合同有关的私有化协议下的权利 摘要：因被指控违反阿塞拜疆政府与投资者之间签订的在巴库市和苏姆盖特市提供 25 年电力服务的合同而引起的索赔，这又导致了对 Barmek 公司经理贪污、"滥用职权" 和非法销售电力的刑事指控
经济部门	电力、燃气、蒸汽和空调供应（电力、燃气、蒸汽和空调供应）
结果	和解
仲裁规则	ICSID 仲裁规则
管理机构	ICSID（国际投资争端解决中心）
适用的 IIA	《能源宪章条约》（ECT）
声称违法的 IIA	间接征收

案件 44：Barmek v. Azerbaijan	
认定违法的 IIA	其他

案件 45：Prens Turizm v. Egypt	
时间	2017 年
投资者母国	土耳其：对话伙伴
东道国	埃及：对话伙伴
概要	投资：对旅游活动的投资 摘要：因政府未能在沙姆沙伊赫机场建立符合国际标准的安全系统而引起的索赔，这与 2015 年一家俄罗斯航空公司运营的国际包租客机（Metrojet 9268 航班）的坠毁有关。据申请人称，这对其在埃及的俄罗斯游客的旅行社和旅游经营者活动造成了经济损失
经济部门	行政和支助事务活动（旅行社、旅游经营者、预订服务及相关活动）
结果	支持东道国
仲裁规则	UNCTIRAL 仲裁规则
管理机构	PCA（海牙常设仲裁法院）
适用的 IIA	埃及–土耳其 BIT
声称违法的 IIA	无数据
认定违法的 IIA	无–管辖权被否

案件 46：BM Mühendislik v. United Arab Emirates	
时间	2017 年
投资者母国	土耳其：对话伙伴
东道国	阿联酋：对话伙伴
概要	暂无
经济部门	建设（民用工程）
结果	无数据
仲裁规则	ICSID 仲裁规则
管理机构	ICSID（国际投资争端解决中心）
适用的 IIA	土耳其–阿联酋 BIT
声称违法的 IIA	无数据

案件 46：BM Mühendislik v. United Arab Emirates	
认定违法的 IIA	无数据

案件 47：Ersoy v. Azerbaijan	
时间	2018 年
投资者母国	土耳其：对话伙伴
东道国	阿塞拜疆：对话伙伴
概要	投资：一家当地注册的公司的所有权，该公司持有在巴库建造两条水和污水收集隧道的合同 摘要：因阿塞拜疆水务和税务部门对申请人在一个隧道建设项目中的投资给予不公平待遇和间接征用而提出的索赔
经济部门	建设（民用工程）
结果	和解
仲裁规则	ICSID 仲裁规则
管理机构	ICSID（国际投资争端解决中心）
适用的 IIA	阿塞拜疆–土耳其 BIT
声称违法的 IIA	无数据
认定违法的 IIA	不适用–在确定责任之前已和解

案件 48：DSG v. Saudi Arabia	
时间	2019 年
投资者母国	土耳其：对话伙伴
东道国	沙特阿拉伯：对话伙伴
概要	投资：投资学校建设项目 摘要：暂无
经济部门	建设（建筑物的建造）
结果	终止
仲裁规则	ICSID 仲裁规则
管理机构	ICSID（国际投资争端解决中心）
适用的 IIA	沙特–土耳其 BIT

案件 48：DSG v. Saudi Arabia	
声称违法的 IIA	无数据
认定违法的 IIA	不适用-在确定责任之前已和解

案件 49：Guris Insaat v. Saudi Arabia	
时间	2023 年
投资者母国	土耳其：对话伙伴
东道国	沙特阿拉伯：对话伙伴
概要	虽然关于所涉争端的资料很少，但 2006 年，当地新闻报道提到，索赔人获得了一项价值 3.4 亿美元的合同，用于在吉达中部和南部建造一个下水道项目。根据同一份报告，当时该公司计划在大约 46.5 个月内完成该项目。Guris 的网站证实，根据与沙特阿拉伯水电局签订的合同框架，该公司参与了吉达市 52 000 米微隧道和竖井工程的设计和建设。此外，该公司的网站指出，该项目是通过与另外两家公司 Almabani 和 Dallah 的合资企业进行的。该网站仍然将该项目列为待定项目。 2023 年 8 月 23 日：IAReporter 已确认潜在争议与吉达污水处理建设项目有关。我们进一步了解到，该投资者在沙特阿拉伯法院的诉讼已有十多年，并指控沙特阿拉伯违反了双边投资条约，拒绝司法公正。
经济部门	建设
结果	待定
仲裁规则	ICSID 仲裁规则
管理机构	ICSID（国际投资争端解决中心）
适用的 IIA	沙特阿拉伯-土耳其 BIT
声称违法的 IIA	无数据
认定违法的 IIA	待定

案件 50：Sajwani v. Egypt	
时间	2011 年
投资者母国	阿联酋：对话伙伴
东道国	埃及：对话伙伴
概要	投资：红海附近 30 平方公里土地的所有权，用于房地产开发项目摘要：因政府以腐败为由将萨杰瓦尼先生和埃及旅游部长定罪而引起

续表

案件 50：Sajwani v. Egypt	
	的索赔，涉及投资者在甘沙湾购置土地用于开发住宅区
经济部门	不动产活动（不动产活动）
结果	和解
仲裁规则	ICSID 仲裁规则
管理机构	ICSID（国际投资争端解决中心）
适用的 IIA	埃及–阿联酋 BIT
声称违法的 IIA	无数据
认定违法的 IIA	不适用–在确定责任之前已和解
案件 51：National Gas v. Egypt	
时间	2011 年
投资者母国	阿联酋：对话伙伴
东道国	埃及：对话伙伴
概要	投资：根据申请人（据称由一家阿联酋公司拥有）和埃及国家石油公司之间缔结的特许权协议进行仲裁的权利 摘要：开罗上诉法院决定撤销根据天然气管道建设和运营协议作出的有利于国家天然气公司的商业仲裁裁决，据称理由是特许权协议中的仲裁条款没有按照埃及法律要求得到主管当局的批准
经济部门	运输仓储（陆路运输和管道运输）
结果	支持东道国
仲裁规则	ICSID 仲裁规则
管理机构	ICSID（国际投资争端解决中心）
适用的 IIA	埃及–阿联酋 BIT
声称违法的 IIA	间接征收；公平公正待遇/最低标准的待遇，包括拒绝司法的请求
认定违法的 IIA	无–管辖权被否
案件 52：Bawabet v. Egypt	
时间	2011 年
投资者母国	科威特：对话伙伴

案件 52：Bawabet v. Egypt	
东道国	埃及：对话伙伴
概要	投资：在一家位于亚历山大市的化肥供应公司中拥有的权益 摘要：由于政府取消了申请人的化肥公司所处的自由区地位，以及根据某些合同供应的天然气价格上涨而引起的索赔
经济部门	运输仓储（陆路运输和管道运输）
结果	和解
仲裁规则	ICSID 仲裁规则
管理机构	ICSID（国际投资争端解决中心）
适用的 IIA	埃及–科威特 BIT
声称违法的 IIA	无数据
认定违法的 IIA	不适用–在确定责任之前已和解
案件 53：Nile Douma v. Egypt	
时间	2016 年
投资者母国	巴林：对话伙伴
东道国	埃及：对话伙伴
概要	暂无
经济部门	建设（建筑物的建造）；住宿和餐饮服务活动（住宿）
结果	支持东道国
仲裁规则	UNCTIRAL 仲裁规则
管理机构	PCA（海牙常设仲裁法院）
适用的 IIA	埃及–巴林 BIT
声称违法的 IIA	无数据
认定违法的 IIA	无–所有请求在实体阶段都被驳回
案件 54：Al Jazeera v. Egypt	
时间	2016 年
投资者母国	卡塔尔：对话伙伴
东道国	埃及：对话伙伴

案件 54：Al Jazeera v. Egypt	
概要	投资：多媒体广播业务的投资 摘要：据称通过逮捕和拘留雇员、攻击设施、干扰传输和广播、关闭办事处、取消索赔人的广播许可证和强制清算其当地分支机构等手段破坏申请人在埃及的媒体业务而提出的索赔
经济部门	信息通信（节目和广播活动）
结果	待定
仲裁规则	ICSID 仲裁规则
管理机构	ICSID（国际投资争端解决中心）
适用的 IIA	埃及–卡塔尔 BIT
声称违法的 IIA	无数据
认定违法的 IIA	待定
案例 55：International Holding Project Group and others v. Egypt	
时间	2018 年
投资者母国	科威特：对话伙伴
东道国	埃及：对话伙伴
概要	暂无
经济部门	建设（建筑物的建造）
结果	待定
仲裁规则	ICSID 仲裁规则
管理机构	ICSID（国际投资争端解决中心）
适用的 IIA	埃及–科威特 BIT
声称违法的 IIA	无数据
认定违法的 IIA	待定
案例 56：Al Mehdar v. Egypt	
时间	2018 年
投资者母国	沙特：对话伙伴
东道国	埃及：对话伙伴

案例 56：Al Mehdar v. Egypt	
概要	暂无
经济部门	无数据
结果	待定
仲裁规则	无数据
管理机构	无数据
适用的 IIA	《伊斯兰会议组织投资协议》（OIC Investment Agreement）
声称违法的 IIA	无数据
认定违法的 IIA	待定
案例 57：CTIP Oil & Gas v. Egypt	
时间	2019 年
投资者母国	阿联酋：对话伙伴
东道国	埃及：对话伙伴
概要	投资：燃气管道建设和运营协议下的权利 摘要：暂无
经济部门	运输仓储（陆路运输和管道运输）
结果	待定
仲裁规则	ICSID 仲裁规则
管理机构	ICSID（国际投资争端解决中心）
适用的 IIA	埃及–阿联酋 BIT
声称违法的 IIA	无数据
认定违法的 IIA	待定
案例 58：Qatar Airways v. Egypt	
时间	2020 年
投资者母国	卡塔尔：对话伙伴
东道国	埃及：对话伙伴

续表

案例 58：Qatar Airways v. Egypt	
概要	投资：开展航空运输活动的许可证和执照 摘要：因政府据称采取行动阻止卡塔尔航空公司在该国的运营而引起的索赔，包括向索赔人关闭空域和撤销申请人的运营许可证
经济部门	运输仓储（空运）
结果	待定
仲裁规则	无数据
管理机构	无数据
适用的 IIA	埃及-卡塔尔 BIT 《阿拉伯投资协定》（Arab Investment Agreement） 《伊斯兰会议组织投资协议》（OIC investment Agreement）
声称违法的 IIA	无数据
认定违法的 IIA	待定

案例 59：KGL v. Egypt	
时间	2021 年
投资者母国	科威特：对话伙伴
东道国	埃及：对话伙伴
概要	投资：持有 Damietta International Ports Company（DIPCO）S. A. E. 25%的股份，并拥有在 Damietta 港口建造和运营集装箱码头的特许权。 摘要：Damietta 港务局终止与索赔人持有股份的 DIPCO 集团签订的一个港口项目 40 年特许权合同引起的索赔。
经济部门	运输仓储（仓储和支持运输的活动）
结果	和解
仲裁规则	ICSID 仲裁规则
管理机构	ICSID（国际投资争端解决中心）
适用的 IIA	埃及-科威特 BIT
声称违法的 IIA	无数据
认定违法的 IIA	不适用-在确定责任之前已和解
认定违法的 IIA	待定

案件 60：Almasryia v. Kuwait	
时间	2018 年
投资者母国	埃及：对话伙伴
东道国	科威特：对话伙伴
概要	投资：参与和一位科威特国民的合资协议，在位于科威特沃夫拉地区海夫吉市北部的土地上开发和建造旅游酒店 摘要：因政府阻止申请人根据申请人和一名科威特国民缔结的合资投资协议为一个房地产开发项目取得土地所有权而提出的索赔
经济部门	不动产活动（不动产活动）
结果	支持东道国；仍在走撤销程序
仲裁规则	ICSID 仲裁规则
管理机构	ICSID（国际投资争端解决中心）
适用的 IIA	埃及–科威特 BIT
声称违法的 IIA	直接征收
认定违法的 IIA	无–管辖权被否

案件 61：Sumrain v. Kuwait	
时间	2019 年
投资者母国	埃及：对话伙伴
东道国	科威特：对话伙伴
概要	暂无
经济部门	建设（建筑物的建造）
结果	和解
仲裁规则	ICSID 仲裁规则
管理机构	ICSID（国际投资争端解决中心）
适用的 IIA	埃及–科威特 BIT
声称违法的 IIA	无数据
认定违法的 IIA	不适用–在确定责任之前已和解

案件 62：Qatar Airways v. United Arab Emirates	
时间	2020 年
投资者母国	卡塔尔：对话伙伴
东道国	阿联酋：对话伙伴
概要	投资：开展航空运输活动的许可证和执照 摘要：因政府据称采取行动阻止卡塔尔航空公司在该国的运营而引起的索赔，包括向索赔人关闭空域和撤销申请人的运营许可证
经济部门	运输仓储（空运）
结果	待定
仲裁规则	无数据
管理机构	无数据
适用的 IIA	《阿拉伯投资协定》（Arab Investment Agreement） 《伊斯兰会议组织投资协议》（OIC investment Agreement）
声称违法的 IIA	无数据
认定违法的 IIA	待定
案件 63：Borkowski and Rasia FZE v. Armenia	
时间	2018 年
投资者母国	阿联酋：对话伙伴；美国：非上合组织国家
东道国	亚美尼亚：对话伙伴
概要	投资：铁路和公路的建设和经营特许权 摘要：政府违反授予申请人的特许合同，转而向其他公司实施基础设施项目而引起的索赔
经济部门	运输仓储（陆路运输和管道运输）；建设（民用工程）
结果	待定
仲裁规则	ICSID 仲裁规则
管理机构	ICSID（国际投资争端解决中心）
适用的 IIA	亚美尼亚-美国 BIT
声称违法的 IIA	无数据

案件 63：Borkowski and Rasia FZE v. Armenia	
认定违法的 IIA	待定

案件 64：beIN v. Saudi Arabia	
时间	2018 年
投资者母国	卡塔尔：对话伙伴
东道国	沙特阿拉伯：对话伙伴
概要	投资：在沙特阿拉伯提供付费电视服务的广播许可证，以及当地子公司 Al Oula Al Raeda 贸易公司的零售业务的所有权 摘要：在沙特阿拉伯于 2017 年中止与卡塔尔的外交关系后，政府当局采取措施停止申请人在该国的广播业务而引起的索赔。据称，这包括不延长申请人的付费电视广播许可证和拒绝发放申请人的子公司所需的许可证
经济部门	信息通信（节目和广播活动）
结果	待定
仲裁规则	UNCTIRAL 仲裁规则
管理机构	无数据
适用的 IIA	《伊斯兰会议组织投资协议》（OIC investment Agreement）
声称违法的 IIA	充分保护与安全，或类似；资金转移；直接征收
认定违法的 IIA	待定

案件 65：Qatar Pharma and Al Sulaiti v. Saudi Arabia	
时间	2019 年
投资者母国	卡塔尔：对话伙伴
东道国	沙特阿拉伯：对话伙伴
概要	投资：在利雅得、吉达和达曼投资了两家在当地注册的制药业公司和三个产品仓库 摘要：在沙特阿拉伯于 2017 年中止与卡塔尔的外交关系后，据称沙特阿拉伯卫生部与申请人之间缔结的长期销售合同遭到拒绝而产生的索赔。据申请人称，卫生部的措施包括不支付申请人根据这些合同提供的产品，迫使他们关闭在该国的仓库
经济部门	制造业（基础医药产品和药物制剂的制造）

案件 65：Qatar Pharma and Al Sulaiti v. Saudi Arabia	
结果	待定
仲裁规则	无数据
管理机构	无数据
适用的 IIA	《伊斯兰会议组织投资协议》（OIC investment Agreement）
声称违法的 IIA	间接征收；公平公正待遇/最低限度的待遇标准，包括拒绝司法的请求； 最惠国待遇
认定违法的 IIA	待定
案件 66：Qatar Airways v. Saudi Arabia	
时间	2020 年
投资者母国	卡塔尔：对话伙伴
东道国	沙特阿拉伯：对话伙伴
概要	投资：开展航空运输活动的许可证和执照 摘要：因政府据称采取行动阻止卡塔尔航空公司在该国的运营而引起的索赔，包括向索赔人关闭空域和撤销申请人的运营许可证
经济部门	运输仓储（空运）
结果	待定
仲裁规则	无数据
管理机构	无数据
适用的 IIA	《伊斯兰会议组织投资协议》（OIC investment Agreement）； 《阿拉伯投资协定》（Arab Investment Agreement）
声称违法的 IIA	无数据
认定违法的 IIA	待定
案例 67：Qatar Airways v. Bahrain	
时间	2020 年
投资者母国	卡塔尔：对话伙伴
东道国	巴林：对话伙伴

案例67：Qatar Airways v. Bahrain	
概要	投资：开展航空运输活动的许可证和执照 摘要：因政府采取行动阻止卡塔尔航空公司在该国的运营而引起的索赔，包括向索赔人关闭空域和撤销索赔人的运营许可证
经济部门	运输仓储（空运）
结果	待定
仲裁规则	无数据
管理机构	无数据
适用的IIA	《伊斯兰会议组织投资协议》（OIC investment Agreement）； 《阿拉伯投资协定》（Arab Investment Agreement）
声称违法的IIA	无数据
认定违法的IIA	待定

上海合作组织成员国间投资仲裁
案件汇总表[1]

案件 5：BTA Bank v. Kyrgyzstan	
时间	2011 年
投资者母国	哈萨克斯坦：成员国
东道国	吉尔吉斯斯坦：成员国
概要	投资：当地银行 BTA Bank CJSC 的大部分股份（71%） 摘要：因据称吉尔吉斯斯坦法院于 2012 年 5 月非法收购申请人在一家银行的权益而引起的索赔
经济部门	金融保险活动（金融服务活动，保险和养老基金除外）
结果	和解
仲裁规则	UNCTIRAL 仲裁规则
管理机构	PCA（海牙常设仲裁法院）
适用的 IIA	吉尔吉斯斯坦–哈萨克斯坦 BIT
声称违法的 IIA	间接征收
认定违法的 IIA	不适用–在确定责任之前已和解
案件 6：OKKV v. Kyrgyzstan	
时间	2013 年
投资者母国	哈萨克斯坦：成员国

---

〔1〕 通过联合国贸易和发展会议（UNCTAD）有关投资的数据库、IA Reporter 数据库和 ISLG 数据库的查询，作者整理了"附件三：上海合作组织成员国间投资仲裁案件汇总表"，所有数据整理的截止时间为 2023 年 9 月 20 日。附件一中的序号和附件二、附件三中的案件数字排序是一致的。

案件 6：OKKV v. Kyrgyzstan	
东道国	吉尔吉斯斯坦：成员国
概要	投资：土地的使用权和对建设旅游综合体的货币支持 摘要：因据称在伊塞克湖畔建造文化和住宿中心的项目被征用而引起的索赔，该项目被称为 Avrora Green 度假和住宅综合体
经济部门	建设（建筑物的建造）
结果	支持投资者，但该裁决在司法审查程序中被国家法院完全撤销
仲裁规则	MCCI 仲裁规则
管理机构	MCCI（莫斯科工商会仲裁院）
适用的 IIA	《独联体保护投资者权利公约》（CIS Investor Rights Convention）
声称违法的 IIA	间接征收
认定违法的 IIA	间接征收
案件 7：Kim and others v. Uzbekistan	
时间	2013 年
投资者母国	哈萨克斯坦：成员国
东道国	乌兹别克斯坦：成员国
概要	投资：通过一家塞浦路斯控股公司 United Cement Group Plc 间接持有两家乌兹别克斯坦水泥公司 JSC Bekabadcement 和 JSC Kuvasaycement 的多数股权 摘要：因乌兹别克斯坦政府不同部门采取的一系列监管和司法措施，包括刑事调查，据称导致申请人投资的两家水泥公司被非法国有化而引起的索赔
经济部门	制造业（其他非金属矿物产品的制造）
结果	和解
仲裁规则	ICSID 仲裁规则
管理机构	ICSID（国际投资争端解决中心）
适用的 IIA	哈萨克斯坦–乌兹别克斯坦 BIT
声称违法的 IIA	无数据
认定违法的 IIA	不适用–在确定责任之前已和解

续表

案件 8：Consolidated Exploration v. Kyrgyzstan	
时间	2013 年
投资者母国	哈萨克斯坦：成员国 塞舌尔、丹麦：非上合组织国家
东道国	吉尔吉斯斯坦：成员国
概要	投资：持有 Jerooyaltyn 公司的多数股份（60%），该公司是一家吉尔吉斯斯坦公司，与一家国有公司成立了合资企业，开发 Jerooy 金矿 摘要：因政府采取的一系列措施而引起的索赔，据称这些措施征用了申请人在一个金矿中的投资，如取消开发该矿的许可证和终止相关的合资企业协议
经济部门	采矿采石（金属矿石开采）
结果	和解
仲裁规则	ICSID AF（附加便利仲裁规则）
管理机构	ICSID（国际投资争端解决中心）
适用的 IIA	吉尔吉斯斯坦–哈萨克斯坦 BIT； 《独联体保护投资者权利公约》（CIS Investor Rights Convention）
声称违法的 IIA	无数据
认定违法的 IIA	不适用–在确定责任之前已和解
案件 9：Kazakh National Center v. Kyrgyzstan	
时间	2019 年
投资者母国	哈萨克斯坦：成员国
东道国	吉尔吉斯斯坦：成员国
概要	暂无
经济部门	制造业（基础金属的制造）
结果	待定
仲裁规则	UNCITRAL 仲裁规则
案件 9：Kazakh National Center v. Kyrgyzstan	
管理机构	PCA（海牙常设仲裁法院）

案件9：Kazakh National Center v. Kyrgyzstan	
适用的 IIA	吉尔吉斯斯坦–哈萨克斯坦 BIT
声称违法的 IIA	无数据
认定违法的 IIA	待定
案件11：Naumchenko and others v. India	
时间	2012 年
投资者母国	俄罗斯：成员国 塞浦路斯：非上合组织国家
东道国	印度：成员国
概要	投资：印度电信公司 ByCell India 的多数股份 摘要：因印度当局撤回向申请人在当地的电信公司 ByCell 发放频率分配许可证的批准而引起的索赔，此前该公司已获得印度外国投资委员会的批准
经济部门	信息通信（电信）
结果	支持东道国
仲裁规则	UNCTIRAL 仲裁规则
管理机构	PCA（海牙常设仲裁法院）
适用的 IIA	俄罗斯–印度 BIT；塞浦路斯–印度 BIT
声称违法的 IIA	公平公正待遇/最低标准的待遇，包括拒绝司法的请求；任意的、不合理的和/或歧视性的措施
认定违法的 IIA	无–所有请求在实体阶段被驳回
案件12：Nadel v. Kyrgyzstan	
时间	2012 年
投资者母国	俄罗斯：成员国 美国：非上合组织国家
东道国	吉尔吉斯斯坦：成员国
概要	投资：亚洲环球银行的少数股权，一家位于吉尔吉斯斯坦的商业银行 摘要：因申请人在被吉尔吉斯斯坦国有化的一家商业银行中持有股份而产生的损失的索赔

案件 12：Nadel v. Kyrgyzstan	
经济部门	金融保险活动（金融服务活动，保险和养老基金除外）
结果	终止
仲裁规则	UNCITRAL 仲裁规则
管理机构	临时仲裁
适用的 IIA	吉尔吉斯斯坦–美国 BIT
声称违法的 IIA	无数据
认定违法的 IIA	不适用–在确定责任之前已终止

案件 13：Mobile TeleSystems OJSC v. Uzbekistan	
时间	2012 年
投资者母国	俄罗斯
东道国	乌兹别克斯坦
概要	投资：根据 2014 年 9 月 24 日宣布的和解条款，其全资子公司的资产、设备和基础设施将并入一家新的合资企业，其中 MTS（俄罗斯电信公司）将持有 50.1% 的多数股权，一家乌兹别克斯坦国有实体将持有剩余部分。 摘要：MTS 一直仅依赖乌兹别克斯坦外国投资法规提供保护，而 ICSI 的主张有可能成为乌兹别克斯坦当局最近试图遏制的立法的一个重要测试案例。虽然 MTS 对乌兹别克斯坦的索赔似乎将被终止，但已成立一个法庭来审查 1998 年乌兹别克斯坦法规是否为 MTS 提供帮助。尽管乌兹别克斯坦提出了某些初步反对意见，该仲裁庭至少发布了一项实质性裁决。这项鲜为人知且尚未公布的裁决于 2013 年 11 月 14 日作出，但目前尚不清楚该裁决是否（即使是初步的）是否涉及乌兹别克斯坦坚持认为当地投资法不为外国投资者提供管辖立足点寻求国际仲裁。
经济部门	信息通讯
结果	和解
仲裁规则	ICSID AF（附加便利仲裁规则）
管理机构	ICSID（国际投资争端解决中心）
适用的法律	Uzbekistan Law on Guarantees and Measures of Protection of Foreign Investors´ Rights（1998）《乌兹别克斯坦保障和保护外国投资者权利措施法》国内法

案件 15：RusHydro v. Kyrgyzstan	
时间	2018 年
投资者母国	俄罗斯：成员国
东道国	吉尔吉斯斯坦：成员国
概要	投资：与国有公司 OJSC Electric Power Plants 的合资企业中持有 50% 的股份，在纳伦地区建设四个水力发电站 摘要：因政府终止政府间关于建设和运营上纳林水电站的协议而引起的索赔，申请人作为合资伙伴参与了该协议，并声称国家未能向申请人偿还与建设项目有关的费用
经济部门	电力、燃气、蒸汽和空调供应（电力、燃气、蒸汽和空调供应）；建设（民用工程）
结果	支持投资者
仲裁规则	UNCTIRAL
管理机构	PCA（海牙常设仲裁法院）
适用的 IIA	《欧亚经济联盟条约》（Treaty on the Eurasian Economic Union）；《欧亚投资协定》（Eurasian Investment Agreement）
声称违法的 IIA	无数据
认定违法的 IIA	无数据
案件 20：JSC Tashkent and others v. Kyrgyzstan	
时间	2016 年
投资者母国	乌兹别克斯坦：成员国
东道国	吉尔吉斯斯坦：成员国
概要	投资：度假村和娱乐设施的管理和运营 摘要：因政府据称征用申请人管理和经营的旅游度假村而提出的索赔
经济部门	住宿和餐饮服务活动（住宿）
结果	待定
仲裁规则	ICSID AF（附加便利仲裁规则）
管理机构	ICSID（国际投资争端解决中心）

案件 20：JSC Tashkent and others v. Kyrgyzstan	
适用的 IIA	吉尔吉斯斯坦–乌兹别克斯坦 BIT
声称违法的 IIA	无数据
认定违法的 IIA	待定

参考文献

一、著作及译著类

1. 魏艳茹:《ICSID 仲裁撤销制度研究》,厦门大学出版社 2007 年版。
2. 石慧:《投资条约仲裁机制的批判与重构》,法律出版社 2008 年版。
3. 刘京莲:《阿根廷国际投资仲裁危机的法理与实践研究——兼论对中国的启示》,厦门大学出版社 2011 年版。
4. [美] 加里·B. 博恩:《国际仲裁:法律与实践》,白麟等译,商务印书馆 2015 年版。
5. 银红武:《ICSID 公约理论与实践问题研究》,中国政法大学出版社 2016 年版。
6. 张生:《国际投资仲裁中的条约解释研究》,法律出版社 2016 年版。
7. 丁夏:《国际投资仲裁中的裁判法理研究》,中国政法大学出版社 2016 年版。
8. 陶立峰主编:《"一带一路"沿线国家投资仲裁案例集》,法律出版社 2019 年版。
9. 李进峰:《上海合作组织 20 年:成就、挑战与前景》,社会科学文献出版社 2021 年版。
10. 杜涛:《国际经济制裁法律问题研究》,法律出版社 2023 年版。

二、杂志类

1. 魏艳茹:《论国际投资仲裁的合法性危机及中国的对策》,载《河南社会科学》2008 年第 4 期。
2. 徐崇利:《公平与公正待遇标准:国际投资法中的"帝王条款"?》,载《现代法学》2008 年第 5 期。
3. 刘笋:《建立国际投资仲裁的上诉机制问题析评》,载《现代法学》2009 年第 5 期。
4. 刘笋:《国际投资仲裁裁决的不一致性问题及其解决》,载《法商研究》2009 年第 6 期。
5. 郭玉军:《论国际投资条约仲裁的正当性缺失及其矫正》,载《法学家》2011 年第 3 期。
6. 沈伟:《论中国双边投资协定中限制性投资争端解决条款的解释和适用》,载《中外法学》2012 年第 5 期。

7. 齐飞：《论国际争端解决机构的造法——以欧盟法院为例》，载《河南财经政法大学学报》2013 年第 2 期。

8. 黄世席：《国际投资仲裁中最惠国条款的适用和管辖权的新发展》，载《法律科学（西北政法大学学报）》2013 年第 2 期。

9. 朱鹏飞：《论界定外资公平和公正待遇的要素——以若干国际投资仲裁案例为视角》，载《东南大学学报（哲学社会科学版）》2013 年第 3 期。

10. 陈正健：《国际投资仲裁中的先例使用》，载《国际经济法学刊》2014 年第 1 期。

11. 赵骏：《国际投资仲裁中"投资"定义的张力和影响》，载《现代法学》2014 年第 3 期。

12. 黄世席：《国际投资条约中投资的确定与东道国发展的考量》，载《现代法学》2014 年第 5 期。

13. 孙南翔：《超越先例作用力：基于 WTO 争端解决实践的研究》，载《武大国际法评论》2015 年第 1 期。

14. 郑蕴、徐崇利：《论国际投资法体系的碎片化结构与性质》，载《现代法学》2015 年第 1 期。

15. 张庆麟：《欧盟投资者－国家争端解决机制改革实践评析》，载《法商研究》2016 年第 3 期。

16. 黄世席：《欧盟国际投资仲裁法庭制度的缘起与因应》，载《法商研究》2016 年第 4 期。

17. 傅攀峰：《国际投资仲裁中既判力原则的适用标准——从形式主义走向实质主义》，载《比较法研究》2016 年第 4 期。

18. 徐树：《国际投资仲裁庭管辖权扩张的路径、成因及应对》，载《清华法学》2017 年第 3 期。

19. 董静然：《"一带一路"倡议下投资者—国家争端解决机制研究——基于欧盟国际投资法庭制度的考察》，载《江苏社会科学》2018 年第 1 期。

20. 张乃根：《ICSID 仲裁的条约解释：规则及其判理》，载《经贸法律评论》2018 年第 1 期。

21. 王徽：《国际商事仲裁"软法"之治的多维思考》，载《中国国际私法与比较法年刊》2018 年第 2 期。

22. 梁咏：《国际投资仲裁机制变革与中国对策研究》，载《厦门大学学报（哲学社会科学版）》2018 年第 3 期。

23. 贺辉：《基于实践分析国际投资仲裁去商事化的必要性》，载《郑州大学学报（哲学社会科学版）》2018 年第 5 期。

24. 袁发强：《"一带一路"背景下国际民商事争议解决机制之建构》，载《求是学刊》
    2018 年第 5 期。

25. 董静然：《最惠国待遇条款与国际投资争端解决程序法律解释研究》，载《国际商
    务——对外经济贸易大学学报》2018 年第 5 期。

26. 何芳：《论 ICSID 仲裁中的投资定义》，载《河北法学》2018 年第 10 期。

27. 孙南申：《国际投资仲裁中的法律适用问题》，载《国际商务研究》2019 年第 2 期。

28. 张乃根：《上诉机构的条约解释判理或先例之辨——兼论 WTO 争端解决机制改革》，
    载《国际经济评论》2019 年第 2 期。

29. 张庆麟、钟俐：《析〈美墨加协定〉之 ISDS 机制的改革——以东道国规制权为视角》，
    载《中南大学学报（社会科学版）》2019 年第 4 期。

30. 张生：《从〈北美自由贸易协定〉到〈美墨加协定〉：国际投资法制的新发展与中国的
    因应》，载《中南大学学报（社会科学版）》2019 年第 4 期。

31. 邓婷婷：《欧盟多边投资法院：动因、可行性及挑战》，载《中南大学学报（社会科学
    版）》2019 年第 4 期。

32. 王彦志：《国际投资争端解决机制改革的多元模式与中国选择》，载《中南大学学报
    （社会科学版）》2019 年第 4 期。

33. 张金矜：《论最惠国待遇条款适用于投资实体待遇的限制性发展趋势》，载《国际经贸
    探索》2019 年第 5 期。

34. 彭岳：《WTO 争端解决报告先例价值之争》，载《法学评论》2019 年第 6 期。

35. 刘晓红、朱怡：《国际投资仲裁的"商事化"与中国进路》，载《上海对外经贸大学学
    报》2019 年第 6 期。

36. 陶立峰：《投资者与国家争端解决机制的变革发展及中国的选择》，载《当代法学》
    2019 年第 6 期。

37. 刘万啸：《国际投资争端的预防机制与中国选择》，载《当代法学》2019 年第 6 期。

38. 汪梅清、吴岚：《欧盟主导的投资法庭上诉机制及其对中欧投资争端解决机制的借鉴
    意义》，载《国际商务研究》2019 年第 6 期。

39. 唐海涛、邓瑞平：《欧盟模式 ISDS 上诉机制：革新与兼容性论析》，载《湖北社会科
    学》2019 年第 9 期。

40. 郭丽芳、沈丁立：《国际争端解决机制的历史考察》，载《江西师范大学学报（哲学社
    会科学版）》2015 年第 3 期。

41. 杨云霞：《当代霸权国家经济安全泛化及中国的应对》，载《马克思主义研究》2021 年
    第 3 期。

42. 杨攻研、唐廷凤：《中国对上合组织成员国的投资与外交相似度——基于联合国投票
    的量化分析》，载《俄罗斯研究》2021 年第 4 期。

43. 冯玉军等：《我国周边地区安全态势正在发生何种变化》，载《世界知识》2022 年第 8 期。

44. 沈伟：《国际投资协定中的安全例外条款：全球趋势与中国实践》，载《比较法研究》2022 年第 6 期。

45. 陈亚州：《上海合作组织的区域特色与发展前景》，载《区域与全球发展》2022 年第 4 期。

46. 巴殿君：《"俄乌冲突与东北亚地区政治经济形势新变化"笔谈》，载《东北亚论坛》2022 年第 4 期。

47. 王淑敏、张乐：《上海合作组织投资便利化的法律问题》，载《国际商务研究》2023 年第 1 期。

三、学位论文类

1. 唐卓然：《ICSID 仲裁先例问题研究》，浙江大学 2014 年硕士学位论文。

2. 肖威：《国际投资中的"公平与公正待遇"研究》，复旦大学 2014 年博士学位论文。

3. 余海鸥：《全球行政法视野下投资仲裁机制（ISDS）的合法性研究》，武汉大学 2015 年博士学位论文。

4. 傅攀峰：《仲裁裁决既判力问题研究》，武汉大学 2015 年博士学位论文。

5. 吴迪：《国际司法机构法律解释规则创造研究》，对外经济贸易大学 2016 年博士学位论文。

6. 丁晓雨：《ISDS 上诉机制的构建问题研究》，对外经济贸易大学 2018 年博士学位论文。

四、外文论著类

1. Thomas M. Franck, The Power of Legitimacy among Nations, Oxford University Press, 1990.

2. Mohamed Shahabuddeen, Precedent in the World Court, Cambridge University Press, 1996.

3. John H. Jackson, Sovereignty, The WTO and Changing Fundamentals of International Law, Cambridge University Press, 2006.

4. Christoph H. Schreuer et al. , The ICSID Convention: A Commentary, Cambridge University Press, 2009.

5. Douglas Zachary, The International Law of Investment Claims, Cambridge University Press, 2009.

6. Jeswald W. Salacuse, The Law of Investment Treaties, Oxford University Press, 2010.

7. Rudolf Dolzer, Schreuer Christoph, Principles of International Investment Law, Oxford University Press, 2012.

8. Alec Stone Sweet, Florian Grisel, The Evolution of International Arbitration: Judicialization,

Governance, Legitimacy, Oxford University Press, 2017.

9. Dolores Bentolila, Arbitrators as Lawmakers, Wolters Kluwer, 2017.

五、外文编著类

1. Yuval Shany, Stronger Together Legitimacy and Effectiveness of International Courts as Mutually Reinforcing or Undermining Notions, in: Nienke Grossman et al. (eds.), Legitimacy and International Courts, Cambridge University Press, 2018.

2. Pierre Duprey, Do Arbitral Awards constitute Precedents? Should Commercial Arbitration be Distinguished in this Regard from Arbitration Based on Investment Treaties?, in: Emmanuel Gaillard et al. (eds.), Towards a Uniform International Arbitration Law?, JurisNet, LLC and International Arbitration Institute, 2005.

3. Stefan D. Amarasinha, Juliane Kokott, Multilateral Investment Rules Revisited, in: Peter Muchlinski et al. (eds.), The Oxford Handbook of International Investment Law, Oxford University Press, 2008.

4. Andrea K. Bjorklund, Investment Treaty Arbitral Decisions as Jurisprudence Constante, in: Colin B. Picker et al. (eds.), International Economic Law: The State and Future of the Discipline, Hart Publishing, 2008.

5. Giuditta Cordero Moss, Full Protection and Security, in: August Reinisch (ed.), Standards of Investment Protection, Oxford University Press, 2008.

6. Catherine Kessedjian, To Give or Not to Give Precedential Value to Investment Arbitration Awards?, in: Catherine A Rogers and Roger P. Alford (eds.), The Future of Investment Arbitration, Oxford University Press, 2009.

7. Andrés Rigo Sureda, Precedent in Investment Treaty Arbitration, in: Christina Binder et al. (eds.), International Investment Law for the 21st century: Essays in Honor of Christoph Schreuer, Oxford University Press, 2009.

8. Andrew Newcombe, Lluís Paradell, Law and Practice of Investment Treaties: Standards of Treatment, Kluwer Law International, 2009.

9. Helge Elisabeth Zeitler, Full Protection and Security, in: Stephan Schill (ed.), International Investment Law and Comparative Public Law, Oxford University Press, 2010.

10. Curtis Bradley, Customary International Law Adjudication as Common Law Adjudication, in Curtis Bradley (ed.), Custom's Future: International Law in a Changing World, Cambridge University Press, 2016.

六、外文论文类

1. Thomas M. Franck，"Legitimacy in the International System"，American Journal of International Law，Volume 82，Issue 4，1988.

2. Alexander Thompson，"Applying Rational Choice Theory to International Law：The Promise and Pitfalls"，Journal of Legal Studies，Volume 31，No. 1.，2002.

3. Susan D. Franck，"The Legitimacy Crisis in Investment Treaty Arbitration：Privatizing Public International Law Through Inconsistent Decisions"，Fordham Law Review，Volume 73，No. 4.，2005.

4. Fon Vincy，Parisi Francesco，"Judicial Precedents in Civil Law Systems：A Dynamic Analysis"，International Review of Law and Economics，Volume 26，No. 4.，2006.

5. Tai-Heng Cheng，"Precedent and Control in Investment Treaty Arbitration"，Fordham International Law Journal，Volume 30，No. 4.，2006.

6. Christopher S. Gibson，Christopher R. Drahozal，"Iran-United States Claims Tribunal Precedent in Investor-State Arbitration"，Journal of International Arbitration，Volume 23，No. 6.，2006.

7. Gabrielle Kaufmann Kohler，"Arbitral Precedent：Dream，Necessity or Excuse?：The 2006 Freshfields Lecture"，Arbitration International，Volume 23，No. 3.，2007.

8. Jeffery P. Commission，"Precedent in Investment Treaty Arbitration-A Citation Analysis of a Developing Jurisprudence"，Journal of International Arbitration，Volume 24，No. 2.，2007.

9. Susan D. Franck，"Empirically Evaluating Claims About Investment Treaty Arbitration"，North Carolina Law Review，Volume 86，No. 1.，2007.

10. Faya Rodriguez，Alejandro，"The Most-Favored-Nation Clause in International Investment：A greements A Tool for Treaty Shopping?"，Journal of International Arbitration，Volume 25，Issue 1，2008.

11. Margaret M. deGuzman，"Gravity and the Legitimacy of the InternationalCriminal Court"，Fordham International Law Journal，Volume 32，No. 5.，2008.

12. Nienke Grossman，"Legitimacy and International Adjudicative Bodies"，The George Washington International Law Review，Volume 41，No. 1.，2009.

13. Charles N. Brower，Stephan W. Schill，"Is Arbitration a Threat or a Boon to the Legitimacy of International Investment Law?"，Chicago Journal of International Law，Volume 9，No. 2.，2009.

14. Stephan W. Schill，"Multilateralizing Investment Treaties Through Most-Favored-Nation Clauses"，Berkeley Journal of International Law，Volume 27，No. 2.，2009.

15. Akshay Kolse-Patil，"Precedents in Investor State Arbitration"，Indian Journal of International Economic Law，Volume 3，Issue 1，2010.

16. Zachary Douglas，"Can a Doctrine of Precedent Be Justified in Investment Treaty Arbitration?"，IC-

SID Review-Foreign Investment Law Journal, Volume 25, No. 1, 2010.

17. Judith Gill Q. C. , "Is There a Special Role for Precedent in Investment Arbitration", ICSID Review-Foreign Investment Law Journal, Volume 25, No. 1, 2010.

18. Lucy Reed, "The De Facto Precedent Regime in Investment Arbitration: A Case for Proactive Case Management", ICSID Review-Foreign Investment Law Journal, Volume 25, No. 1. , 2010.

19. W. Mark C. Weidemaier, "Toward a Theory of Precedent in Arbitration", William & Mary Law Review, Volume 51, No. 5. , 2010.

20. Christoph Schreuer, "Full Protection and Security", Journal of International Dispute Settlement, Volume 1, 2010.

21. J. Romesh Weeramantry, "The Future Role of Past Awards in Investment Arbitration", ICSID Review, Volume 25, No. 1. , 2010.

22. Julian Davis Mortenson, "The Meaning of 'Investment': ICSID's Travaux and the Domain of International Investment Law", Harvard International Law Journal, Volume 51, No. 1. , 2010.

23. Stephan W. Schill, "Allocating Adjudicatory Authority: Most-Favoured-Nation Clauses as a Basis of Jurisdiction - A Reply to Zachary Douglas", Journal of International Dispute Settlement, Volume 2, No. 2. , 2011.

24. Irene M. Ten Cate, "International Arbitration and the Ends of Appellate Review", New York University Journal of International Law and Politics, Volume 44, No. 4. , 2012.

25. Jason Webb Yackee, "Controlling the International Investment Law Agency", Harvard International Law Journal, Volume 53, No. 2. , 2012.

26. Irene M. Ten Cate, "The Costs of Consistency: Precedent in Investment Treaty Arbitration", Columbia Journal of Transnational Law, Volume 51, No. 2. , 2013.

27. Randy J. Kozel, "Precedent and Reliance", Emory Law Journal, Volume 62, No. 6, 2013.

28. Julian Davis Mortenson, "Quiborax SA et al. v Plurinational State of Bolivia: The Uneasy Role of Precedent in Defining Investment", ICSID Review - Foreign Investment Law Journal, Volume 28, Issue 2, 2013.

29. W. Michael Reisman, " 'Case Specific Mandates' versus 'Systemic Implications': How Should Investment Tribunals Decide?: The Freshfields Arbitration Lecture", Arbitration International, Volume 29, No. 2. , 2013.

30. D. Brian King, Rahim Moloo, "International Arbitrators as Lawmakers", New York University Journal of International Law and Politics, Volume 46, No. 3. , 2014.

31. Richard C. Chen, "Precedent and Dialogue in Investment Treaty Arbitration", Harvard International Law Journal, Volume 60, No. 1. , 2019.